2018年重庆师范大学学术专著出版基金“基于金融波动模型和Copula理论的金融市场风险测度研究”（项目号：18XCB13）

金融市场极值风险的理论与实证研究

张保帅　段俊　著

中国社会科学出版社

图书在版编目（CIP）数据

金融市场极值风险的理论与实证研究/张保帅，段俊著.—北京：中国社会科学出版社，2020.7

ISBN 978-7-5203-6580-2

Ⅰ.①金… Ⅱ.①张… ②段… Ⅲ.①金融风险—风险管理—研究 Ⅳ.①F830.9

中国版本图书馆CIP数据核字(2020)第092826号

出 版 人 赵剑英
责任编辑 刘晓红
责任校对 周晓东
责任印制 戴 宽

出 版 中国社会科学出版社
社 址 北京鼓楼西大街甲158号
邮 编 100720
网 址 http://www.csspw.cn
发 行 部 010-84083685
门 市 部 010-84029450
经 销 新华书店及其他书店

印刷装订 北京君升印刷有限公司
版 次 2020年7月第1版
印 次 2020年7月第1次印刷

开 本 710×1000 1/16
印 张 17.25
插 页 2
字 数 266千字
定 价 99.00元

摘　要

随着金融自由化、金融全球化和资产证券化的发展，全球各个国家之间的经济联系不断加深，新的金融工具不断出现，加之现代化信息传播手段的迅速发展，促使金融创新活动空前活跃，金融风险也更呈现出复杂化、多样化态势，从而使金融市场风险管理面临着更多的压力和挑战，同时也对金融风险测度方法提出了更高的要求。

金融市场风险管理的关键是找到合适可靠的测度计量模型。长期在金融风险测度中占据主流地位的是 J. P. Morgan 投资银行的 Risk Metrics 系统中的 VaR（Value at Risk）指标测度方法。研究如何提高 VaR 模型的预测准确度主要体现在如何准确地刻画金融资产收益分布的“典型事实”特征。而常规的金融波动模型在拟合金融资产分布一般的特征的时候还能应付，但其对极值金融事件（主要表现为尾部数据异常）的描述却显得无能为力。此外，单个资产的风险度量可以根据 VaR 的定义直接得到，而投资组合风险度量需要刻画金融资产收益的联合分布。考虑到金融时间序列数据具有“尖峰厚尾”的特征，并且在很多情况下，资产收益序列间存在非线性相关关系，如果简单地假设投资组合中的单个资产间为线性相关性假设，则会对风险度量的结果产生较大的偏差，因而有必要引进一种更好的相关性分析方法来弥补传统多元统计假设的不足。

近年来，一种新的金融风险测度方法产生并广泛应用，即应用分位数回归法测度金融风险。由于该方法在测度风险时不考虑残样本整体的分布，并且还能在一定程度上反映其尾部特征，这为拟合具有尖峰厚尾特征的金融数据提供了一种非常好的统计方法。同时，由 Adrian 和

Brunnermeier 提出条件风险价值，简称 CoVaR，这可能是各种测度方法中最受金融机构欢迎和广泛使用的系统风险度量方法。CoVaR 模型弥补了传统的就单一资产来衡量本身风险的不足，更能完全地反映单一资产对整体系统性风险的影响程度。

考虑到我国经济的发展还处于转轨时期，虽已初步建立起以国有商业银行为主体的商业性金融体系，金融体制的市场改革依然远远滞后于其他经济部门，整体行业受政策影响较大，市场运行机制经常发生变化，金融体系风险非但没有降低，反而不断积聚，金融市场动荡加剧，作为市场经济“晴雨表”的沪深股票市场频频的巨幅涨跌清楚地表示了金融体系的震荡状况。故对处于经济转型期中的我国金融业来说，利用基于金融波动模型、极值理论、Copula 理论研究金融极值风险度量更是具有针对性以及非常重要的现实意义。

本书研究的主线是把极值理论贯穿到单个金融风险测度到投资组合金融风险测度，具体的在研究单个金融风险测度时，针对其不足，通过组合能够拟合金融波动特征的波动模型，然后与极值理论相结合度量一元极值风险；在研究多元金融风险测度时，考虑金融资产间的非线性、非对称性特征，通过引入 Copula 函数并与极值理论相结合，从静态、动态两个方面研究金融资产的相关结构特征，在此基础上，研究投资组合极值风险测度。

研究的主要创新之处体现在：

（1）在对金融风险进行测度时，通常从刻画金融收益率的波动特征入手。现有的文献中，基本都是采用常规金融波动模型来刻画金融收益率“尖峰厚尾”、波动集聚等特征，而考虑收益率序列的结构变换特征的还很少见。本书考虑收益率序列的剧烈波动和结构变换特征，提出把马尔科夫链引入 GARCH－GED 模型构建 SWARCH－GED 模型，然后与极值理论相结合，进而构建 SWARCH－GED－EVT 的动态 VaR 模型对极值风险进行测度。同时，考虑到分位数回归模型不用假设分布形状和参数的优良特性，应用 QR－GARCH 模型拟合金融资产收益率特征，在得到波动性和残差的基础上，引进 EVT 模型，最终构建基于 QR－GARCH－EVT 的极值风险测度模型。同时，引入 EVT 模型与 CAViaR 模型，构建基于 EVT－CAViaR 模型极值风险测度模型。

（2）对于各金融收益率序列的联合分布问题，现有文献通常假设金融收益序列服从多元正态分布，并用线性相关系数度量金融资产间的相关性。但是众多研究表明金融收益序列有明显的厚尾、异方差现象，金融资产之间表现出较强的非线性特征，线性相关系数不能全面地反映相关结构。结合 Copula 函数的特点和 SV 模型的优势，运用随机波动模型与极值理论结合刻画资产收益的边缘分布，再结合时变 Copula 理论来构建金融时间序列的相依关系，进而建立一种新的测度金融资产间的风险相关性的模型——时变 Copula－SV－EVT 模型，在此基础上以沪深 300 指数和恒生指数为例进行分析，实证结果表明，与常规的金融风险相关性测度方法相比，基于时变 Copula－SV－EVT 模型能有效地反映金融资产的相关结构。

（3）基于 Copula－CoVaR 框架的金融风险测度扩展。首先，基于 Copula－CoVaR 框架，利用 Beta－skew－t－EGEACH 模型捕捉金融资产杠杆效应、厚尾分布等特征，然后在标准化残差基础上引入极值理论，构建基于 Beta－skew－t－EGEACH－EVT 的边缘分布模型，在优选出 Copula 函数基础上，引进 CoVaR 模型，构建基于 Copula－Beta－skew－t－EGEACH－EVT－CoVaR 的风险测度模型。其次，引入广义双曲线分布下的 AR（1）－GJR－GARCH（1，1）模型拟合金融资产的典型事实特征，并以此作为 Copula 函数的边缘分布，经过优选出时变 BB7Copula 函数为最优 Copula 函数，在此基础上与 CoVaR 模型结合，进而构建基于动态 CoVaR－GH－CoVaR 的风险联动模型，对金融市场的风险溢出程度、方向、强度进行测度。最后对模型的有效性进行了检验。

（4）对于多元金融资产组合金融风险测度，现有的文献用 EVT 模型与其他模型（GARCH 族、SV 族）或函数（Copula 函数）相结合对极值分布进行统计推断，可以得到很好的效果，被越来越多地应用到极值风险的刻画当中，但是把随机波动模型与极值理论和 Copula 理论结合起来研究金融风险的还不多见。针对资产收益的厚尾性、波动的异方差性及资产间的非线性相关结构等特征，提出采用 SV－t 模型与极值理论结合刻画单个资产收益的波动性及尾部分布特征，应用 t－Copula 函数处理多元资产间的相关性，最终构建新的基于 t－Copula－SV－t－

EVT 投资组合风险测度模型，实现从单一资产风险测度到组合资产风险测度的过渡，并结合 Monte Carlo 模拟对投资组合进行风险测度，实证结果表明，模型对投资组合的风险测度是合理有效的。同时，通过改进 Markowitz 的效率前沿，把引起个别标的资产收益率变动的因素纳入系统性风险考量，应用 CoVaR 模型衡量系统性风险扩散，构建新的基于 Mean - CoVaR 资产配置模型，并进行检验。

关键词： 在险价值；波动模型；Copula 理论；CoVaR 模型；极值理论；金融市场

目　录

第一章　绪论

第一节　选题背景及研究意义

一　选题背景

（一）理论背景

自 20 世纪 60 年代以来，金融学研究取得了快速发展，产生了大量的经典理论和模型，这些理论和模型被广大实务界所接受并得以广泛应用，由此，金融学作为一门独立学科的地位得以确立。在这些经典的金融理论和模型中，以 Fama 提出的“有效市场假说”（EMH）、Sharp 和 Linter 创立的“资本资产定价模型”（CAPM）、Rose 的“套利定价模型”（APT）以及 Black - Scheoles 的“期权定价理论”等为代表，这些金融理论的确立为金融风险管理理论和方法的发展奠定了坚实的基础，由此产生了以风险价值 VaR（Value - at - Risk）模型为代表的金融风险测度相关模型和理论。

VaR 即风险价值，是指在正常波动的市场条件下，某一个金融资产或者投资组合可能产生的最大损失。VaR 理论可以将金融资产的风险表示为一个与收益相匹配的简单数字，基于 VaR 方法的预测功能可以事先通过测算得到金融资产的风险价值。研究如何提高 VaR 模型的预测准确度主要体现在如何准确地刻画金融资产收益分布的特征。目前，应用最为广泛的是在 GARCH 类模型、SV 类模型的框架下，标准化残差的分布函数设定下取得 VaR 的值。在实际应用中 VaR 有三方面的优点：一是能对同一金融机构的不同交易组合或头寸之间，以及不同金融机构之间的风险状况进行比较，便于交易业绩评估。二是能提供资产组合简洁、直观的风险信息，有利于金融机构的管理层准确实施风险管理决策。三是利用 VaR 计算结果，监管部门还可以较容易地计算出金融机构防范市场风险所需计提的最低资本准备金额，外部信用评级机构也掌握了发放信贷评级的定量依据。

然而，上述经典金融理论的一般假定是金融资产的收益率服从条件或非条件的正态分布，而金融资产的收益分布特征是所有金融模型的核心内容，有关收益的波动行为及其分布特征的假定对于资产定价理论的检验、最优资产组合的选择、衍生产品的套期保值设计以及金融市场风险的测度和管理而言，都具有极其重要的理论和现实意义。但是，大量的实证结果表明，金融资产的收益曲线呈现尖峰、厚尾，并不服从正态分布，所谓厚尾就是指极值比正态分布出现得多且更频繁。

正因如此，结合极值理论描绘金融数据的波动特征，已经成为大家常用的方法，无论是在理论研究还是在实际应用中都得到了广泛的认可。由于金融数据的厚尾性特征使我们不得不对那些尾部数据加以重视，而金融市场风险理论表明，金融市场风险管理主要是关注负收益率分布的右尾，因为它反映的是潜在可能发生的概率小，但一旦发生就会产生巨大风险损失而带来灾难性后果的极端事件。极值理论（Extreme Value Theory，EVT）是专门研究极端事件的理论，它可以利用极值尾部形态来估计尾部分布，进而估计出风险值，使风险值估计更加容易和准确。EVT 对收益率的尾部具体分布特征没有明确的要求，不论收益率尾部服从什么样的分布，只要是对极值尾部分布进行分析就可以使用 EVT，它不仅考察样本数据，而且能拓展到样本数据外进行估计。

而对投资组合进行风险度量，离不开对资产间相关性的度量。对于相关性的度量，线性相关系数只是一种常用的工具，它只能表示数据整天走势趋势的关联程度，并不能全面反映数据间的相关性。而且线性相关系数本身存在不足，由线性相关系数的定义，我们知道只有在变量方差存在的条件下线性相关系数才有意义。金融数据常常具有厚尾特征，服从厚尾分布，其方差未必存在，所以在使用线性相关系数分析金融数据相关性时必须非常谨慎，而且线性相关系数只是度量变量间线性相关程度的指标，如果变量间存在非线性的相关关系，就不可能通过线性相关系数得到准确的度量。此时，我们需要知道资产组合收益率的联合分布函数，然而这个联合分布函数又往往不能轻易地表达出来，这时我们求助于 Copula 函数理论。

自 1959 年 Copula 理论被提出以来，随着计算机技术、信息技术的迅猛发展和边缘分布建模问题的不断发展并日趋完善，Copula 理论在 20 世纪 90 年代后期得以迅速发展并运用到金融领域。通过 Copula 函数，可以将风险分解为单个金融资产的风险和由投资组合产生的风险两部分。其中，单个金融资产的风险可以完全由它们各自的边缘分布来描述，而投资组合产生的风险则完全由连接它们的 Copula 函数来描述。若投资组合中的金融资产已经确定，那么市场风险就相当于投资组合中资产结构的风险，可以完全用一个相应的 Copula 函数来描述。因此，Copula 从结构上能较好地拟合联合分布从而得到组合收益的 VaR。

（二）现实背景

中央多次会议明确指出，在我国金融深化改革过程中要防控金融风险、提高和改进金融监管部门的能力及水平，确保不发生系统性金融风险。但是，全球金融市场“极端”事件频发，中国股市、期货市场波动的幅度、频次、传染性等出现了新变化，引发了金融市场波动不确定性，即金融风险的再认识。

自 20 世纪 70 年代以来，由于受经济全球化与金融一体化、现代金融理论及信息技术、金融创新等因素的影响，金融风险也更呈现出复杂化、多样化态势，金融风险在不同市场之间传导、放大，从而使全球金融市场的波动性和风险不断增大，尤其是随着全球金融市场的波动性日益加剧，金融极端事件更是频频发生。

纵观金融风险管理的发展史，金融极端事件频频发生：1929 年，美国股市急挫导致了全球范围的经济危机；1987 年，纽约股灾；1992 年，英镑危机；1994 年，墨西哥金融危机；1997 年，始于泰国的东南亚金融危机，给整个东南亚地区的经济带来了重大的损失；2001 年，美国的“9·11”事件引发全球股市大幅下跌，众多公司因此而破产；2007 年的美国次贷危机导致众多金融机构破产倒闭，重创全球经济；2009 年年底开始的欧债危机对全球经济及资本市场的影响还在继续。

由此可见，金融极端事件造成的损失金额高，对经济冲击大，所以广大投资者对金融资产价值的暴跌变得尤为敏感，监管当局也频频出台相应的政策。这些金融危机无不伴随着汇率动荡、货币贬值、股市暴跌、公司破产、银行倒闭、证券、房地产价格下跌等一系列反应。纵观历史上发生的金融极端事件，我们可以发现其特征是：发生概率低，史无前例，难以预期容易忽视，通常在人们未察觉之际突然发生，而且破坏力巨大。这就使金融风险的防范与管理越来越受到理论界与业务界的高度重视，从而导致风险管理、投资组合及资产定价等问题成为当今金融研究的热点问题。

我国的市场经济建立时间比较晚，金融市场正处在转型过程中，金融市场没有完全放开，市场风险的作用并不明显。但是随着我国加入WTO，金融业是首先面临挑战的行业，改革和调整势在必行。利率的市场化、资本项目的开放、证券市场的成立以及衍生工具的发展等都将逐步成为现实，市场风险会日益显现和复杂。在金融市场一体化、自由化的趋势下，我国金融业必将与国际惯例接轨，执行国际风险管理的标准，所以要求我们建立完整有效的市场风险计量管理系统。还要考虑我国经济的发展处于转轨时期，虽已初步建立起以国有商业银行为主体的商业性金融体系，金融体制的市场改革依然远远滞后于其他经济部门，整体行业受政策影响较大，市场运行机制经常发生变化，金融体系风险非但没有降低，反而不断积聚，金融市场动荡加剧，作为市场经济“晴雨表”的沪深股票市场频频的巨幅涨跌清楚地表示了我国金融体系的震荡状况。因此，以中国股市为研究对象，研究中国金融市场的金融风险测度具有重要的现实意义。

基于以上所阐述的金融风险管理的理论背景和现实背景，如何度量极端事件引发的极值风险也就成为金融风险管理中亟待解决的问题。另外，我国股票市场还不成熟，受各种因素影响，市场出现了频频的巨幅涨跌动荡，而极值理论（EVT）的长处即在于根据极值数据质的变异性来建模，所以运用有效的金融波动模型拟合金融收益率的波动特征，然后与极值理论（EVT）相结合评估中国股市极值风险等问题也有待于进一步系统深入的研究，更进一步，考虑到金融资产间的相关性，把Copula 函数引入金融资产极值风险测度中的问题也值得深入探讨。

二　研究意义

近几年，金融市场风险越来越成为金融机构面临的主要金融风险之一。从本质上说，金融市场风险测量就是通过建立各种有效的模型和技术，对影响资产收益的各种不确定性因素进行分析，尽可能地利用现有的信息和手段去把握和刻画这种不确定性，然后在一定的可接受范围之内提出防范手段，以应对不确定性可能造成的潜在损失。就我国股票市场而言，作为高收益和高风险相伴随的市场，股票市场的价格常常具有较大的波动性，我国股票市场的风险在加大，从而促使金融市场变得更加动荡，风险暴露也必将更加复杂化，这就使我国金融市场风险管理面临着更多的压力和挑战，从而也对金融风险测度方法提出了更高更新的要求。因此，本书的研究对于加快我国建设多层次资本市场体系、发挥市场的资源配置功能，加快金融服务现代化建设、全面提高金融服务水平等重大决策具有重要的理论意义和现实意义。

金融实证分析表明金融资产收益率不仅具有厚尾特征，而且波动呈现出集聚现象：大波动之后紧跟大波动，小波动之后紧跟小波动。厚尾性表明金融资产收益的极值变动发生的概率要远远高于正态分布。极值变动并不完全服从某种分布，极值变动与潜在的数据生成过程分布的尾部特性是紧密相关的。因而，对于金融收益分布厚尾性的判断和建模就显得尤为重要。而研究金融极端事件及风险度量方法，将提供超越样本的预测能力，比常用方法具有更大的优越性，在金融风险管理中会有更良好、更广泛的应用前景。由于这一方法将深入研究资产的收益时间序列分布的尖峰厚尾性、非对称性和波动的集聚性特征，所以具有完备的数学理论支持，因此本书将创新性地发展这一学科领域的相关方法及理论。

传统的多元统计模型通常是建立在多元正态分布或者多元 t 分布假设基础之上的，而这往往存在一定的缺陷。借助于 Sklar 定理和 Copula 函数的性质，我们可以将 n 个任意形式的边缘分布通过 Copula 函数连接起来，形成一个有效的多元分布，从而可以更灵活、准确和方便地刻画多元变量之间复杂的相依特征，也有利于解决多元统计模型估计时经常面临的“维数灾难”问题。特别的，尝试将金融波动模型与 Copula

函数相结合，利用金融波动模型刻画金融资产的波动特征，借助极值理论拟合金融资产的极值波动特征，结合 Copula 函数刻画金融资产之间的相依结构，这样既可以更好地刻画多元金融资产的波动特征，又可以更好地刻画它们之间的相依结构，从而使改进后的模型能更好地拟合多元金融资产的实际统计特征，这是对传统多元金融波动模型的一个有益扩展与补充。

从实践意义上看，可以拓宽 Copula 函数在国内金融领域应用研究的范围。伴随着金融实务界巨大的市场需求以及计算机技术和信息技术的快速发展，近年来 Copula 函数在国外金融各领域取得了广泛和深入的应用与发展。随着与国际金融市场接轨步伐的加快，高精度的数量化风险管理技术在国内也得到了广泛的应用，Copula 函数的应用研究日益受到重视。但是对于中国这样具有浓厚的“新兴加转轨”特征的金融市场而言，在制度安排、市场运行和投资者结构等方面与发达金融市场仍存在巨大的差异，因此无论是金融资产的波动或是相依结构等方面都可能体现出与国外成熟金融市场迥异的统计特征，这为结合金融波动模型、极值理论以及 Copula 函数分析研究中国金融市场提供了广阔的舞台与空间。

第二节　研究方法及研究内容

一　研究方法

本书的研究是把极值理论运用到金融风险测度中，通过与 Copula 理论和金融波动模型相结合测度 VaR、CoVaR，采用理论研究、建模分析、实证应用为一体的研究方法。研究中力求数据翔实，论证问题逻辑严密，针对每一项研究内容都进行理论分析，然后在理论分析的基础上进行定量分析，实现理论分析与实证分析相结合，具体的研究方法如下：

（一）文献分析法

通过阅读大量的金融风险管理相关文献，对已有的研究成果进行归类、梳理，把握金融风险相关概念框架体系，提炼出本书要研究的问题。

（二）理论与实证相结合

首先遵循“提出问题—分析问题—解决问题”的逻辑方法，将极值理论引入 VaR、CoVaR 的测度中；然后在根据系统论的原理和方法，对 VaR、CoVaR 模型所涉及的金融时间序列波动特征、相关性问题以及极值风险模型验证进行研究。在理论研究的基础上，选定分析对象、分析指标及其适宜形式，借助现代统计学和计量经济学等统计工具，测度中国金融市场的风险相关性和极值 VaR、CoVaR。

（三）比较研究法

用 VaR、CoVaR 对中国股市风险进行分析时我们提出了几种估计方法，为得到在各个置信水平上都较好的估计方法，我们对各种方法进行比较分析找出它们的优点和缺点，然后以此为基础对 VaR、CoVaR 估计的某些方法进行改进。

另外，本书的研究运用多个学科的知识，其中主要有：概率论、数理统计、微观金融学、计量经济学（特别是时间序列分析）、经济学等。书中数据的统计性质的得到和相关数据的处理有的是直接运用 Eviews 9.0、R、S - PLUS、Matlab 软件包的统计分析功能进行处理得到，有的运用其中的语言进行编程处理得到。

二 研究内容

本书以金融资产收益率存在的“典型事实”特征为约束条件，运用 SWARCH - GED 或 ARMA - GJR 或 SV - GED 或 SV - t 等金融波动模型构造符合极值条件的独立同分布特征的标准残差序列，然后通过选取合适的阈值对极大标准残差进行建模，在此基础上，通过与 Copula 理论相结合对金融市场极值风险相关性和风险测度问题进行研究，具体研究内容如下：

第一章绪论。介绍本书选题的理论背景、现实背景，研究意义以及国内外研究现状，并概括了本书的主要研究内容和创新点。

第二章金融风险测度的相关理论基础。从金融风险测度理论概述和极值理论两个方面进行阐述，对于金融风险测度理论主要介绍了金融风险的内涵、分类、VaR、CoVaR 的定义以及测度方法等，对于极值理论主要介绍了极值的内涵、种类以及极值模型的估计方法等。

第三章金融波动模型在极值风险测度中的应用。主要以 SWARCH - GED 或 ARMA - GJR 或 SV - GED 金融波动模型刻画金融资产收益率存在的“典型事实”特征，构造符合极值条件的独立同分布特征的标准残差序列，然后通过选取合适的阈值对极大标准残差进行建模，进而通过中国股票市场数据测度极值风险，并通过回测方法检验模型的有效性。还有从分位数回归的特征出发，采用分位数回归模型和极值理论构建新的金融风险测度模型对风险进行测度和实证检验。

第四章基于 Copula 模型的极值风险相关性测度研究。首先介绍了 Copula 函数的定义、分类、参数估计方法以及检验方法，然后从动态和静态两方面研究金融风险的相关性。

第五章基于 Copula 理论的投资组合极值风险测度研究。通过选取 SV - t - EVT 模型作为边缘分布拟合金融收益率的波动特征，然后在通过拟合优度选择 t - Copula 作为连接函数，组建基于 t - Copula - SV - t - EVT 的投资组合风险测度模型，进而通过蒙特卡罗模拟的方法测度投资组合的极值 VaR。

第六章基于 CoVaR 模型的金融风险测度研究。构建基于 Copula - CoVaR 模型的金融风险测度研究。首先，基于 Copula - CoVaR 分析框架，利用 Beta - skew - t - EGARCH 模型捕捉金融资产杠杆效应、厚尾分布以及条件偏度等特征，然后在标准化残差基础上引入极值理论，构建基于 Beta - skew - t - EGARCH - EVT 的边缘分布模型，在优选出 Copula 函数的基础上，引进 CoVaR 模型，构建风险测度模型 Copula - Beta - skew - t - EGARCH - EVT - CoVaR。其次，引入广义双曲线分布下的 AR（1） - GJR - GARCH（1，1）模型拟合金融资产的典型事实特征，并以此作为 Copula 函数的边缘分布，经过优选出动态 BB7Copula 函数为最优 Copula 函数，在此基础上与 CoVaR 模型结合，进而构建基于动态 Copula - GH - CoVaR 的风险联动模型，对金融市场的风险溢出程度、方向、强度进行测度。最后，对模型的有效性进行了检验。同时，通过改进 Markowitz 的效率前沿，把引起个别标的资产收益率变动的因素纳入系统性风险考量，应用 CoVaR 模型衡量系统性风险扩散，构建新的基于 Mean - CoVaR 资产配置模型，并进行检验。

第七章结论与展望。对全书的研究内容进行了总结，并提出研究展望。

第三节 相关研究综述

近三十年来，全球范围内发生了多达十余次的金融危机，其范围之大，波及之广，给全球经济持续增长带来了巨大破坏，尤其是2008年因美国爆发“次贷危机”而在国际范围内引发的金融危机，其深远的影响力为20世纪30年代以来所罕见。除此以外，影响相对较小的金融动荡在巴西、阿根廷、俄罗斯等国也一直没有停止。这些金融极端事件的发生及传染阻碍了世界经济平稳运行和全球金融市场的稳健发展，同时也促使各个国家提升本国的金融风险管理认识。在金融市场风险管理中，风险测度（也称风险的特性定量化）是最为重要也是最为关键的一环。在众多针对金融风险测度的评价方法中，VaR是应用最广泛、最重要的标准方法。不过，金融市场投资组合收益率的分布是随着时间推移而变化的，而且随着金融自由化不断深化、先进的信息工程技术更加广泛被应用，金融资本市场上衍生品设计和交易也愈加复杂，金融风险测度方法也由多种复杂技术融合替代了早期简单的计算方法。

在金融市场极端情况下，金融资产价值收益率分布的尾部特征能否引用极值理论作为风险测度管理的技术融合应用，以及金融市场上风险溢出效应CoVaR能否应用Copula来重新定义和计算等都需要重新梳理现有的国内外研究文献。故此，根据已有不同金融风险测度方法和本书主体研究思路将金融风险测度方法分为三个部分：一是对金融市场的风险测度相关研究进行梳理。二是对极值理论在金融市场的风险测度评价等方面的研究进行梳理。三是对Copula理论在金融市场的风险测度研究进行梳理。同时，各种方法组合应用有时交叉并非独立应用。

一 国内外关于金融市场风险测度的研究综述

（一）ARCH族模型的应用研究

在金融风险管理中寻找一个合适的风险度量方法是非常具有挑战性的难题。长期以来，摩根投资银行的风险管理系统中的VaR指标在金融市场风险测度中占据主流地位。VaR 概念简单，把投资组合面临的复杂的、不确定性的金融市场风险量化为一定额度的货币损失，为投资者预测并防范市场风险提供了更为直观、简便的解决思路。即在给定的置信水平（1 - α）下一个时间段内的最大损失，此种测量方法得到金融市场上实务界、监管者、政策制定者等各参与主体的广泛肯定和应用。但是，VaR 值反映的是相关金融资产的组合收益率分布的 α 分位数值，尾部概率 α 的分位数依赖于极端事件的具体分布，并不是极端事件的损失。Alexander（2000）也认为准确描述出金融资产收益率分布呈现出的“厚尾”特征是提高 VaR 模型的预测准确性的重要体现。

Manganelli 和 Engle（2001）把金融市场的风险测度方法 VaR 归纳为三种类型：一是以 Risk Metrics 和 GARCH 模型族为主的参数测度方法；二是以 CAViaR 模型和极值理论为主的半参数法；三是非参数测度的方法，主要以历史模拟法和蒙特卡洛模拟法两大方法为主。其中，除了 CAViaR 模型通过回归技术直接计算出特定分位数的风险价值 VaR 外，其他各种方法则属于间接方法计算出风险价值，在间接计算方法中又以 GARCH 模型族应用最为广泛。金融市场风险测度的根本是金融产品或投资组合收益率的波动并不是固定常数，而是时变波动，其含义指的是收益序列在不同的时点上呈现不同的波动率（分布的标准差），该波动率的变化是依据时间的不同而发生变化的。于是，金融资产定价模型如何有效地构建投资组合以及对金融市场存在的风险进行监督管理就成为关键的变量，就是反映金融收益率分布形态的波动率。除此之外，VaR 估计也离不开金融资产收益波动率模型的选择。

从传统的金融理论来看，其一般均假定金融资产收益的分布呈现出正态分布的规律，选取的统计计量模型一般满足经典假定，方差不变。但对金融资产收益时间序列数据来讲，方差大小反映市场风险的高低，容易受国内外金融市场环境等因素的影响，再者金融样本数据扰动项还依赖于前期误差的变化，存在自相关。因此，当金融资产的收益分布无法满足正态分布假定时，应用典型回归模型估计 VaR 误差太大。而且大量的国内外研究已表明众多金融资产的收益均呈现“尖峰、厚尾”和“有偏”等典型分布特征。故此，学者们开始逐步放松传统正态分布假定，选择学生氏 t 分布、有偏 t 分布、广义误差项分布等。Engle

（1982）创新性地提出了自回归条件异方差（ARCH）模型，该模型建模时考虑了样本序列方差，有益于 VaR 预测，但其条件方差回归方程模型测度风险价值的准确性与自回归的阶数有关。

为此，Bollerslev（1986）在研究了 ARCH 模型的基础上，创新性地提出了广义自回归条件异方差模型（GARCH），该模型能够有效地捕捉到收益率的异方差性和集聚性，很好地刻画了时间序列中常见的自相关性和波动集聚等特征优势，作为在金融风险的管理领域范围内，是运用较多的经典模型。在实际的证券市场中，价格波动往往带来较大的杠杆效应，并且在几乎所有的证券市场中，与因价格上升带来的影响比较而言，同等程度上的价格下降产生的影响往往更为巨大，是非对称的。这些因素并不满足 GARCH 模型中的系数参数统一要求为非负的条件，所以使条件方差的动态性受到了较大的限制。在此基础上，为了捕捉金融资产收益率波动变化的非对称特征，众多学者尝试拓展 GARCH 模型，Nelson（1991）便首先提出了基于指数 GARCH（EGARCH）模型，并且较为完整地证明了收益波动率存在一定的杠杆效应。

为了验证波动率变化的非对称性，Golosten 等（1992）提出了非对称 GJR – GARCH 模型，Rabemananjara 和 Zakoian（1993）提出了门限（Threshold）GARCH 模型，也称作 TGARCH 模型。Ding（1993）在 Nelson 基础上提出 PGARCH 模型（Power GARCH），在该模型中由于涉及众多的参数，所以通常又被称作其他多种 GARCH 模型的综合体。Engle（1995）创立了 BEKK 模型从而确保了条件协方差矩阵的正定性。在动态相关领域方面的研究，Engle（2002）也创新出了动态条件相关模型（Dynamic Conditional Correlation，DCC），通过将具有简洁参数形式的相关系数模型和形式较为灵活的一元 GARCH 模型相衔接创新出的 DCC 模型，其作用在对变量间的非线性时在相关研究方面具有突出贡献。基于 GARCH 模型在众多 VaR 估值方面的一些应用，Danielsson 和 Berkowitz（2002）也给出了相关实例。同时，在基于 GARCH 族模型的 VaR 估计方法的应用研究上，还有诸如 Wu 和 Shieh（2007）提出的 FI-GARCH 模型刻画波动率的异方差性和长记忆性。之后的研究中，众多学者采用不同国家的股票市场数据验证此类模型，得出的结果表明，这些模型对波动率的拟合大多效果良好。

除此之外，Ane（2006）提出不同种类的 GARCH 模型对金融波动做出预测。Hartz、Mittnik 和 Paolella（2006），Bhattacharyya、Chaudhary 和 Yadav（2008），Fan、Trai 和 Wei（2008），Liu 和 Hung（2010），Mehmet Orhan 和 Bülent Kksal（2012）等对 ARCH 类模型做了进一步的发展研究，引入了多种不同的分布来进行扩展，研究结果也较为良好。至此，关于 ARCH、GARCH 模型族同其他多种不同的且容易发生变化的样本参数分布的联合运用逐渐开始大规模地在金融风险测度管理相关的研究中展开。

GARCH 族模型估计 VaR 时，一般需要先验地假设标准残差序列服从特定的分布且满足独立同分布，对于方差的定义来看，它是一个随着时间变化而发生变化的量，满足条件异方差，并且从方差本身来讲，是一个在过去的、有限项噪声值平方的线性组合。但从实际情况来看，我们的市场处在一个纷繁多变、持续调整和转型的过程中，我们面临的金融市场也总是会受到多种存在却无法被预测的因素影响，从而导致实际市场的数据完全满足正态分布这一前提假设的可能性十分低，但当先验假设的分布和实际收益分布不匹配时，则会导致预测结果的显著偏差。为此，Engle 和 Manganelli（2004）建立了 CAViaR（Conditional Autoregressive Value at Risk）模型。该方法突破了建模的一般思想，直接对 VaR 本身构建模型，不会针对收益分布这一实际做出假设，而是直接对收益分布的尾部行为特征进行分析，以自回归的形式建立起对动态分位数的模型，提出了四个分位数模型：SAV（Symmetric Absolute Value）模型、AS（Asymmetric Slope）模型、IG（Indirect GARCH）模型以及 AD（Adaptive）模型，且对正态分布情况较差的金融数据，该建模方法的优势也十分显著。随后采用美国个股和股指数据验证该模型的风险测度效果，显示 AD 模型表现最差，其他三个模型无绝对优势。Taylor（2005）、Keith（2006）应用 CAViaR 模型发现，该方法计算的 VaR 比 GARCH 模型更加精确。Allen（2012）采用澳大利亚股票市场数据实证分析表明，CAViaR 模型比 Riskmetric 和 GARCH 模型更优越。除此之外，Huang（2010）在分析了模型系数同宏观经济变量互相影响联动这一实际情况后，提出了系数时变的兴奋指数 CAViaR（Index - Exciting CAViaR）模型。

随着近几年金融市场自由化发展和金融工程信息技术的广泛应用，更多的研究是基于 GARCH 模型组合测度金融投资产品的风险价值 VaR。Su（2015）利用具有 GT 分布的指数型广义自回归条件异方差（EGARCH）模型估计相应的波动率及发达国家和新兴市场 7 种股票指数的风险价值（VaR）表明，从货币市场到股票市场，负收益和波动溢出效应显著存在。

同时，新兴市场股票指数具有较高的收益率和较高的风险。Wozniak（2015）利用条件相关 GARCH 模型族对金融时间序列相关风险度量进行建模，发现贝叶斯方法构成了对经典测试方法的一种替代，无论模型参数受到何种形式的限制，都可以使用这种方法。黄友珀、唐振鹏、周熙雯（2015）借助偏 t 分布 GARCH 模型，利用上证综合指数高频数据进行实证分析表明：相比 EGARCH 模型，GARCH 模型能够提供更准确的 VaR 估计。而王天一、黄卓（2015）更是提出新的波动率模型 GAS - GARCH，利用沪深 300 指数的高频数据进行验证，最后的实证结果表明，在运用 GAS 冲击响应函数模型的时候，其对于风险价值 VaR 的预测与传统上的厚尾 GARCH 模型相比，预测能力更加显著。

Slim 等（2016）考察 GARCH 模型族改进组合估计 VaR 预测能力，主要研究了由 GARCH、GJR 和 FIARCH 3 个模型与 7 个收益分布假定合成了 21 个 VaR 模型的性能，对发达国家、新兴市场和前沿市场等实施严格的反测试发现标准 GARCH 是估计新兴市场 VaR 预测的最佳指标。王良、刘潇、贾宇洁（2017）建立了时变 EVT - POT - GPD 方法来确定 ETF 基金收益率标准残差的分位数，据此提出了动态市场风险测度方法。

简志宏、曾裕峰、刘曦腾（2017）以我国期货市场上日常交易最为活跃的沪深 300 股指期货为例，对多头 VaR 和空头 VaR 分别采用了 CAViaR 模型和 GARCH 模型进行风险建模，深入研究了股指期货的收益分布特征和波动形态规律，并运用严谨后测检验的方法对比了各个模型的风险预测精度，发现对于股指期货这一方面的风险预测，CAViaR 模型的运用更多，同时相对而言也是更加合理。王璇、采俊玲、汤铃（2017）利用二元经验模态分解（EMD）与二元 Copula - GARCH 算法构建 BEMD - Copula - GARCH 模型计算 VaR，估计精度显著优于DCC -

GARCH 和 Copula - GARCH 等现有模型。于孝建、王秀花（2018）提出了 M - Realized - GARCH 模型，使用 2013—2016 年沪深 300 指数的混频数据，在不同的假设条件下，即扰动项分别服从广义误差分布、t 分布和正态分布的情况下，使用了 SPA 检验、Kupiec 检验、损失函数以及动态分位数检验法，对 GARCH、Realized - GARCH 和 M - Realized - GARCH 这三大模型的波动率预测和 VaR 度量的效果来分别进行研究，结果表明，M - Realized - GARCH 模型在预测精度方面有所提高，同时 VaR 的实际失败率和理论失败率是相同的，失败样本之间不存在相关关系，最后在使用 Block - bootstrap 方法进行抽样得到混频数据后，也模拟证明出了相比于 Realized - GARCH 模型来说，M - Realized - GARCH 模型在预测精度方面更胜一筹。

（二）SV 类模型在金融风险测度中的应用综述

1. 国外研究现状

Taylor 于 1986 年在解释金融收益序列波动的自回归行为时提出的随机波动模型，简称 SV 模型，这类波动率模型的波动率方程中引入了新的随机变量，因此这类波动率模型没有确定的函数形式，受到新的随机变量的影响。与从 ARCH 族模型的条件方差是关于以前时刻残差平方和条件方差的确定性函数不同，SV 族模型假设波动性不再是一个确定的函数，而是加入随机项来反映随机因素对波动的影响，因此许多学者认为其更加适合于金融领域的实际研究。

Harvey 和 Shephard（1996）、Jacquier 等（2004）讨论了随机波动过程与收益率过程之间杠杆效应的非对称 SV 模型，前者给出了模型的 QML 估计方法，后者给出了贝叶斯 MCMC 估计。So 等（1998）讨论了具有马尔科夫转移的 SV 模型即 MSSV 模型，他们采用贝叶斯 MCMC 方法对模型进行了估计。So 等（2002）进一步讨论具有门限效应的 SV 模型，从收益率过程和波动率过程联合度量对收益率高低、方向的非线性，他们采用了 MCMC 推断。Breidt 等（1998）及 Harvey（1998）分别探讨具有长记忆性的 SV 模型，即 LMSV 模型，采用了基于频域估计的方法。Chib 等（2002）讨论了具有厚尾分布和跳跃过程的 SV 模型，采用了 MCMC 估计。Liesenfeld 和 Jung（2000）、Liesenfeld 和 Richard（2003）运用有效重要性抽样技术和基于模拟的似然方法给出了具有学生 t 分布和 GED 分布的 SV 模型。Koopman 和 Uspensky（2002）讨论了收益率与波动率之间相关性的波动均值模型即 SV－M 模型，他们采用了基于蒙特卡罗极大似然的 MCL 估计方法。Yu 等（2006）讨论了一种更为宽泛的非线性 SV 模型，在模型中引入 Box－Cox 变换式，他们也给出了模型的 MCMC 估计。

SV 模型的多元推广有：Chernov 等（2003）考虑了许多双因子连续时间模型，第二个因子专用于捕捉收益率分布的尾部行为。Harvey 等（1994）、Danielsson（1998）、Pitt 和 Shephard（1999）、Chib 等（2006）、Asai 和 McAleer（2006）、Yu 和 Meyer（2006）及 So 和 Choi（2008）等相继讨论了各种形式多元 SV 模型。Hisashi（2009）用 SV 模型对美国、日本、英国的股市做了检验，结果表明几个市场都存在非对称波动及周末效应，并且几个市场之间存在波动溢出效应。Farid 等（2010）运用 SV 模型做期权定价研究，发现将 SV 模型结合 Black－Scholes 模型后的期权定价模型更适合于欧式期权定价。

理论研究表明了 SV 类模型在捕捉金融序列波动性方面具有比 ARCH 族模型更大的优势。关于这两类模型的理论和实证比较研究，其中最主要的是 ARCH 族模型中的 GARCH 模型和 SV 族模型之间的比较。Taylor 曾经实证分析比较了 ARCH 和 SV 两类模型，分析结果证明 SV 模型可以比较好地拟合金融数据，特别是描述金融收益序列波动的自回归特征；Harvey 等（1994）研究了 GARCH 与 SV 的联系与区别，他们认为这两类描述波动过程的模型可以通过一个共同的随机微分方程来表示，又利用似然比（LR）和贝叶斯因子等理论工具比较了这两类非嵌套式模型的区别；Jaquier（2004）等对纽约股票交易所股票的不同组合分别进行 GARCH 和 SV 模拟，计算了收益平方的自相关系数，模拟结果表明 SV 模型更加接近真实情况。

2. 国内研究现状

国内的研究主要应用 SV 类模型从不同角度对金融资产收益率的波动特征刻画方面。白崑、张世英（2001）提出扩展的 SV 模型及其参数估计方法和波动估计方法，并进行蒙特卡罗试验，最后利用扩展 SV 模型对深圳股票市场的波动性进行了实证研究，说明扩展 SV 模型比标准 SV 模型描述金融波动性的优越性。苏卫东和张世英（2002）基于 SV

模型提出了一种基于遗传算法的伪极大似然（TSGA－QML）估计。李汉东和张世英（2002）在介绍随机波动模型有关概念和性质的基础上，从单整的角度讨论了随机波动模型存在的持续性，并以此为基础，讨论向量随机波动模型存在的持续性和协同的持续性，给出了随机波动模型的协同持续定理。王春峰和蒋祥林（2003）通过基于马尔科夫链的蒙特卡罗（MCMC）模拟的贝叶斯分析方法，运用动态随机波动性模型研究了中国股市的波动性。李汉东和张世英（2003）则通过随机微分方程研究了 GARCH 模型和 SV 模型的相互联系，并讨论了 ARCH 类模型与 SV 模型的关系问题。苏卫东等（2004）探讨具有长记忆性的 SV 模型，采用了基于频域估计的方法。孟利锋等借助经验特征函数方法估计了基本 SV 模型和杠杆效应 SV 模型。苏卫东和张世英（2004）对多元长记忆随机波动进行建模，并给出了相应的谱似然估计方法以及在多元随机波动模型框架下分数维协整的检验步骤。王春峰等（2005）对均值条件分布为正态分布的随机波动性模型与条件厚尾分布的随机波动性模型进行了比较分析。刘凤芹和吴喜之（2004）应用基本 SV 模型及其扩展 ASV 模型来预测深圳股市的波动，并根据对称和非对称两类评价准则，对 SV 类模型的预测效果与常用模型的预测效果做了比较。许启发和张世英（2005）探讨了具有 Box－Cox 转换的非线性 SV 模型。徐梅和张世英（2006）将小波分析方法引入 LMSV 模型的建模研究中。

李付军（2006）以 SV 模型为基础，在多种分布情形下测算了沪深两市时变风险值 VaR 和 ES。韩伟和李钢（2006）使用弹性傅立叶形式（FFF）回归技术消除“日历效应”的基础上，针对高频数据的波动长记忆性建立长记忆 SV 模型，结果发现高频数据的波动持续性大大降低。王宇新（2007）采用 GARCH 模型和 SV 模型对深圳股市进行了实证分析，结果表明基本 SV 模型较 GARCH（1，1）模型能更好地拟合实际金融时间序列数据；战雪丽和张世英（2007）基于正态 Copula 函数和 SV 模型，建立了正态 Copula－SV 模型，将其应用到金融投资组合风险分析中，并与 Copula－GARCH 模型对金融投资组合风险分析方法进行了对比；周彦和张世英（2007）利用基于马尔科夫链的蒙特卡罗模拟积分方法对连续时间的 SV 模型进行估计。张瑞锋和张世英（2007）在多元 SV 模型的基础上，建立了能分析判断波动溢出 VS－

MSV 模型，并进行了实证分析。周彦等（2007）研究了收益和波动中同时具有跳跃因子的连续时间随机波动模型。孟利锋和张世英（2009）对非线性 SV 模型进行了实证分析，结果表明上海和深圳股票市场的指数收益时间序列存在显著的杠杆效应。

朱淑珍和陈丽娟（2010）研究了 SV 模型下的中国股票型开放式基金的杠杆效应，结果表明其收益序列的波动中不存在明显的杠杆效应。魏宇（2010）通过对沪深 300 指数的实证分析，结果表明已实现波动率模型以及加入附加解释变量的扩展随机波动模型是预测精度较高的波动模型。黄波等（2010）构建了偏正态随机波动模型（SV - SN），并分析了该模型的经济含义以及对应随机波动项的特征，最后的实证检验表明：SV - SN 模型的拟合效果相比一般的 SV 模型要好，信息具有减弱后期波动的效应。游宗君等（2010）运用更具理论优势的 SV - M 模型，研究了实行涨跌幅限制制度前后中国股市收益与波动关系的不同状况，并结合波动反馈效应理论，探讨了中国股市预期收益与波动之间的跨期关系。秦伟良等（2010）为了有效揭示收益率与波动的关系，采用极大重叠离散小波变换，将收益率分解在不同的交易周期上，建立各自的 SV - M 模型，考察各周期收益率与波动的关系及其他参数随交易周期的变化情况。王鹏（2011）运用更具理论优势的 SV - M 模型，实证考察了两种类型市场中风险溢价与波动率之间关系的不同状况。吴鑫育等（2012）提出能综合刻画资产收益的“有偏”及“厚尾”特征的 SGED - SV - LS 的模型，并且证明了我国沪市具有很强的波动持续性以及明显的杠杆效应。

（三）CoVaR 风险溢出效应的研究综述

从当前的理论研究以及实证研究均可以看出，风险溢出效应广泛存在于各类金融市场上。当前全球经济以及金融市场的一体化发展使各国之间独立的金融市场彼此分割的局面被打破，各个国家的金融资源、金融市场以及金融信息不断融合。此外，互联网技术的不断创新，加快了各国信息、技术和资金在全球金融市场上的传递速度，提高了金融市场活跃程度，提升了资产配置效率。金融发展在促进世界经济快速增长的同时也把风险传递到各个国家，致使金融市场之间风险溢出效应时常发生，从而增加了金融系统的脆弱性。

1. 国外研究现状

Adrian 和 Brunnermeier（2008，2011）提出了使用条件在险价值（Conditional Value at Risk，CoVaR）的方法来对金融机构间的风险溢出强度进行测量。CoVaR 方法弥补了仅以方差来间接测度风险之类工具的缺陷，尤其对于风险管理实践运用来说，其思路和方法都发生了质的变革。Girardi 和 Ergün（2013）对 CoVaR 的定义进行了更深入的拓展，重点针对尾部分布出现更为严重的危机事件，并对金融机构之间广泛存在的风险溢出效应，采用了多维 GARCH 模型进行模拟。

随后，众多学者沿着 Adrian 和 Brunnermeier（2011）提出的 CoVaR 方法进行实证检验风险溢出效应程度。Bernal、Gnabo 和 Guilmin（2014）引入 ΔCoVaR 度量系统风险，评估主要不同金融部门，如银行业、保险业等出现问题时对系统风险的影响程度，实证结果表明，在 2004—2012 年欧元区此类金融部门比其他金融服务部门对系统风险的影响程度相对较大，具体来说银行业比保险业对系统性风险的影响更大；Castro 和 Ferrari（2014）应用 26 家欧洲大型银行的样本实证分析了 CoVaR 在测算金融机构在系统性风险中各金融机构的贡献大小；López - Espinosa 等提出了 CoVaR 方法的扩展，以捕捉银行系统对单个银行市值资产负债表的正负冲击的不对称响应，应用 1990—2010 年期间美国银行的全面样本实证显示，忽视具有尾部相关性的不对称性可能导致对系统风险的严重低估。

Bernardino 等（2015）引入经典单变量风险条件值的两个备选扩充，提出的多变量 CoVaR 是由多元分布函数的水平集构造的，根据边际分布的 Copula 结构和随机序列，给出了这些新的风险度量的若干特征与单变量风险度量的现有性质一致。Drakos 等（2015）同样使用 Adrian 和 Brunnermerier（2011）创新的系统风险的 CoVaR 度量，金融危机后，外资银行在股票市场上市数量的增加是否导致系统性风险的增加。Liu（2016）提出非线性建模在测量系统性风险中的重要性，同时基于 Adrian 和 Brunnermerier（2011）的 CoVaR 方法，允许它在从数据中筛选出的高风险机制和正常风险机制之间进行切换。Kupiec 等（2017）对美国排名前 50 的金融机构的 CoVaR 和 MES 估值进行了测试，CoVaR 测试只确定了一个机构对系统的重要性，而 MES 测试确定了27家公司，包括过去金融危机中经历过困境的一些金融机构；通过模拟分析评估测试统计的可靠性。Pellegrin等（2017）运用CoVaR方法研究作为影子银行实体重要组成部分的货币市场基金对英国系统性风险的贡献。

2. 国内研究现状

近几年，金融市场风险溢出效应研究也逐渐引起国内学者的关注。国内学者徐华、魏孟欣和陈析（2016）同样是基于Adrian和Brunnermeier（2011）创新的CoVaR方法，在此理论基础上对金融系统性风险进行测算，采用CoVaR方法，并且在引入了分位数回归的方法上，对当前我国上市保险公司总体的系统性风险进行了实证分析研究，同时将我国保险业的系统性风险与我国银行业的系统性风险进行对比研究。陈九生和周孝华（2017）以CoVaR为基础，通过结合单因子的MSV模型，对当前阶段在我国的股票市场同ETF市场二者之间存在的风险溢出效应进行了详细的分析论证，从最后的实证情况来看，当前我国的股票市场同ETF市场相比，二者的风险溢出存在双向的溢出效应，同时通过更进一步的研究发现，将ETF市场对我国的股票市场的风险溢出效应同我国股票市场对ETF市场的风险溢出效应进行比较，前者较弱，后者较强。任健（2018）利用CoVaR模型对我国银行业、证券业、保险业以及银证保行业间上市金融机构股价波动的系统性风险传染问题进行了研究。刘海云和吕龙（2018）利用因子多元随机波动模型（MSV），计算全球40个股票市场间的溢出风险价值（ΔCoVaR），在此基础上利用社会网络方法构建系统性风险溢出网络，分析国际股票市场风险溢出的整体特征；并发现中国在全球风险溢出网络中处于相对边缘的位置，中国香港地区既是内地市场的直接外部风险来源，也是内地市场与外部冲击的重要中介。赵树然、米月和任培民（2018）构建模型分析国内不同商业银行群体对金融系统风险溢出效应的贡献发现，在“次贷危机”“欧债危机”“钱荒”及我国证券市场异常动荡时期等极端情形的冲击下，各类商业银行对金融体系的系统性风险贡献有所增加，而且构建的模型也体现了各个时期的风险贡献时变特征。

二 极值理论在金融市场风险测度中的研究综述

（一）国外研究现状

从最开始经典 VaR 计算方法，到创新出基于 GARCH、SV 模型的计算方法，其样本数据遵循哪种分布都是在建模过程中需要着重考虑的重要假设，已有的众多文献研究结果均表明，实际的金融资产收益中，样本序列呈现的分布形式大多均满足以下特点：尖峰、厚尾、非对称以及波动积聚，其中尖峰、厚尾则恰好说明了金融资产存在极端变动的概率同正态水平相比往往要更高一些。目前对于后尾分布的定义内容并没有完全统一的标准，但学者普遍认为，样本序列的分布密度函数一旦满足尾部幂次衰减这一特征时，该样本序列则通常满足后尾分布的定义，分布密度函数一旦满足尾部指数衰减这一特征时，通常则被定义为薄尾。从学术角度来看，厚尾和薄尾这两种分布均表达了对正态分布的质疑，但它们之间存在的区别也比较明显，更早一些的文献研究中普遍运用到了对数正态分布以及广义误差分布和混合正态分布这三种分布形式，也同样应归于薄尾分布的行列，然而同实际情况相悖的是，众多的金融时间序列变量呈现的分布形式均是表现出了厚尾分布的特征，所以，基于准确性原则，对众多金融极端事件需要建模和测量的是其尾部满足什么样的分布状态，有鉴于此，在金融风险的测度上便创新出了极值理论这一重要的研究方法。

极值理论（Extreme Value Theory，EVT）的运用在以前主要是以气候和水文学为主，近年来，其在金融行业以及保险行业中的应用也逐渐展开。早些年在 Embrechts 等（1999）的研究里，其对极值理论应如何在金融领域和风险管理当中的运用也进行了较为详细的说明。Danielsson 和 devries（2000）则对极值理论的应用提出了新的建议，建议在对于风险估计的研究中，可以采用极值理论。对于极值理论来说，核心问题主要是如何针对发生的极端事件来进行科学合理的建模，该理论为我们提供了一个十分稳定且良好的渐近模型来研究样本分布的尾部，从而对该分布的尾部进行科学的建模，使收益序列的尾部分布可以较为完美地被拟合，同时并不需要通过对整个分布来进行建模，这样便能够在很大程度上克服 t 分布与正态分布的不足（刘志东，2006；Soltane 等，

2012）。众多的文献没有对极值理论和金融风险管理单独进行研究，而是将该理论同更多不同的金融风险模型进行衔接和综合研究，与此同时，对这样的一种组合风险模型进行研究往往要比单独使用极值理论这一方法得来的结果更加出色。

举例来说，McNeil 和 Frey（2000）创新出了将极值理论的方法同 GARCH 模型进行结合的混合模型研究方法，Mangaelli 和 Engle（2004）创新出了在极值理论的基础上，将分位数回归这一方法与其进行衔接组合的研究。Turan（2007）在研究高频样本的收益中，使用了这一极值理论，并将其同波动率指数的研究方法以及 GARCH 模型方法进行类比研究，结果表明从市场预测的准确性来看，极值理论（EVT）最准确。Ramazan 和 Faruk（2004）创新性地将 EVT 这一方法中的使用较多的广义帕累托分布进行了一定的完善，使之加入了缺省的贝叶斯过程来对其进行分析，研究也取得了较好的成果。Bhattacharyya 和 Ritolia（2008）创新性地把 GARCH 模型同 EVT 模型这二者进行衔接，并在此基础上将股票回报所具有的动态波动率以及非正态这两大特性联系并创新出了新的 VaR 度量模型，该模型的研究结果表明，对于 VaR 度量的最佳实证模型就是动态 VaR 模型。

Marimoutou、Raggad 和 Trabelsi（2009）以空头以及多头的交易头寸为研究主题，将其用来进行建模预测 VaR，其运用的也是极值理论的模型，研究结果表明 EVT 方法对于使用参数和非参数估计的方法进行了完善，相比于如 GARCH、历史模拟方法等其他模型来说，该方法更具优势，同时，能对标准 EVT 方法以及历史模拟法在日后研究中的成功运用产生极为深刻影响的主要还是过滤过程。Singh 等（2013）应用新的单变量极值理论对 ASX - All Ordinaries（Australian）指数和 S&P - 500（USA）指数的极端市场风险建模，证明了在金融市场收益的序列中，EVT 方法可以很成功地应用其中，用于静态 VaR、CVaR 或 ES 和预期收益水平的预测，以及基于 GARCH（1，1）和动态 EVT 的方法计算 VaR。Radivojevic 等（2016）以极值理论（EVT）为基础引入一种新的混合方法，对高分位数收益分布的风险价值（VaR）和期望短缺（ES）进行联合估计。Herrera 等（2017）建立 MSM - POT 模型，以捕捉动态行为的极端事件的随机出现超过高阈值的时间序列的回报。

Mögel 等（2018）由极值理论（EVT）导出的几种现代风险价值（VaR）估计的样本外预测性能。Jammazi 等（2018）鉴于金融数据的形式化事实和复杂结构，提出了一种基于小波的极值理论（W－EVT）方法来估计和预测投资组合的风险价值（VaR）。

（二）国内研究现状

近些年国内在类似领域方面的研究中，极值理论应用在金融风险的测度以及如何实施有效的管理方面也是一个热点话题。已有文献在金融领域中的研究主要集中在证券、外汇、期货及保险等方面。柳会珍和顾岚（2005）在使用极值理论的基础上，对过于极端的日收益率相关数据的广义 Pareto 分布建立了全新的理论模型，同时在新建立的模型基础上，对于日收益率的分布满足一定的尾概率以及损失风险值进行较为详细深入的研究和探讨。史道济和张春英（2006）将极值理论中的 POT 模型加以改进和运用，通过实证分析的方法将美元对日元汇率如何变化进行研究，其结果也比较良好。刘志东和徐淼（2007）比较了在不同的置信水平条件下，基于 GARCH 的极值理论和 t 分布以及正态分布模型来度量出指数风险实际情况存在何种偏差，结果表明能有效地度量出金融资产收益的 VaR 的模型仍是基于 GARCH 的极值理论模型。高莹、周鑫和金秀（2008）创新出了新的极值理论 GARCH 模型，是在考虑包括了在金融资产收益率中广泛存在的波动集群性、条件异方差性以及厚尾性等多种不同的特性之后建立的新模型，同时运用实证分析方法，针对上证综合指数的动态 GARCH 做出了详细研究，最终研究表明该模型可以良好地对波动集群现象以及厚尾现象做出解释。文赋和吴伟韬（2009）对汇率进行了实际的测量，也是运用的基于极值理论的 GARCH 模型，从最终的实证结果看出，相对于方差—协方差法以及历史模拟法（HS）该模型更加完美精确地度量了汇率风险。

傅强和邢琳琳（2009）把极值理论同 Copula 函数进行结合，针对的是在金融市场中，组合金融资产间的风险通常具有的非对称尾部以及非线性这两大特征，在对于金融资产相关风险的研究以及对 ES 的估计衡量方面，该模型的实证研究取得了良好的效果。张宗益和花拥军（2009）认识到被广泛使用的传统的 VaR 度量模型因为正态分布这一前提性假设从而产生了一定的尾部风险被低估问题，采用以极值理论这一传统的模型为基础，对上海和深圳两市的极端风险事件作了深入研究，实证分析指出了当前沪深两市所实行的涨跌停板制度对于一些极端风险数据的显著变化产生了十分显著的平抑作用，并且基于较高以及较低置信水平下，采用了POT模型计算出的VaR和ES也都可以完全地将一些极端的风险情况反映出来。蔡天晔、杨青和曹明等（2010）对于VaR方法广泛存在的尾部度量明显不足这一情况，也使用了极值理论（EVT）来处理，并且对美国和香港股票市场以及我国沪深两市的指数单日收益数据使用了CVaR-EVT和BMM模型来加以研究，得出了当前我国金融机构大多都在使用的VaR模型存在严重的不足之处，特别地，在针对具有厚尾特征十分明显的极端金融风险事件的度量上，该模型方法收效甚微。李宝宝和王言峰（2011）的研究更多集中在对我国银行业的整体操作风险状况的度量上，其采用条件风险价值理论CVaR和POT模型二者相结合的模型方法来处理，主要针对众多的低频率但高危害的相关操作风险事件，例如外部和内部欺诈、产品和客户以及相关业务操作等，将这些类型的损失事件进行风险度量。

董耀武、周孝华和姜婷（2011）创新性地将基于广义帕累托分布的POT模型以及学生t分布的随机波动SV模型进行衔接和拓展，创新出了EVT-POT-SV-t极值风险的度量模型并且取得了较好的实证研究结果。周孝华、张保帅和董耀武（2012）在模拟了对投资组合进行一定的风险测度上，结合了Monte Carlo模型，并且使用了极值理论同SV-t模型共同结合的创新方法，来描述单个的资产收益服从哪种波动性以及何种尾部分布特性，从实证分析看出，以SV-GPD为基础的边缘分布模型不仅能够合理地描述出金融资产的收益时序，同时相比其他的风险度量模型，在针对资产收益尾部的异常变化进行准确处理方面具有更好的优势特性。周孝华、张保帅和李强（2013）创新性地延伸出了SWARCH-GED-EVT模型，该模型不仅在GARCH-GED模型中加入了极值理论，同时将马尔科夫链引入其中，研究表明，这一全新的模型可以更加高效地度量出金融极值风险。简志宏、曾裕峰和刘曦腾（2016）构建CAViaR-EVT模型预测极端隔夜风险发现该模型比EVT和GARCH-EVT模型要更合理。杨坤、于文华和魏宇（2017）基于极值理论构建五类R-vine Copula模型分析原油市场间的极值风险相依关系，并以此为基础，分别构建资产组合的 VaR 与预期损失 ES 模型，进行样本外极端风险的滚动测度。胡宗义、万闯和李毅（2018）构建 Ex-epctile - EVT 模型分析西得克萨斯轻质原油（WTI）极端风险的动态演化规律，发现预测结果比其他模型更合理。

总之，在极值理论方面现有国内研究相对国外研究来讲还不够深入，国内目前更多的是应用相对简单的极值模型分析金融市场相关风险，理论研究的深度性与应用研究的创新性还有所欠缺，有待进一步的深入和拓展。

三 Copula 理论在金融市场风险测度中的研究综述

（一）国外研究现状

相关性结构分离方法可以借助于 Copula 理论。该理论起初由 Sklar 在 1959 年提出，其本质就是描述随机变量联合分布的决定因素边缘分布和变量之间的相关结构。首次应用 Copula 理论分析金融风险管理问题的是 Embrechts 等（1999），他们提出 Copula 函数导出的相依性指标符合金融市场的实际情况。Rockinger（2001）等提出可以选用合适的联合分布通过蒙特卡罗模拟来计算特定组合的风险值。Romano（2002）运用 Copula 组合分析金融风险，对金融市场投资组合风险采用多元极值函数通过蒙特卡罗模拟来刻画。Hu（2002）提出了混合 Copula 函数。Embrechts 等（2003）和 Genest 等（1995）详细地介绍了 Copula 函数的参数估计方法、半参数估计方法和有关模拟方法。Breymann、Dias 和 Embrechts（2003）研究表明 t - Copula 可以更好地捕捉金融数据中常见的极值相关性的观测值。Beatriz 等（2004）运用不同的 Copula 函数度量了金融风险。Cherubini 等（2004）详细阐述了 Copula 函数在数理金融和衍生品定价领域中的应用。Johan（2004）等组合 EVT 与 Copula 函数奠定了金融风险尾部度量的相关性结构基础。

Rosenberg 和 Schuermann（2006）应用 Copula 方法进行了包括市场、信用和操作风险的集成风险研究。Embrechts 等（2006）以 VaR 为风险度量使用 Copula 方法计算了投资组合的风险值。Alcock 和 Hather-ley（2009）运用 Clayton Copula 刻画了资产间下尾相关性风险。Hu（2010）认为，运用混合 Copula 函数对金融数据进行分析可以较好地捕捉金融变量的尾部相依性。Ghorbel 等（2014）利用 Copula 的概念对 WTI 原油、天然气、采暖油三个能源商品市场之间的依赖结构进行统计建模，提出了基于组合的能源组合风险价值 VaR 估计方法。Scheffer 等（2015）在对金融资产组合风险价值预测模型准确性的实证研究中发现混合对 Copula 结构在回溯测试中产生更好的结果。Koliai（2016）提出了一个基于压力测试视角的金融收益序列的半参数 Copula GARCH 模型，研究发现该模型具有更好的静态和动态特性。Shim 和 Lee（2017）提出 Copula 与 GARCH 模型相结合的方法来构造多元分布。Lai（2018）利用高频数据信息构建套期保值比率估计的动态 Copula - GARCH 模型，Copula 理论有助于构建灵活的分布，预测能够快速地适应市场变化。

（二）国内研究现状

国内学者近几年才逐渐开始将 Copula 连接函数结合到极值理论进行多维极值风险度量方面的研究。李悦与程希骏（2006）认为，用 Gumbel - Hougard Copula 函数对上证指数和恒生指数进行尾部相关性分析是最优的。李秀敏与史道济（2007）用 GPD 和 Copula 函数实证研究了沪深股市间的相关性。关静、郭慧和葛琳（2008）结合极值理论与阿基米德 Copula 函数分析了沪深股市投资组合风险，并进行了 Monte Carlo 模拟。傅强等（2009）针对金融市场中某种资产不同风险的非线性和非对称尾部的特性，将极值理论和 Copula 函数应用于资产风险的研究以及条件 VaR 的估计中。冯烽（2011）针对传统使用 GJR 模型、极值理论、Copula 理论进行风险分析的不足，把 GJR 模型、极值理论、Copula 理论有机地结合起来，给出了基于 Copula 和极值理论的投资组合 VaR 的测度方法。赵平等（2011）运用基于 Student t - Copula 的极值理论研究我国商业银行面临的操作风险，得出极值理论的 POT 模型能够有效地捕捉损失厚尾性，计算出的 VaR 比较准确。吴庆晓等（2011）应用极值的阈值与峰值模型来度量单个资产的风险价值，用两种不同的方法比较了不同 Copula 函数下基于沪深指数的二元投资组合集成风险值。

周孝华、李强和张保帅（2012）构建 Copula - ASV - GPD 模型对我国多元外汇储币组合进行风险研究，该模型的多元外汇组合对风险测度能力更强，能够更好地捕捉外汇组合极端情形下的协同性和关联性。

鲁志军和姚德权（2012）构建出 Copula - VaR 模型能够更精确地测度出金融资产组合在险价值风险。汪冬华、黄康和龚朴（2013）应用 Copula 函数构建市场、信用和操作三种主要风险敞口回报的联合分布，以回报形式的 VaR 度量我国商业银行整体风险。胡亚明（2014）结合 Copula 函数和蒙特卡罗模拟思路，建立省级政府投融资平台公司多维融资风险度量模型，实现了投资风险的实时、动态度量。于文华、魏宇和康明惠（2015）结合 EVT 极值理论，构建了 4 类时变 Copula 模型，拟合了股指间的动态极值相依系数，并对各类资产组合进行了预期损失 ES 风险测度。

马锋、魏宇和黄登仕（2015）运用滚动 Monte Carlo 模拟技术，实证计算了 R - vine、D - vine、C - vine 及 R - vine all t 四种 vine - Copula 结构对投资组合的动态 VaR 预测值。鲁涛、李婷和张跃军（2015）提出能源价格风险值（VaREP）指标，建立了基于 Copula - VaR 的能源价格风险模型，研究能源投资组合的风险。严太华和韩超（2016）将极值理论的 GPD 模型和高维动态 C 藤 Copula 方法结合起来研究沪深 300 指数中地产、基建、银行和运输四个行业风险。张冀、谢远涛和杨娟（2016）将 Copula - CVaR 模型和 Mean - VaR 投资组合理论构建 Mean - Copula - CVaR 的投资组合模型，能有效地解决风险度量中的一致性和依赖性关系。王璇、采俊玲和汤铃（2017）引入二元经验模态分解（EMD）与二元 Copula - GARCH 算法，构建新的 VaR 风险度量模型，即 BEMD - Copula - GARCH 模型。王锦阳、刘锡良和杜在超（2018）构建动态 Copula - CoVaR 模型研究我国银行业之间的相依结构，实证分析发现该模型可以很好地刻画和捕捉典型系统性事件和特征。宫晓莉等（2018）构建 Copula - CoVaR 模型测度投资组合风险，该模型能够有效地捕捉典型系统性风险事件。

四　研究述评

通过上述国内外文献梳理可以发现，目前相关金融风险测度模型主要集中在 ARCH 类模型、SV 类模型、极值模型、Copula 模型、VaR 模型以及 CoVaR 模型六类模型。具体来说，ARCH 类模型可以有效拟合金融资产收益序列的“波动集聚”特征，但该模型对极值事件反应不足，降低了金融风险测度准确性；而极值模型不用考虑具体分布类型，对资产收益率的尾部进行估计可以弥补此类缺陷，有效地反映金融市场的极端风险情况，但该模型的不足之处在于没有考虑金融资产的相互依赖特点；ARCH 理论能有效反映金融资产间的相依结构和非线性特征，但其对模型边缘分布的非对称性考虑不足；VaR 模型以及 CoVaR 模型都是具体的风险价值模型，前者对金融资产特征反应不足，目前主要集中在如何改进模型以有效测度金融风险，后者实际上是对其改进的一种形式，可以有效反映金融风险溢出的强度和方向。

总之，现有的研究基本都是利用这六类模型的组合应用。根据现有理论，通过对模型参数进行适当改进，构建有效合理的波动模型拟合金融资产收益率分布，并对比不同模型在衡量金融资产价格波动特性方面的有效性，以便提高金融市场风险测度的精度性和有效性。上述方法无论是经典的模型，还是最近比较流行并得到认可的极值理论，均在不同测度时期、不同经济主体、不同研究对象身上发挥了积极作用，但仍存在一些不足，主要体现在以下几方面：

第一，现有金融市场风险的研究大多基于分位数回归方法与 GARCH 族模型相结合测度 VaR 值，有值得商榷的地方。其一，GARCH 族模型虽然考虑了金融数据的尖峰、厚尾特征，但是不能有效反映金融数据的尾部特征。其二，运用分位数回归对风险进行研究虽然已经出现，但是利用其优点与 EVT 模型结合起来的相关文献偏少。

第二，现有利用 Beta - skew - t - EGARCH 模型与极值理论相结合求 VaR 的文献并不多，尤其是各种类型 GARCH 模型在刻画金融资产特征时，对于金融资产典型特征的刻画往往仅是集中在某一个方面，而对金融资产收益波动的其他特征反映不足，这必然会影响 VaR 测算的精度。

第三，现有关于 CoVaR 文献仅限于对风险传导路径与传导方向进行了研究，而对于风险溢出强度却涉及较少，这不利于全面深入地认识风险以及影响风险监管。此外，已有文献计算 CoVaR 时引进广义双曲线分布和时变 Copula 模型来反映金融典型事实特征的也不多。

第四，传统资产配置模型在资产组合优化过程没有考虑系统性风险扩散，在面临金融风险尤其是极端事件发生时，将导致资产组合遭受极大损失，因此，在构建资产组合模型时引进 CoVaR 模型应该是一个不错的选择。

第四节 主要特色及创新

本书研究主要特色在于以极值理论为主线，以金融资产波动特征为切入点，把金融波动模型、极值理论以及 Copula 理论有机地结合起来研究金融市场极值风险测度，具有强烈的现实针对性，并在理论方法上具有较好的深度和创新。研究逻辑严密，方法得当。

研究的主要创新之处体现在：

在对金融风险进行测度时，通常从刻画金融收益率的波动特征入手。现有的文献中，基本都是采用常规金融波动模型来刻画金融收益率"尖峰厚尾"、波动集聚等特征，而考虑收益率序列的结构变换特征的还很少见。本书考虑收益率序列的剧烈波动和结构变换特征，提出把马尔科夫链引入 GARCH - GED 模型构建 SWARCH - GED 模型，然后与极值理论相结合，进而构建 SWARCH - GED - EVT 的动态 VaR 模型对极值风险进行测度。同时，考虑到分位数回归模型不用假设分布形状和参数的优良特性，应用 QR - GARCH 模型拟合金融资产收益率特征，在得到波动性和残差的基础上，引进 EVT 模型，最终构建基于 QR - GARCH - EVT 的极值风险测度模型。同时，引入 EVT 模型与 CAViaR 模型，构建基于 EVT - CAViaR 模型极值风险测度模型。

对于各金融收益率序列的联合分布问题，现有文献通常假设金融收益序列服从多元正态分布，并用线性相关系数度量金融资产间的相关性。但是众多研究表明金融收益序列有明显的厚尾、异方差现象，金融资产之间表现出较强的非线性特征，线性相关系数不能全面地反映相关结构。本书结合 Copula 函数的特点和 SV 模型的优势，运用随机波动模型与极值理论结合刻画资产收益的边缘分布，再结合时变 Copula 理论来构建金融时间序列的相依关系，进而建立一种新的测度金融资产间的风险相关性的模型——时变 Copula - SV - EVT 模型，在此基础上，以沪深 300 指数和恒生指数为例进行分析，实证结果表明，与常规的金融风险相关性测度方法相比，基于时变 Copula - SV - EVT 模型能有效地反映金融资产的相关结构。

基于 Copula – CoVaR 框架的金融风险测度扩展。首先，基于 Copula – CoVaR 框架，利用 Beta – skew – t – EGARCH 模型捕捉金融资产杠杆效应、厚尾分布以及条件偏度等特征，然后在标准化残差的基础上引入极值理论，构建基于 Beta – skew – t – EGARCH – EVT 的边缘分布模型，在优选出 Copula 函数基础上，引进 CoVaR 模型，构建基于 Copula – Beta – skew – t – EGARCH – EVT – CoVaR 的风险测度模型。其次，引入广义双曲线分布下的 AR（1） – GJR – GARCH（1，1）模型拟合金融资产的典型事实特征，并以此作为 Copula 函数的边缘分布，经过优选出时变 BB7Copula 函数为最优 Copula 函数，在此基础上与 CoVaR 模型结合，进而构建基于动态 Copula – GH – CoVaR 的风险联动模型，对金融市场的风险溢出程度、方向、强度进行测度，最后对模型的有效性进行了检验。

对于多元金融资产组合金融风险测度，现有的文献用 EVT 模型与其他模型（GARCH 族、SV 族）或函数（Copula 函数）相结合对极值分布进行统计推断，可以得到很好的效果，被越来越多地应用到极值风险的刻画中，但是把随机波动模型与极值理论和 Copula 理论结合起来研究金融风险的还不多见。本书针对资产收益的厚尾性、波动的异方差性及资产间的非线性相关结构等特征，提出采用 SV – t 模型与极值理论结合刻画单个资产收益的波动性及尾部分布特征，应用 t – Copula 函数处理多元资产间的相关性，最终构建新的基于 t – Copula – SV – t – EVT 投资组合风险测度模型，实现从单一资产风险测度到组合资产风险测度的过渡，并结合 Monte Carlo 模拟对投资组合进行风险测度，实证结果表明，模型对投资组合的风险测度是合理有效的。同时，通过改进 Markowitz 的效率前沿，把引起个别标的资产收益率变动的因素纳入系统性风险考量，应用 CoVaR 模型衡量系统性风险扩散，构建新的基于 Mean – CoVaR 资产配置模型，并进行检验。

第二章　金融风险测度的相关理论基础

第一节　金融风险测度理论概述

风险管理的基础和核心是对风险的定量分析和评估，即风险测量。随着金融市场和金融交易的规模、动态性和复杂性的增加，金融理论和金融工程的发展，金融市场测量技术也变得更为综合、复杂。

一　金融风险概述及分类

（一）金融风险概述

金融风险是风险中最常见、最普遍，且影响最大的一种风险，实务界和理论界都十分关注金融风险。但是，如同对一般风险的定义一样，对金融风险也一直没有一个确切的定义。有人认为，金融风险就是人们在金融活动中所发生的损失或损失事件；也有人认为，金融风险就是发生在金融领域的风险。实际上，这些定义都不足以说明金融风险的实质。我们认为，金融风险是在金融活动中，由于各种经济变量，尤其是金融变量发生不确定的变化，从而导致行为人蒙受损失的可能性。由此可知金融风险被定义为与金融市场可能的损失有关的风险，它直接与金融市场的波动性相关。也就是说，金融市场上各种经济变量和经济要素在不断地发生着变化，它给金融市场上的每个参与者都带来了挑战，给他们的收益带来了威胁。这种威胁就是金融风险，它存在于金融活动的整个过程中。一般而言，收益的不确定性包括盈利的不确定性和损失的不确定性两种情形，而现实中我们主要关注的是损失的不确定性，也就是说金融风险关注的是损失的可能性。就金融活动的一个事件来说，只要它存在损失的可能性，就表明它存在金融风险。

金融风险的成因是金融活动中的不确定性。不确定性是现实生活中客观存在的事实，它反映了一个特定事件在未来有多种可能的结果。不确定性越大，风险越大；反之，不确定性越小，风险也越小。在金融活动中，不确定性包括“外在不确定性”和“内在不确定性”两种。外在不确定性来自经济体系之外，是经济运行过程中随机性、偶然性的变化或不可预测的趋势，如宏观经济的走势、市场资金供求状况、政治局势、技术和资源条件等。宏观经济的走势往往呈现出萧条、上升、高涨、下降的周期性变化，各阶段的长度相对各经济变量的影响是不确定的；市场资金供求状况反映了市场上资金供给和需求量的对比，它受到利率、一国的货币政策和财政政策等因素的影响，但是它反过来又将对利率和宏观经济政策等因素产生影响；政治局势涉及政局的稳定性、政策的连续性等。外在不确定性也包括国外金融市场上不确定性的冲击。一般来说，外在不确定性对整个市场都会带来影响，所以，外在不确定性导致的金融风险又称为“系统性风险”。显然，系统性风险不可能通过投资分散化等方式来消除，而只能通过某些措施来转嫁或规避。内在不确定性源自经济体系之内，它是由行为人主观决策以及获取信息的不充分性等原因造成的，带有明显的个性特征。例如，企业的管理能力、产品竞争能力、生产规模、信用品质等的变化都直接关系着其履约能力甚至企业内部的人事任命、负责人的身体状况等都会影响其股票和债券的价格。特别地，投机者不可预测地炒作，更加大了内在不确定性。

（二）金融风险分类

根据金融风险的性质和来源不同，金融风险表现为不同的类型。由于金融相关企业性质的巨大差异，它们所面临的金融风险种类、性质也有很大不同。因此，总体上来说，金融风险大体上可以分为市场风险、信用风险、流动性风险、操作风险等。

1. 市场风险

市场风险是由金融市场因子（如利率、汇率、股价等）的不利波动导致的金融资产损失的可能性。其中利率风险尤为重要，由于金融机构的资产绝大部分是金融资产，利率波动会直接导致其资产价值的变化，使机构的持续经营能力受到威胁，因此金融机构的风险管理中常把利率风险单独列出。市场风险可分为绝对风险和相对风险，绝对风险用资金或相关货币衡量，相对风险用相对的基准指数衡量。绝对风险集中关注总体收益率的波动性，而相对风险则根据追踪误差或与基准指数的差异来衡量风险。此外还可以将市场风险分为方向性风险和非方向性风险。方向性风险指金融变量的运动方向所引起的风险。这些风险可以通过线性近似值进行衡量，如衡量股市波动性风险的 beta 值、衡量利率风险的久期以及衡量期权对基础资产价格敏感性的 delta 值。非方向性风险则指其他的风险，包括非线性风险、对冲头寸或波动性风险。对于二阶或二次项风险，当与利率有关时，运用凸度衡量；当涉及期权时，使用伽马衡量。基差风险是由对冲头寸中资产相对价格变动的不确定性产生的。波动性风险是衡量对实际或隐含波动性的敏感性。市场风险可以由风险管理者通过限制名义金额、敏感性、VaR 衡量方法或独立监控加以控制。

2. 信用风险

信用风险是指由于市场交易方的违约而导致损失的可能性。更一般地，信用风险还包括由于借款人信用评级的降低导致其债务市场价值的下降而引起损失的可能性。信用风险对衍生金融产品和基础金融产品的影响不同。对于衍生金融产品而言，对手违约带来的潜在损失小于产品的名义价值损失，实际上它只是头寸价值的变化，对于基础金融产品而言，如公司债券或银行贷款，信用风险所带来的损失就是债务的全部名义价值。信用风险还包括主权风险，它是指当债务人所在国采取某种政策，如外汇管制，致使债务人不能履行债务时造成的损失。这种风险的主要特点是针对国家，而它不像其他的违约风险那样针对的是企业或个人。信用风险的形式包括结算前风险和结算风险。结算前风险一般是指风险在正式结算前就已经发生；结算风险则是指在结算过程中发生的不可预料的情况，即当一方已经支付了合同资金但另一方发生违约的可能性。这种情况在外汇交易中较为常见，如交易的一方在欧洲支付资金而后在美国进行交割，在这个时间中，结算银行的倒闭也可能导致交易对手方不能履行合同。信用风险可以通过对名义额、当前和潜在的风险进行信用限制，并相应地增加信用等级的特征，如要求逐日结算抵押物等来控制。量化市场风险的方法也可以用来衡量信用风险。

3. 流动性风险

流动性风险主要包括两种形式：市场、产品流动性风险和现金流、资金风险。前者是指由于市场交易不足而无法按照当前的市场价值进行交易所造成的损失。这种风险在 OTC 市场中进行动态对冲交易时表现得更为突出。后者是指现金流不能满足债务支出的需求，这种情况往往迫使机构提前清算，从而使账面上的潜在损失转化为实际损失，甚至导致机构破产。资金收支的不匹配包括数量上的不匹配和时间上的不匹配。流动性风险可视为一种综合性风险，它是其他风险在金融机构整体经营方面的综合体现。例如，市场风险和信用风险的发生不仅直接影响金融机构的资产和收益而导致流动性风险，还可能引发“金融恐慌”而导致整个金融系统的非流动性。市场、产品流动性风险可以通过对某些市场或产品设置限制，或利用分散化的手段来进行管理。资金风险可以通过恰当的现金流需求计划来控制，而现金流需求则可以通过对现金缺口设置限制、多样化以及通过考虑筹集新资金来满足资金短缺的需要等加以控制。

4. 操作风险

操作风险是指由于金融机构的交易系统不完善、管理失误、控制缺失、诈骗或其他一些人为错误而导致的潜在损失。它包括执行风险，即当交易执行错误或不能执行而导致的较大延迟成本或受到惩罚，以及金融机构后台操作出现的一系列相关问题。操作风险还包括由于诈骗和技术问题而导致的风险。诈骗风险是指交易员故意提供错误信息；技术风险是指交易系统的错误操作或崩溃而导致的损失，也包括由于无法预料的自然灾害或关键人员出现事故而造成的损失。特别需要指出的是，操作风险还包括风险定价过程中的模型风险，即交易人员或风险管理人员使用了错误的模型，或模型参数选择不当，导致对风险或交易价值的估计错误而造成的损失的可能性。操作风险直接与机构的管理系统相关，虽然发生的概率相对较小，但引起的损失可能非常巨大。操作风险防范包括系统的备份、严格的内部责任控制与常规的应急计划清楚分离。和市场风险、信用风险一样，操作风险也正在不断地量化。

在诸多不同类型的金融风险中，金融市场风险具有特殊的地位。不仅所有企业都面临着金融市场风险，而且金融市场风险往往是其他类型金融风险的基础原因，因此，接下来的研究中我们主要研究金融市场风险。

二 金融风险测度的概念、方法及检验

（一）风险测度的基本概念

金融市场的高波动性、高风险性产生了对新的金融工具和风险管理分析工具的需求。金融风险管理就是指设计并执行程序来控制金融风险。技术的创新也使金融风险管理的产生成为可能。风险管理的基础和核心是对风险的定量分析和评估，即风险度量。风险的度量是整个风险管理过程中最为重要的一个环节，证券投资风险的度量一般是以 Von Neumanrr—Morganstern 的期望效用理论为基础，以期望效用最大化为基本决策准则，围绕证券投资收益风险和投资选择而进行的。

所谓金融市场风险测度，就是测度由于市场因子的不利变化而导致的金融资产（证券组合）价值损失的大小。在金融发展初期，金融市场风险测量方法非常简单，认为某一证券组合的市场风险就是该证券组合的整个价值，也就是说证券组合的整个价值可能由于风险而全部损失掉。采用的这种方法我们通常称为名义量法，名义量法认为进入交易的证券组合都处于风险之中。但现实中只有极少情况下，整个证券组合才可能全部损失，多数情况下只是部分处于风险状态。因此名义量法是一种粗略的估计方法，无法满足日趋复杂和竞争激烈的金融市场管理风险的要求，为此人们引入了更为精确的风险度量方法。

金融风险通常包括市场风险、信用风险、流动性风险、操作风险。目前，能够进行数理计量的风险主要是市场风险和信用风险。市场风险度量就是度量由于市场因子的不利变化而导致的证券组合价值损失的大小。传统的市场风险度量有两种基本方法。第一种是度量证券组合价值对其市场因子的敏感性，称为灵敏度方法。灵敏度是收益的方差与产生这一方差的某一随机变量（如利率、汇率等）的方差之比，它是两个方差的比值。设以 r 表示收益，x 表示影响收益的市场随机变量，S 表示收益 r 对 x 的灵敏度，则：

$$S = \Delta r / \Delta x \tag{2-1}$$

如果某投资组合的收益或价值受到几个市场随机变量的影响，那么该投资组合的风险就需要由这几个灵敏度组成的灵敏度变量来描绘。例如，某证券投资组合的市场价值依赖于各有关货币的利率、汇率、证券价格指数。这时，需将投资组合价值对这些变量的灵敏度都计算出来，但不能将它们直接相加。因为那样意味着各随机变量将在同一时间以给定的幅度变动，从而会夸大风险。由于灵敏度方法的计算简单明了，它在风险的计算和管理中得到了极为广泛的应用。

针对不同类型的金融资产产生了不同形式的灵敏度，如针对债券等利率性金融产品的久期和凸性，针对股票的 beta，针对衍生金融工具的 delta、gamma 等。灵敏度分析法比较适合简单的金融工具在市场因子变化较小的情形，对于复杂的证券组合及市场因子的大幅波动情形，灵敏度方法或者准确性差，或者由于复杂而失去了其原有的简单直观性。另外是方差分析法，这种方法是运用概率论中的方差或标准差来测量和比较不同证券资产的风险，即根据证券资产的收益和概率分布，先计算出收益率的数学期望，然后计算它和实际收益的偏差程度（方差或标准差），以此来衡量证券资产的风险。方差或标准差越大，对应的证券资产风险越大。若比较两种不同证券资产之间的风险，则需使用标准差与收益或损失变量的当前值之比来比较。计算证券收益的方差时，我们只能获得收益的历史数据，未来收益的有关数据、概率分布我们无法确知。

因此，在一般情况下，我们是以收益的历史数据和概率分布来估计未来收益的方差。这样，利用方差来测定风险必然存在一定的误差。从另一个角度来说，标准差或方差在风险测定中的运用应满足一个基本前提，即证券风险具有连续性，未来风险是过去风险的延续。波动性描述了收益偏离其均值的程度，在一定程度上度量了金融资产价格的变化程度。但波动性方法主要存在两个方面缺点：一是只描述了收益的偏离程度，却没有描述偏离的方向，而实际中最关心的是负偏离（损失）；二是波动性并没反映证券组合的损失到底是有多大。因此，对于随机变量统计特征的完整描述需要引入概率分布，而不仅仅是方差。

（二）基于 VaR 的金融风险测度

VaR（Value at Risk）方法作为一种衡量资产下行风险的方法，是

JP 摩根公司于 1994 年提出的。VaR 方法一经出现，就受到了市场参与各方的欢迎，时下已成为金融机构和监管当局进行风险管理和金融监管的基本工具之一。VaR 方法的优点在于它可以在整体一致的框架内仅用一个易于理解的数字来度量由许多复杂工具构成的组合的市场风险。VaR 方法目前是金融机构实施市场风险管理的重要手段，也是监管部门实施监管时的重要参考指标。VaR 方法在资产配置和投资组合优化方面也获得了不少应用。

1. VaR 的概念

风险价值 VaR 描述了在一定的目标期间内收益和损失的预期分布的分位数，直观来说就是在一定的置信水平下和一定的时间内预期的最大可能损失。VaR 是风险管理的最新发展，它是建立在统计学基础上的风险管理的量化方法。我们定义收益率为：

$$r_t = \ln(p_t/p_{t-1}) \tag{2-2}$$

其中 p_t 为金融资产在 t 时刻的价格，则在分位数（$1-\alpha$）下的风险价值 VaR 的数学表达式为：

$$\text{Prob}[r_t \leqslant VaR(\alpha)] = \alpha \tag{2-3}$$

其中，Prob 表示在 Δt 时间内某个有价证券的市场值的变化；α 为给定的概率，即置信水平。例如，某一投资公司持有的证券组合在未来 24 小时内，置信度为 95%，证券市场正常波动的情况下，VaR 值为 1000 万元。其含义是指，该公司的证券组合在一天内（24 小时），由于市场价格变化而带来的最大损失超过 1000 万元的概率为 5%，平均 20 个交易日才可能出现一次这种情况。或者说有 95% 的把握判断该投资公司在下一个交易日内的损失在 1000 万元以内。这一数据不仅给出了公司市场风险暴露的大小，同时也给出了损失的概率。置信水平越高，投资者对风险的厌恶程度越强，愿意冒险的程度越弱；相反，置信水平越低，投资者对风险的喜好程度越强，越愿意冒险。一旦给定置信水平，以及给出关于资产价格分布的假设，投资者可以获得投资于该项资产的风险价值（VaR）。

由于 VaR 方法能简单、清晰地表示市场风险的大小，并有严谨的概率统计理论作依托，重要的是，它解决了传统风险度量方法所不能解决的各种问题，因而该方法得到了国际金融界的广泛支持和认可。它能把各金融工具、资产组合以及金融机构总体的市场风险量化为一个数字，这使机构投资者与市场监管者能够很方便地将其与其他数字指标进行比较，从而判断其承受市场风险的能力大小。正是由于 VaR 的这一特性极大地方便了金融监管部门对各金融机构的有效监管，因此各监管部门纷纷应用其进行风险监管。在 1995 年 4 月，国际银行业监管的权威组织 Basle 委员会在其发布的文件中建议各银行可应用内部模型来计算各自的 VaR，并且将得出的从以（10 个交易日、95% 置信水平）与相应因子的乘积作为其资本充足水平，向银行提出资本充足性的要求。目前，包括银行在内的越来越多的金融机构，如证券机构、保险公司、信托公司和投资基金等纷纷采用 VaR 法来度量、控制其市场风险，尤其在衍生工具投资领域，VaR 方法的应用更加广泛。

通过观察式（2－3）可以发现，VaR 的大小由以下三个因素决定：持有期、置信水平以及金融资产收益率的波动特征。

（1）持有期的选择。

持有期是计算 VaR 的时间范围。由于波动性与时间长度呈正相关，所以 VaR 随着持有期的增加而增加。通常的持有期是一天或一个月，但某些金融机构也选取更长的持有期如一个季度或一年。在 1997 年年底生效的巴塞尔委员会的资本充足性条款中，持有期为两个星期（10 个交易日）。一般来讲，金融机构使用的最短持有期是一天，但理论上可以使用小于一天持有期。为克服市场经济周期性变化的影响，持有期间的历史数据越长越好。但是，时间越长，市场结构性变化的可能性越大，历史数据因而越难以反映现实和未来的情况。一般来讲，金融机构使用的最短持有期是一天，理论上，持有期也可以小于一天。持有期越短，所需的样本数据跨越的时间长度也就越短。

选择持有期时，往往要考虑四种因素：流动性、正态性、头寸调整、数据约束。首先是流动性，影响持有期选择的第一因素是金融机构所处的金融市场的流动性。在不考虑其他因素的情况下，理想的持有期选择是由市场流动性决定的。如果交易头寸可以快速流动，则可以选择较短的持有期；但如果流动性较差，由于交易时寻找交易对手的时间较长，则选择较长的持有期更加合适。实际中，金融机构大多在多个市场上持有头寸，而在不同市场上达成交易的时间差别很大，这样，金融机构很难选择一个能最好反映交易时间的持有期。因此，金融机构通常根据其组合中比重的头寸的流动性选择持有期。

其次就是正态分布的要求。在计算 VaR 时，往往假定回报的正态分布性。金融经济学的实证研究表明，时间跨度越短，实际回报分布越接近于正态分布。因此，选择较短的持有期更适用于正态分布的假设。典型的情况是包含期权的证券组合。通常期权的回报在实际中并不服从正态分布，但一般仍然在正态分布的假定下进行计算。当持有期较短时，期权回报的实际分布会更接近于正态分布的假设。因此，在较短的持有期下得到的估计结果更加合理。

再次就是头寸调整。在实际金融交易中，投资管理者会根据市场状况不断调整其头寸或组合。如果一种头寸不断地发生损失，则管理者会把这种头寸变为其他的头寸。持有期越长，投资管理者改变组合头寸的可能性越大。而在 VaR 计算中，往往假定在持有期下组合的头寸是相同的。因此，持有期越短就越容易满足组合保持不变的假定。

最后就是数据约束。VaR 的计算往往需要大规模历史样本数据，持有期越长，所需的历史时间跨度越长。例如，假定计算 VaR 所需数据为 1000 个观测值，如果选择持有期为一天，则需要至少 4 年的样本数据（每年 250 个交易日）；而如果选择持有期为一周（或一个月），则历史样本采用的是周（或月）数据，需要 20 年（或 80 年）的数据才能满足基本要求。这样长时间的数据不仅在实际中无法得到，而其时间过早的数据也没有意义——金融市场的不断、大幅变化，十几年的市场与现在的市场相比截然不同。因此，VaR 计算的数据样本量要求表明，持有期越短，得到大量样本数据的可能性越大。可见，上述四个因素中，后三个因素都建议采用较短的持有期。而在实际应用中，当回报服从正态分布时，由于波动性与时间范围的平方根同比增加，因此，不同持有期下的 VaR 可以通过平方根转换。例如，银行在把一天的持有期变为 10 天的持有期时，通常乘以 10 的平方根 3. 16。

（2）置信水平的选择。

置信水平的选择依赖于对 VaR 验证的需要、内部风险资本需求、监管要求以及在不同机构之间进行比较的需要。同时，正态分布或其他一些具有较好分布特征的分布形式（如 t 分布）也会影响置信水平的选择。有效性验证。如果非常关心 VaR 实际计算结果的有效性，则置信度不应选得过高。置信度越高，则实际中损失超过 VaR 的可能性越少。这种额外损失的数目越少，为了验证 VaR 预测结果所需的数据越多。因此，实际中无法取大量数据的约束，限制了较高置信水平的选择。风险资本需求。当考虑内部资本需求时，置信水平选择依赖于金融机构对极值事件风险的厌恶程度。风险厌恶程度越高，则越需准备更加充足的风险资本补偿外损失。因此，用 VaR 模型确定内部风险资本时，安全性追求越高，置信水平选择也越高。置信水平反映了金融机构维持机构安全性的愿望和抵消设置风险资本对银行利润不利影响之间的均衡。另外，金融监管当局为保持金融系统的稳定性，会要求金融机构设置较高的置信水平，如巴塞尔委员会 1997 年年底生效的资本充足性条款中要求的置信度为 99%。还有不同的机构使用不同的置信水平报告其 VaR 数值，例如银行家信托公司在 99% 的置信水平下计算 VaR，JP Morgan 在 95% 的置信水平下计算 VaR。如果存在标准的变换方法，将不同置信度下的 VaR 转换成同一置信水平下的 VaR 可以方便转换为另一种置信水平下的 VaR。因此，在正态分布假定下可以选择任意水平的置信度，不会影响不同金融机构间的比较。如果不服从正态分布或一些具有类似性质的分布，则一种置信水平的 VaR 数值将无法说明另外一种置信水平下的情况。

（3）收益率的分布特征。

这是一个非常重要的要素，是指资产或投资组合在既定的持有期限内的回报的概率分布，即概率密度函数。传统的做法，人们对收益率分布采用正态分布的假设，但事实证明，从长期来看，收益率的分布多呈厚尾特征，不满足正态分布的假定，这将导致对 VaR 值一定程度的低估。随后人们对正态分布假设进行改进，利用 t 分布、广义误差分布等来对 VaR 值进行估算。近期的实证研究多用改进后的分布做 VaR 值的估算，并且取得了较好的结果。

2. VaR 计算方法

VaR 的数学定义式可以看出，计算 VaR 值只需要三个因素：置信水平、持有期和金融资产收益率的概率分布。前两个都是人为确定的，持有期是资产期限的长短，取决于资产调整的频率，调整速度越快，则该期限越短，当然资产的调整是有成本的，但是较长的持有期又会增加风险，因此往往会出于成本和安全的考虑而选取一个折中的办法。置信水平的选取反映了投资主体对风险的厌恶程度，置信水平越高，厌恶风险的程度越大，金融资产损失大于 VaR 的概率越小，即模型对极值事件的预测更准确。根据需要一般取 95%—99%。第三个因素金融资产收益的概率分布成为计算 VaR 的关键因素。

在实践中，直接确定资产损益的统计分布是很困难的。通常是先找出分布较易确定的风险因子，然后将资产组合用其风险因子表示，通过风险因子的变换来反映资产未来损失的变化。因此，计算 VaR 的时候首先使用市场因子当前的价格水平，利用金融定价公式对证券组合进行估值，然后预测市场因子未来的一系列可能价格水平（是一个概率分布），并对证券组合进行重新估计，在此基础上计算证券组合的价值变化——证券组合收益，由此得到证券组合的损益分布，进而根据这一分布就可求出给定置信水平下证券组合的 VaR，这个过程如图 2－1 所示。

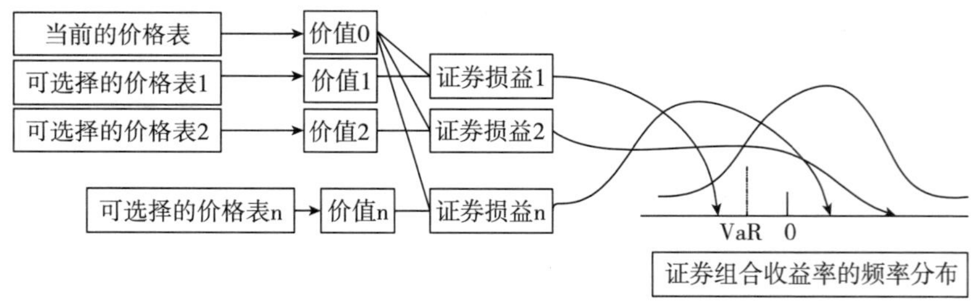

图 2－1 VaR 估计

资料来源：王春峰：《金融市场风险管理》，天津大学出版社 2001 年版。

下面我们讨论 VaR 的基本计算方法。考虑一个证券组合，假定 p_0 为证券组合的初始值，R 是持有期内的投资回报率，则在持有期末，证券组合的价值可以表示为 $p=p_0(1+R)$。假定回报率 R 的期望回报和波动性分别为 μ 和 σ。如果在某一置信水平 α 下，证券组合的最低价值为 $p^*=p_0(1+R^*)$，则根据 VaR 的定义——在一定置信水平下，证券组合在未来特定的一段时间内的最大可能损失，可以定义相对于证券组合价值均值（期望回报）的 VaR，即相对 VaR 为：

$$\mathrm{VaR}_R = E(P) - P^* = -P_0(R^* - \mu) \tag{2-4}$$

如果不以组合价值的均值（期望回报）为基准，可以定义绝对VaR为：

$$\mathrm{VaR}_A = p_0 - p^* = -p_0 R^* \tag{2-5}$$

根据以上定义，计算VaR相对于计算最小值 p^* 或最低的回报率 R^*。考虑证券组合未来日回报行为的随机过程，假定其未来回报的概率密度函数为f（p），则对于某一置信水平α下的证券投资组合最低值 p^*，有：

$$\alpha = \int_{p*}^{\infty} f(p)\,\mathrm{d}_p \tag{2-6}$$

或

$$1 - \alpha = \int_{\infty}^{p*} f(p)\,\mathrm{d}_p \tag{2-7}$$

无论分布是离散的还是连续的，厚尾还是瘦尾，这种表示方式对于任何分布都是有效的。因此，综合说来计算VaR过程就是由三个基本模块构成：第一模块是映射过程，即把资产组合的每一种头寸的收益表示为其市场因子的函数；第二模块是市场风险因子的波动模型，确定市场因子的波动性；第三模块是估值模型，即根据因子的波动性估计组合价值的波动性。在VaR计算的三个模块中，波动性模型和估计模型是核心和难点，不同波动模型和估计模型构成了VaR计算的不同方法，具体来说包括以下几种：历史模拟法、Monte Carlo模拟法、情景分析法、RiskMetrics法、GARCH模型法、随机波动模型法以及极值法等。

（1）历史模拟法。

历史模拟法是一种简单的完全评价方法，其基本思想是认为“历史在未来会重演”，即市场因子的未来波动与历史波动完全一样。这种方法包括回溯过去的时间，并且将当前的权数运用到历史资产收益率的时间序列中。

$$R_{p,k} = \sum_{i=1}^{N} w_i R_{i,k} \qquad k = 1, \cdots, t \tag{2-8}$$

权重 w_i 保留其当前值，其中收益率不是指实际投资组合，而是指利用当前头寸重新构造虚拟投资组合的历史，这种方法也称为步步为营法，因为它运用最近数据的真实分布。该模型的好处是：首先，不需要对收益率分布的具体统计形式作任何假定，直观且极易于实现，它能捕捉 Gamma、Vega 和其他相关的风险。其次，对收益率分布不做任何假定，换句话说，不依赖于收益率分布的形式和参数，不必讨论是否独立是否同分布，也不必考虑是否有厚尾瘦腰高峰等现象。还有，由于它不依赖于特定的统计分布假定和标的市场的随机结构，无须估计波动性、相关性等参数，没有参数估计的风险，也无须需要预先设定市场动态模型，因而不易导致模型风险。最后，如果历史数据中较多地包含有厚尾的信息，即在过去的一段时间中，极端事件出现的次数较多，则历史模拟法也能处理某些简单的厚尾问题。正是基于历史模拟法的这些特性，使得该模型成为 1993 年的巴塞尔协议中有市场风险暴露度量的基础。该模型的主要假定是在整个样本取值区间和预测区间内，投资组合收益率的分布不变。

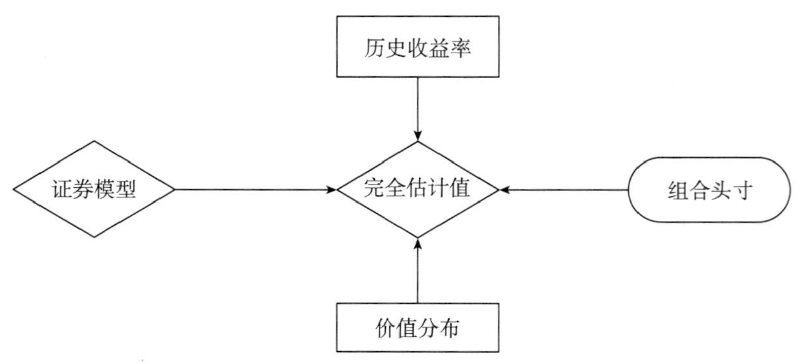

图 2-2 历史模拟法

其计算 VaR 的步骤是：首先，将估计样本中收益率数据按由小到大的顺序进行排序；其次，用样本数乘以相应的左尾概率并取整；最后，将此数所对应的收益率作为 VaR 的估值。

用历史模拟法对 VaR 进行估值，也存在很多问题。首要的问题在于极端事件收益率的离散性，我们知道，VaR 估值的准确性依赖于对收益率分布的描述，特别是尾部的分布，即极端事件的描述，因而这些极端事件收益率在 VaR 估值中具有特别重要的作用。而极端事件属于小概率事件，不常发生，因而在样本数据中，可能包含极端事件，也可能不包含极端事件，这样会造成对 VaR 值的高估或低估。其次，历史数据区间长度（T）的选择问题。一方面，我们希望有足够多的历史数据来反映我们关心的历史分布的尾部。置信水平越高，需要的历史数据越多，例如，在 95% 的置信水平下，极值事件（如果我们把损失超出 VaR 的那些天称为极值事件的话）平均 20 天发生一次，而在 99% 的置信水平下，极值事件平均 100 天发生一次。在这个意义上，当然是历史数据越多，估计的精确度越高。另一方面，随着时间的推移，系统的本质特征在变化，例如波动性、相关性等都随时间在改变。为了反映系统的最新信息，我们希望更多地使用最新的数据，因为离预测那天越近的数据包含的信息越接近于预测值，结果更可信。如果使用的历史数据太长，对最新数据的反映就越不敏感，不能及时反映系统的变化。因此，在选择历史数据的长度上，我们面对一个两难的选择。

（2）Monte Carlo 模拟法。

蒙特卡罗模拟法（Monte Carlo Simulation）类似于历史模拟法，两者最主要的不同处在于，蒙特卡罗模拟法是假设资产收益率的变化量服从某一特定随机过程，其余的数据都是从历史数据中获得，而历史模拟法使用的全部是历史数据。其基本思想是，为了求解科学、工程技术和经济金融等方面的问题，首先建立一个概率模型或随机过程，使它的参数等于问题的解，然后通过对模型或过程的观察计算所求参数的统计特征，最后给出所求问题的近似解，解的精度可用估计值的标准误差表示。

下面考虑用 Monte Carlo 模拟方法模拟一个发生概率为 p 的随机事件 A。考虑一个随机变量 ξ，若在一次试验中事件 A 出现，则 ξ 的取值为 1；若事件 A 不出现，则 ξ 取值为 0。令 $q=1-p$，则随机变量 ξ 的数学期望 $E(\xi)=1\cdot p+0\cdot q=p$，此即一次试验中事件 A 出现的概率；ξ 的方差为 $E[\xi-E(\xi)]^2=p-p^2=pq$。假设在 N 次试验中 A 出现 ν 次，那么观察频数 ν 也是一个随机变量，其数学期望 $E(\nu)=Np$，方差 $\sigma^2(\nu)=Npq$。令 $\bar{p}=\nu/N$，表示观察频率，按照加强大数定理，当 N 充分大时，下式成立的概率为 1。

$$\bar{p}=\nu/N\approx E(\xi)=p \tag{2-9}$$

因此，有上述模型得到的频率 $\bar{p}=\nu/N$ 近似等于所求的 p，即频率收敛于概率，且可用样本方差：

$$\sigma^2(p) = \bar{p}(1-\bar{p})/(N-1) \qquad (2-10)$$

作为理论方差 σ^2（p）的估计值。

Monte Carlo 模拟基本步骤如下：首先，针对实际问题建立一个简单且便于实现的概率统计模型，使所求的解恰好是所建模型的概率分布或其某个数字特征，比如，是某个事件的概率，或者是该模型的期望值。其次，对模型的随机变量建立抽样方法，在计算机上进行模拟实验，抽取足够的随机数，并对有关的事件进行统计；还有对模拟试验结果加以分析，给出所求解的 VaR。必要时，还应改进模型以提高 VaR 计算的精度。

总的来说，蒙特卡罗模拟法是计算 VaR 比较有效的方法，它解决了历史模拟法存在的问题，同时具有历史模拟法的长处。例如，它广泛地反映了各种风险以及资产组合中各种资产对于风险的敏感程度，考虑到了分布的厚尾特征和极值情形等。但是蒙特卡罗模拟法最大的缺陷是计算复杂，只要组合中的资产数目增多，或者抽样途径加大，都会使这种方法变得过于复杂而难以实施。在系统开发和智力开发方面，实施这种方法的成本最为昂贵，虽然对于专业机构来说，管理复杂的资产头寸的风险，这是唯一的好方法。它的另一个潜在弱点就是模型风险。因为假定的随机过程不一定是正确的，若错误假设资产价格变化的随机过程，则会得到错误的模拟分布，从而导致风险的错估。而且，这种方法有时候会把简单问题复杂化，比如当资产组合价格服从联合正态分布时，用方差—协方差法只要一步即可，而使用蒙特卡罗模拟法需要模拟很多的分布函数，尽管结果的近似程度会随模拟次数的增加而精确。

（3）情景分析法。

情景分析采用市场因子波动特定假定（如极值市场时间）定义和构造市场因子的未来变换情景。压力试验时最常用的一种情景分析方法，目的在于评估金融市场中的某些特殊情景或事件对资产组合价值变化的影响。情景分析给出了某种特殊市场情景下资产组合的损失，但没有指明损失发生的概率，而 VaR 指出了不利事件发生的概率（损益分布的左尾部分），没有说明不利事件发生时的实际损失到底有多大。因此，这二者互为补充。

情景分析主要包括两大步：情景构造、情景评估。情景构造是情景分析的基础，目的在于产生金融市场的某些极值情景。这些极值情景包括资产价值极值损失的情景、市场因子波动性和相关性的极值情景等。情景构造的主要方法包括历史模拟情景方法、典型情景方法和假设特殊事件方法。情景评估是指完成极值市场情景构造后，评估该极值情景的发生对资产组合价值变化的影响和后果。它是情景分析的核心和最终目的。情景评估的主要方法包括基于灵敏度的情景评估和全值情景评估两种。基于灵敏度的情景评估主要是利用资产头寸对市场因子的灵敏度，分析市场因子的极值变化对资产头寸的影响。对于结构简单的金融资产，其头寸与市场之间的关系呈线性关系、如外汇头寸变化与汇率变化的一比一关系、分散化股票组合价值的变化与股票指数变化的线性关系，这种方法简单有效。对于复杂的金融产品如期权、债券等，具有局部特性的灵敏度方法，在市场因子变化范围较小时，其准确性较好。实际中，对于复杂的资产组合通常采用基于全值的情景评估方法，即利用定价公式对市场因子发生大幅波动后的资产组合重新估值，减去原资产组合价值，就得到了这种情景下资产组合的损失。情景分析的主要过程如图 2 -3 所示。

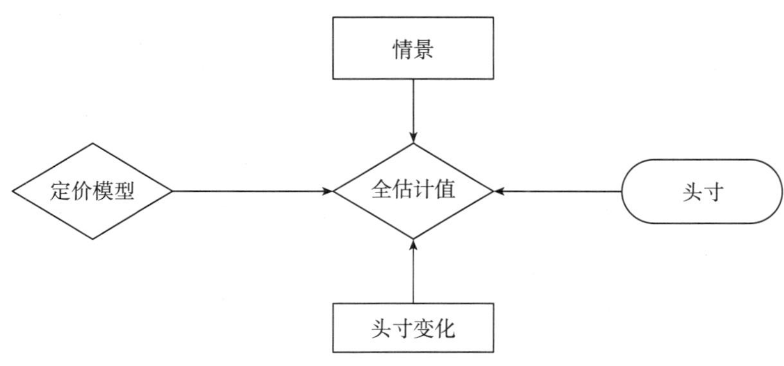

图 2 -3　压力试验方法

VaR 通常是对市场正常波动下资产组合的损失测量，决定 VaR 的关键参数包括波动性、相关性和持有期。在极值市场情景下，这些参数与正常市场情况下有很大差异，因此构造这些参数的极值情景、估计在这些极值情景下的 VaR，对资产管理者准确理解其资产组合面临的潜在风险具有重要意义。特别在 VaR 已广泛应用的情况下，基于 VaR 的情景分析更容易被理解和接受。

VaR 情景分析的基本思想，即构造市场因子波动性（与持有期相对应）和相关性的极值情景，在这些情景下计算 VaR。波动性和持有期的情景分析，波动性是对一定持有期内资产价格序列的一种统计测量，持有期的不同决定着波动性的差异。但在正态分布下，由于不同持有期内的波动性存在平方根关系，因此在正态分布情况下对持有期和波动性的情景分析通常一起考虑。对 VaR 的波动性的情景分析关注的是："如果波动性上升到 X，风险损失水平将会上升多少?" 对相关性情景分析，就是构造市场价格极值波动情景下市场因子间相关性的情景，并评估其对 VaR 的影响。如前所述，极值市场情景下市场因子间的相关性可能与正常条件下的相关性完全不同。

情景分析的主要优点在于指出了资产组合面临的潜在的最大损失，具体而言表现在以下三点。第一，情景分析评估了大规模市场运动的影响，例如，价格较小变化条件下设计的期权头寸的 Delta 对冲通常很有效。当市场价格出现大幅变动时，这种对冲策略往往失效，会使组合管理者面临巨大的风险暴露。而采用情景分析，如构造 5—10 个标准差变化的情景，可以较好地探测大规模市场运动对资产风险暴露的影响。还可以利用情景分析法评估大规模市场运动下，市场流动性的急剧下降对资产头寸和交易策略的影响等。第二，情景分析评估了市场波动性变化和相关性的影响。波动性估计通常建立在历史数据的基础上，许多情况下并没有反映市场的真实情况。第三，情景分析还可以弥补风险管理系统的一些其他弱点，情景分析过程可以使机构的风险管理者和高层充分考虑不利情景的影响，检查其风险策略的缺陷，评估偶然性事件的危害。

当然情景分析法也是有缺陷的，情景分析法的最大缺陷在于其效果很大程度上依赖有效情景的构造和选择。但有效情景的构造很困难：其一，不可能将所有的极值市场情景都考虑进去，从而导致情景分析的不全面性；其二，历史事件不可能重演。金融市场的复杂性一方面使许多未来的突发性变化不可预期（如近年来的几次重大金融危机都未能被预测到)；另一方面，即使未来市场情景在本质上与某一历史情景具有相似性，但在具体表现形式和程度上也不可能完全相同。因此，有效情景的构造与选择既重要但又十分困难，需要良好的判断、丰富的经验和技巧。

（4）RiskMetrics 法。

RiskMetrics 风险控制模型是 1994 年 10 月由 JP 摩根公司风险管理部门推出，是世界上第一个定量计算 VaR 的模型。它的主要思想来自于指数移动平均法。理论上，应该给予离现在越近的数据以越大的权重，离现在较远的数据以较小的权重。因为越远的历史信息所起的作用越小。因此 RiskMetrics 方法根据历史数据距离当前时刻的远近，分别赋予不同的权重，距离现在越近，赋予的权重也越大。为了使赋予的权重简单化，指数移动平均法（EWMA）引入一个参数 λ 来决定权重的分配，λ 称为衰减因子（Decay Factor），它的取值在 0—1。它的公式及推导如下：

在方差—协方差法方法下，如果长度为 T 的历史数据估计得到的标准差为：

$$\hat{\sigma}_i = \sqrt{1/T \sum_{i=t-T+1}^{t} r_i^2} \tag{2-11}$$

这种估计标准差的方法为简单移动平均法，其特点是对每个观测值给予相等的权重 $1/T$，估计值显著依赖于数据长度 T 的选取。

指数加权平均法在简单移动平均法的基础上做了一定的改进，其给每个观察值赋予的权重为 $(1-\lambda)\lambda^i$，i 表示离现在数据的期数，则估计的标准差为：

$$\hat{\sigma}_t = \sqrt{(1-\lambda)\sum_{i=0}^{\infty} \lambda^i r_{t-i}^2} \tag{2-12}$$

从式（2-12）可以看到，离估计值越近的数据权重越大，越远的数据权重越小，λ 为衰减因子，其大小决定了样本的权重和有效样本的长度。通过对方差估计式进行迭代，可以得到：

$$\sigma^2 = \lambda\sigma_{t-1}^2 + (1-\lambda)r_{t-1}^2 \tag{2-13}$$

首先估计衰减因子 λ 值。对于 λ 的估计通常采用均方根误差原则（RMSE），即选取使预测的均方根误差达到最小的 λ 值。根据前人的经验研究，一般估计日 VaR 时，λ 取 0.94。然后将 σ_t 代入式（2－10）就可以得到 VaR 值。指数加权移动平均方法在一定程度上改进了简单移动平均方法，但它也表现出许多局限性：其一，指数移动平均只在一步向前预测时才很有效。其二，目前还没有最佳的理论方法来估计衰减因子 λ。在 Riskmetrics 中，λ 是通过最小化预测的均方误差（MSE）得到的。其三，衰减因子 λ 是随着时间显著变化的，使用常数衰减因子是不合适的。其四，该方法依赖于收益率的正态性，如果收益分布不为正态分布，估计将会有偏差。其五，该方法也是一种局部的方法，而且是线性方法，运算相对烦琐。

（5）GARCH 模型法。

大量文献资料证明，金融数据有强烈的 ARCH 效应，其尾部和中间部位集中了大量的概率分布，比正态分布拥有“厚尾”特性。金融数据的集群性，异方差性等特征显然违背了古典假设，利用传统的基于古典假设的回归模型，普通最小二乘法（OLS）建模方法难以刻画出真实的数量规律，所做出的统计推断也是不精确的。为了对金融数据做出有效的描述，Engle（1982）提出了 ARCH（Autoregressive Conditional Heteroscedasticity，自回归条件异方差）模型，模拟出数据的集群性特征。

在大多数回归分析中我们主要对变量的均值建立模型，然而 ARCH 模型中我们关注于对方差的建模。而在 VaR 计算过程中，就引入了这种 ARCH 模型来计算。ARCH 模型的结构取决于移动平均的阶数 p，要很好地捕捉股市异方差现象，必须用到高阶 ARCH 模型，但如果 p 很大时，参数估计的效率就会降低，而且还会引发诸如解释变量多重共线性等其他问题。为了弥补这一弱点，Bollerslev 在 Engle 的 ARCH 模型基础上又提出了 GARCH（Generalized Autoregressive Conditional Heterscedasticity，一般自回归条件异方差）模型，它克服了 ARCH（q）模型参数过多、不易估计的缺点，而且可以描述波动的“簇集性”也可部分地解释厚尾性，所以应用比较广泛。GARCH（p，q）模型的表达式如式（2－15）所示：

$$r_t = \mu + \varepsilon_t \tag{2-14}$$

$$h_t = \alpha + \sum_{i=1}^{p} \beta_i h_{t-i} + \sum_{i=1}^{q} \gamma_i \varepsilon_{t-i}^2 \qquad (2-15)$$

其中系数满足这些约束条件：$\alpha > 0, \beta_i > 0, \gamma_i > 0, \sum_{i=1}^{p} \beta_i + \sum_{i=1}^{q} \gamma_i < 1$。在该模型中，$r_t$ 为在时间 t 上的对数收益率，h_t 为条件方差，ε_t 为随机扰动项，且 $\varepsilon_t = \sqrt{h_t} \cdot v_t$。$v_t$ 与 h_t 互相独立，一般假定 $v_t \sim N(0,1)$（标准正态分布），在 GARCH 模型中，可以发现随机扰动项 ε_t 是不满足同方差性的。式（2－14）表示的是条件均值方程，式（2－15）表示的是条件方差方程。由于 GARCH 类模型是用来估计并预测波动性和相关性的，它更关心条件方差方程，所以通常将条件均值方程的形式取得非常简单。式（2－15）很好地解释了波动率聚类现象。如果当期的市场波动率很大，那么下一期的市场波动就应较大；反之，如果收益与其均值差异不大时，当期波动率较低，则下期的波动率也较低。

随着 GARCH 模型在金融领域的应用，人们发现一般的 GARCH 模型存在两个明显的问题：第一，以上模型中，对系数参数的非负性约束太强，过度地限制了条件方差的动态性。第二，GARCH 模型中条件方差 h_t 是随机扰动项 ε_t 的对称函数，它仅取决于随机扰动项的幅度而与其符号无关。显然这与实际不符，金融价格运动存在杠杆效应（Leverage Effect），即证券价格的上升和下降可能非对称地影响随后的波动，证券价格的下降比其同样幅度的上升对随后的波动有更大的影响。这意味着更好的模型应该对正负两类残差做出非对称的反应。且在 GARCH（p，q）模型中假定 v_t 为正态分布，不能充分描述数据的尖峰厚尾性。

为了解决以上的问题，随后的十几年计量经济学家们对 GARCH 模型进行了许多变形，提高了 GARCH 模型在实际金融世界中的适用性。这些改进主要是在以下三个方面：

第一，解释波动的厚尾性即收益分布不满足正态分布。在一般的 GARCH 模型中，收益序列满足正态分布的。Bollerslev 于 1987 年又提出了基于 t 分布的 GARCH（1，1）模型。其与一般的 GARCH 模型大致相同，不同的是收益分布不再假设是服从正态分布的，表现为 v_t 属于 t 分布。也有学者假设 v_t 属于其他分布如广义误差分布（GED）来解释波动的尖峰厚尾性。极值理论的提出为解释波动厚尾性提供了更好的工具。很多学者引入极值理论，对收益的残差序列进行极值分析，结果发现引入极值理论的 VaR 能更好地解释波动的厚尾性。

第二，解释实际应用中的杠杆效应，即条件方差对正的价格变化反应弱而对负的价格变化反应强。针对这一问题，近年来 Nelson 等提出了非对称性（Asymmetric）GARCH 模型这类模型包括 TGARCH、EGARCH、APARCH 等。这里只介绍 EGARCH 模型。

金融资产收益序列普遍存在杠杆作用即存在金融回报的条件方差对正负冲击的反应不一样的现象，在股票市场中尤其明显。

EGARCH 模型即指数 GARCH 模型，最早由 Nelson 提出，他改变了 GARCH 模型中对估计参数非负的强约束，将条件方差以对数形式表示，这样就不会过度地限制条件方差的变动性。EGARCH（1，1）模型如下：

$$\ln h_t = \alpha + \beta \ln h_{t-1} + g(z_{t-1}) \tag{2-16}$$

其中，$z_t = \varepsilon_t / \sqrt{h_t}$它一般服从标准正态分布，并且：

$$g(z_t) = wz_t + \lambda(|z_{t-1}| - \sqrt{2/\pi})$$

其中，$g(\cdot)$ 为非对称的响应函数，当 z_t 为正的时候，$g(z_t)$ 的斜率为 $w-\lambda$；当 z_t 为负的时候，$g(z_t)$ 的斜率为 $w+\lambda$。这样一来就可以表示出金融资产收益时间序列条件方差对正负冲击反应的不对称。许多研究表明，EGARCH 模型对金融数据的拟合非常好。

第三，解释收益序列本身受自身方差影响的问题，即解释市场实际上是风险收益正相关的现象，表现为高收益高风险，即风险收益正相关性。Engle、Lilien 和 Robin（1987）提出的 GARCH－M（均值自回归条件异方差）模型，将 h_t 的函数 $f(h_t)$ 作为 r_t 的解释变量，有效地解决了时间序列受自身方差的影响问题。在收益率中包含了风险补偿，符合风险收益正向相关的实际规律。它适合用来描述期望回报与期望风险密切相关的金融资产。其中最简单的 GARCH（1，1）－M 模型如下：

$$r_t = \mu + \delta\sqrt{h_t} + \varepsilon_t \tag{2-17}$$

$$h_t = \alpha + \beta h_{t-1} + \gamma \varepsilon_{t-1}^2 \tag{2-18}$$

其中随机扰动项 $\varepsilon_t = \sqrt{h_t} \cdot \nu_t$。其在 GARCH（1，1）模型的基础上，收益序列 r_t 引入了 $\delta\sqrt{h_t}$项。因此能反映收益序列随自身方差影响

的问题。GARCH－M 模型与一般的 GARCH 类模型的主要区别在于均值方程不同，考虑了风险情况。其中 δ 代表了风险系数。

对 GARCH 类模型的参数估计，我们一般采用极大似然估计法估计模型中的参数。对收益和条件方差表达式求似然函数，进行极大似然估计，很容易得到模型中的各参数。将估计的参数代入表达式，就可以得到条件方差序列。进而代入式（2－3）得到 VaR 值。

（6）随机波动性模型法。

近来，与 GARCH 类模型相比，SV 类模型近来在金融资产的波动性描述及风险预测上应用的越来越多。研究如何提高 VaR 模型的预测准确度主要体现在如何准确刻画金融资产收益分布的“厚尾”特征。以往的学者们讨论最为广泛的是在 GARCH 模型的框架下，标准化残差的分布函数设定下取得 VaR 的值。然而，国外有实证研究指出，GARCH 模型族在面对金融时间序列“高峰厚尾”“杠杆效应”等显著时对 VaR 的测度亦显得脆弱。SV 模型是相对于 GARCH 族的另一类异方差模型，它将随机过程引入方差表达式中，理论上的研究表明了 SV 类模型对金融时序的刻画能力具有比 GARCH 类模型更大的优势，认为 SV 类模型所刻画的波动性与金融市场特征更加吻合。

（7）极值法。

由于一般的参数方法通常假定金融数据服从对数正态分布或正态分布的和，以刻画金融数据的厚尾。虽然它们的峰度超过正态分布的峰度。然而在实际应用中，这些分布可能适合中等分位数的经验分布，但在高的分位数处如95%或99%，它们就无能为力了。联系极值理论和风险管理的纽带就是，对厚尾数据而言，极值方法比常规方法更适合极值分位数。因而更适合用来计算 VaR。极值理论方法分为超门限极值法和分块样本极值法。

3. VaR 模型的检验

实际应用中，由于数据抽样、模型的假设条件、建模过程、动态性假定、随机因素和人为因素的影响，无论采用哪种 VaR 方法都会产生一定的偏差。因此，对同一个投资组合而言，不同模型度量出来的值可能相差很远。为了准确理解 VaR 估计结果的有效性，监管部门和金融机构需要比较 VaR 模型的估计结果与实际损益情况，以评估模型的准确性。VaR 模型的准确性检验是指 VaR 模型的测量结果对实际损失的覆盖程度，例如，假定给出了 95% 置信度下的 VaR，则 VaR 模型的准确性是指实际损益结果超过 VaR 的概率是否小于 5% 。VaR 的检验方法有很多，目前比较主流的、常用的是失败率检验法，因此，本书的研究也采用失败率检验法，失败率检验的具体情况如下：

为了检验上述各类波动率模型的样本外动态 VaR 预测精度，Kupiec 提出了一种 VaR 失败率（Failure rate）的似然比（LR）检验法。举例来说，如果我们计算得到了在 5% 分位数水平上的 1000 个动态 VaR 预测值，那么我们将预期：在这段时间当中，实际收益率超过所计算的 VaR 的次数应该大约是 1000 × 5% = 50 次。如果实际收益率超过 VaR 的次数远大于或者远小于 50 次的话，则都说明用于计算该 VaR 的波动率模型是不准确的。

以多头 VaR 为例，为了进行其 Kupiec LR 检验，首先需要定义以下的“碰撞序列”（Hit sequence）Hit_t：

$$Hit_t = \begin{cases} 1, & if \quad R_t < -VaR_t \\ 0 & if \quad R_t \geqslant -VaR_t \end{cases} \tag{2-19}$$

它表示的是，如果 t 时刻的实际收益率超出所估计的 t 时刻的 VaR 的话，那么该序列 t 时刻的取值为 1，否则为 0。

如果用于计算 p 分位数水平 VaR 的波动模型是足够准确的话，则该“碰撞序列”应该服从概率为 p 的贝努利（Bernoulli）分布，即可以定义如下的零假设：

$$H_0: Hit \sim Bernoulli(p) \tag{2-20}$$

依据概率论知识，我们可以写出一个 Bernoulli（p）分布的似然函数 L（p）：

$$L(p) = \prod_{t=1}^{T}(1-P)^{1-Hit_t}p^{Hit_t} = (1-p)^{T_0}p^{T_1} \tag{2-21}$$

其中，T 为碰撞序列总长度，T_1 是序列当中取值为 1 的发生个数总和，T_0 是序列当中取值为 0 的发生个数总和。

Kupiec 的研究表明，如果式（2-21）所示的零假设是正确的话，则可以证明以下的似然函数比（LR）满足：

$$LR = -2\ln\left\{\frac{(1-p)^{T_0}p^{T_1}}{\left[\left(1-\frac{T_1}{T}\right)^{T_0}\left(\frac{T_1}{T}\right)^{T_1}\right]}\right\} \sim \chi_1^2 \tag{2-22}$$

这也就是说，在分位数水平 p 上，如果所计算的 LR 检验值大于该水平上自由度为 1 的 χ^2 分布的临界值的话，则我们应该拒绝原假设 H_0；反之，则应该接受原假设，即认为所采用的波动率模型是足够准确的。

（三）基于 CoVaR 的金融风险测度

1. CoVaR 的定义

2007 年美国次贷危机导致了国际间金融危机的爆发，此次金融危机使大多数国家的金融市场和金融机构遭受比在正常风险下更大的损失，如果应用传统的 VaR 方法计算就会严重低估损失，因为 VaR 方法只是度量在正常的市场环境中金融资产或投资组合的最大可能损失，仅考虑了金融资产或投资组合在正常情况下自身的风险大小，并没有考虑在市场非常态情况下的损失。

因此，Adrian 和 Brunnermeier 在 2008 年提出 CoVaR（Conditional Value - at - Risk）方法，该方法是在 VaR 的基础上提出的一个测量金融机构之间的风险度量方法，有助于量化金融机构的系统风险以及与其他金融机构之间的风险。VaR 方法和 CoVaR 方法最显著的区别在于 CoVaR 值能够衡量一个金融机构对于另一个金融机构的风险溢出效应，这一特点在发生金融危机时对于金融市场或金融机构尤其重要。

Adrian 和 Brunnermeier（2008）提出，当一金融机构 j 的最大损失是 VaR_q^j 时，另外一个金融机构 i 最大损失是 CoVaR_q^{ij}。CoVaR_q^{ij} 是金融机构 i 关于金融机构 j 的条件风险价值，如果金融机构 j 处于不利地位时，金融机构 i 所面临的最大损失 VaR 值，1 - q 是置信水平，应用条件概率分布 q 的分位数表示为：

$$\Pr(R_t^i \leqslant \mathrm{CoVaR}_q^{ij} \mid R_t^j = \mathrm{VaR}_q^j) = q \tag{2-23}$$

其中，VaR_q^j 表示金融机构 j 在时间 t，置信水平为 $1-q$ 条件下的 VaR 值。

由定义公式可知 CoVaR_q^{ij} 实际上就是 VaR，只不过是附加条件的 VaR；衡量的是金融资产 i 面临的总风险程度，具体包含 i 自身的风险价值和 j 的风险溢出效应。CoVaR 反映的是条件风险、传染风险，其主要针对尾部极端概率下极端事件风险，并且具有条件性的概念，可以用来捕捉风险传染的效果。为了评估金融资产 j 对金融资产 i 的风险溢出效应，定义 $\Delta CoVaR_q^{ij}$ 如下：

$$\Delta CoVaR_q^{ij} = CoVaR_q^{ij} - VaR_q^i \tag{2-24}$$

不同的金融机构所对应的资产估计而计算的 VaR 值会有较大的差异，VaR_q^i 为无条件风险价值，金融机构 j 对金融机构 i 的风险溢出价值是总风险价值 $CoVaR_q^{ij}$ 减去无条件风险价值 VaR_q^i。但是 $\Delta CoVaR_q^{ij}$ 仅仅是反映风险溢出效应的大小，不能判断金融机构资产的风险溢出程度，为了反映金融资产溢出效应强度，需对 $\Delta CoVaR_q^{ij}$ 进行标准化转换，即：

$$\% CoVaR_q^{ij} = \frac{\Delta CoVaR_q^{ij}}{VaR_q^i} \times 100\% = \frac{CoVaR_q^{ij} - VaR_q^i}{VaR_q^i} \times 100\% \tag{2-25}$$

$\% CoVaR_q^{ij}$ 大大地减少了量纲约束对其影响，更为精准地反映金融机构或金融市场 j 发生风险事件时对另一金融机构或市场 i 的风险溢出程度。

2. CoVaR 的计算

目前测度 CoVaR 的两种主要方法是分位数回归法和 Copula 方法。

（1）分位数回归法。

由 Adrian 和 Brunnermeier 提出的 CoVaR 方法目前是运用在研究不同的金融机构之间以及整个金融体系中风险溢出效应。根据概率论知识可知，任意随机变量 X 的分布函数可以表示为：

$$F(X) = \Pr(X \leqslant x) \tag{2-26}$$

那么，随机变量 X 的 θ 分位数 $Q(\theta)$ 定义为满足 $F(x) \geqslant \theta$ 最小 x 值，即：

$$Q(\theta) = \inf[X: F(X) \geqslant \theta], \ \theta \in (0, 1) \tag{2-27}$$

则根据式（2-27），X 的中位数可以表示为 $Q(0.5)$。

样本均值回归估计方法是基于均值的数学特性，任意一组随机样本，$\{x_1, x_2, \cdots, x_n\}$，样本均值回归是样本误差平方和最小的估算方法，即：

$$\min \sum_{i=1}^{n} (x_i - \bar{x})^2 \tag{2-28}$$

其中，$\bar{x}$ 为随机样本的样本均值。

样本中位数回归是样本误差绝对值之和最小的方法，即：

$$\min \sum_{i=1}^{n} |x_i - x_{median}| \tag{2-29}$$

其中，x_{median}是随机样本的中位数。

一般的样本分位数回归则是样本加权误差绝对值之和最小，即

$$\min_{\xi \in R} \left[\sum_{i:y_i \geqslant \xi} \theta |y_i - \xi| + \sum_{i:y_i \geqslant \xi} (1-\theta) |y_i - \xi| \right], 0 < \theta < 1 \tag{2-30}$$

以最简单的一元线性回归方程为例：

$$Y_i = \alpha + bX_i + \mu_i,\ i = 1,\ 2,\ \cdots,\ n \tag{2-31}$$

对式（2－31）进行参数估计一般应用普通最小二乘法（OLS），即在残差平方和最小条件下求出回归系数的参数估计值，而在分位数回归方法下，其回归方程为：

$$Q(\theta | X_i) = a + bX_i + \mu_i,\ i = 1,\ 2,\ \cdots,\ n \tag{2-32}$$

对此回归方程的参数 a 和 b 进行估计则可以根据式（2－30）的误差绝对值和最小求解，具体公式为：

$$\min_{a,b \in R} \left[\sum_{i:Y_i \geqslant a+bX_i} \theta |Y_i - a - bX_i| + \sum_{i:Y_i < a+bX_i} (1-\theta) |Y_i - a - bX_i| \right], 0 < \theta < 1 \tag{2-33}$$

那么，从上述公式可以发现，当θ值发生变化时，a 和 b 的参数估计值也会变化，从而可以得到不同的分位数回归方程。不过，在实际应用过程中，一般θ取值为5%或1%。

假定金融机构 j 的风险价值 VaR，对另一金融机构 i 的风险溢出水平为$\Delta CoVaR^{ij}$，实际上根据分位数回归方程可以通过建立方程组找到风险水平变化值。

$$\begin{cases} R_\theta^i = a + bR^j + u \\ \min_{a,b \in R} \left[\sum_{i,Y_\theta^i \geqslant a+bX_i} \theta |Y_i - a - bX_i| + \sum_{i:Y_i < a+bX_i} (1-\theta) |Y_i - a - bX_i| \right], 0 < \theta < 1 \end{cases} \tag{2-34}$$

其中，R_θ^i 和 R_θ^j 分别为金融机构 i 和 j 的收益率数据。根据以上公式可以估计出 a 和 b 的参数估计值得到金融机构 i 收益率 R_θ^i 对应的 θ 分位数估计值$\hat{a} + \hat{b}R^j$，这也是 R_θ^i 风险价值 VaR_θ^i 的估计值。由上文 CoVaR 定义可以推断出，当金融机构 j 的风险价值为 VaR 的时候，对金融机构

i 的风险价值就是 CoVaR^{ij}的估计，具体的计算方程为：

$$\text{CoVaR}_\theta^{ij} = \hat{a} + \hat{b}VaR_\theta^j \tag{2-35}$$

由此可见，如果已经估算出 a 和 b 估计值的情况下，那么只要求出金融机构 j 的风险价值 VaR_θ^j 就可以得到金融机构 i 的风险价值。

（2）Copula 方法。

分位数回归计算 CoVaR 在 Adrian 和 Brunnermeier（2011）提出之后被国内外学者广泛应用，不过根据前面推理可以发现分位数回归方法仅仅是描述回归变量和分位点之间的线性相关关系，但是在目前的实际金融市场中，各经济体之间并不是简单的线性相关关系，而是更为复杂的非线性关系。那么，在对金融风险度量中出现一定的误差，可能就是在建模过程中忽略了非对称、非线性等统计特征。因此，Copula 函数方法被金融行业的研究人员用来计算 CoVaR 值降低误差提供估计精确度，本章接下来将会详细地介绍 Copula 方法。

第二节 极值理论概述

一 极值理论的内涵

VaR 的概念简单，然而对它们的估计却是一个具有挑战性的统计问题，其中最困难的是如何准确地估计资产损失 X_t 的分布函数 F，特别是尾部分布函数。大量研究表明极值理论是估计资产损失尾部分布函数的一种有效方法，它并不对收益率序列的分布做出假设，而是利用样本数据来选择收益率序列的尾部分布，具有超越样本的估计能力，能较好地拟合收益率序列的厚尾特征。

极值理论是概率论的一个重要分支，主要研究随机样本以及随机过程中极值的概率值以及统计推断。它起源于水文地理学，例如，需要计算海墙要有多高以提防百年一遇的洪水。近年来，极值理论在金融领域中也得到了应用，被用于测量极值市场情况下的风险损失。

二 极值的类型及估计方法

极值理论主要包括两类模型：分块极大值模型（BMM）和阈值模

型（POT），两类型的极值主要是极值数据的获取方法上，BMM 模型通过对数据进行分组，然后在每个小组中选取最大的一个构成新的极值数据组，并以该数据组进行建模；POT 模型则通过事先设定一个阈值，把所有观测到的超过这一阈值的数据构成新的数据组，以该数据组作为建模的对象。两个模型的共同点是只考虑尾部的近似表达，而不是对整个分布进行建模。

（一）BMM 模型及估计

BMM 模型是一种传统的极值分析方法，主要用于处理具有明显季节性数据的极值问题，可以预测未来较长一段时间的 VaR。BMM 模型其采取区间取值法（Block Method），即将一列独立随机观测序列 X_1，X_2，…，X_n，按照时间、长度或其他一定标准分隔为若干互不重叠的小区间：$[X_1, X_{1+k}]$，$[X_{2+k}, X_{2+2k}]$，…，$[X_{n-k}, X_n]$，然后选取每个区间一个极大值，以这些极大值构成的极值样本数据序列进行 *GEV* 分布拟合，在总体分布 $F(X)$ 未知的情况下，对参数（ξ，μ，σ）进行假设推断，进而间接得到总体分布。

极大值 BMM 模型同样适于极小值的极限分布。如果已知标准化的极小值序列依分布收敛，那么其极限分布一定是参数（ξ，μ，σ）取某个特定值的 $H(x)$。

极小值的极限分布模型可直接根据极小值的 GEV 分布建模，也可利用极大值与极小值存在的一一对应关系推导出：

设 X_1，X_2，…，X_n 为一独立同分布随机变量，未知总体分布 $F(X)$，a_n、b_n 为规范化常数，由于 $\min\{X_1, \cdots, X_n\} = -\max\{-X_1, \cdots, -X_n\}$，

即：

$$\lim_{n\to\infty}\Pr[\max_{i\leqslant n}(-X_i) \leqslant a_n x + b_n] = \mathrm{H}(X)$$

则：

$$\lim_{n\to\infty}\Pr\{\min_{i\leqslant n}[X_i \leqslant (c_n x + d_n)]\} = 1 - \mathrm{H}(-X)$$

其中 $c_n = a_n$，$d_n = -b_n$，引进位置参数 $\bar{\mu} = -\mu$ 和尺度参数 σ 后，极小值渐近极限分布为：

$$\bar{H}(x;\bar{\mu},\sigma,\xi) = 1 - \exp\left\{-\left[1 + \xi\frac{(x-\bar{\mu})}{\sigma}\right]^{1/\xi}\right\} \quad (2-36)$$

这里，对于$\xi \neq 0$，有$\left[1+\frac{\xi(x-\bar{\mu})}{\sigma}\right]>0$。

BMM 模型主要通过极大似然估计和概率加权矩估计法，这里我们就不详述了。

（二）POT 模型

虽然 BMM 模型可以用来拟合广义极值分布，但是 BMM 模型需要大量的数据，实际中往往不能满足这一条件。所以极值理论进一步研究超过某个阈值的大量观察值的行为，这就是阈值模型（Peak Over Threshold，POT）。POT 值模型是极值理论的一个主要分支，它的主要特点是对样本中超过某一充分大的阈值的所有观察值进行建模。POT 模型有效地使用了有限的极值数据，弥补了分块样本极大值模型（BMM）的不足。在水文、交通、保险等领域的实践也证明，POT 模型具有明显优于 BMM 模型的优点，而且形式简单，便于计算，适用范围更为广泛。目前，POT 模型已成为极值理论最主流的模型。巴塞尔市场风险资本修正协议认为，它是实际应用中最有用的模型之一，本书的研究也是主要采用 POT 模型。阈值模型主要有两类方法：一类是基于 Hill 型估计量的半参数方法；另一类是基于广义帕累托分布的全参数方法。

1. 半参数方法

半参数方法是当尾部分布的形状参数$\xi>0$时，用 *Hill* 型估计量估计其尾部指数$\alpha=1/\xi$。如果$\xi>0$，$L(x)$为慢变化函数，当且仅当$\bar{F}(x)=1-F(x)=x^{-1/\xi}L(x)$，则$F\in MDA(H)$。设$X_1$，$X_2$，$\cdots X_n$是来自总体分布$F(X)$的一个样本，其顺序统计量为$X_{(n)}\geqslant\cdots X_{n-k}\geqslant\cdots\geqslant X_{(2)}\geqslant X_{(1)}$，其中$X_{n-k}$为一较大的观测值，共有$k$个样本点大于$X_{n-k}$。Hill（1975）给出了$\alpha$的估计量：

$$\hat{\alpha}=\left[\frac{1}{k}\sum_{i=n-k+1}^{n}(\ln X_i-\ln X_{n-k})\right]^{-1},2\leqslant k\leqslant n \tag{2-37}$$

从式（2-37）可以看出，$\hat{\alpha}$取决于大于某一阈值X_{n-k}的样本点。如何选择X_{n-k}是正确估计$\hat{\alpha}$的关键。有很多方法可以用来选择X_{n-k}，一般通过画 *Hill* 图来确定k，即确定X_{n-k}。以k为横坐标，$k=2$，$\cdots$，n，$\hat{\alpha}$为纵坐标描点作图，选取 *Hill* 图形中尾部指数的稳定区域的起始

点的横坐标 k 所对应的数据 X_{n-k} 作为阈值 u。除了 *Hill* 估计，还有很多估计 α 值的其他方法，如线性回归、极大似然估计等。考察 α 的估计式，不难发现，正确估计 α 依赖于适当地选取 X_{n-k}，接下来我们介绍一下全参数估计方法。

2. 全参数方法

全参数方法是利用广义帕累托模拟超过阈值的尾部分布，进而估计其形状参数 ξ。广义帕累托分布（GPD）是由 Pickhands 在 1975 年首次提出，Davision（1984）、Davision 和 Smith（1990）做了进一步研究，它被广泛用于极值分析、拟合保险损失以及可靠性研究领域。当然 POT 模型的使用必须满足一些前提假设：首先，超额值彼此相互独立且服从 GPD 分布。其次，超额值发生的时间服从泊松分布。还有超额值与超额值的产生时间相互独立。

设 $F(X)$ 为金融资产损失的分布函数，假设 u 为某一充分大的阈值，则称 $Y=X-u$ 为超限损失，其分布函数记为：

$$F_u=P(X-u\leqslant | X>u),\ 0\leqslant y\leqslant X_F-u \tag{2-38}$$

其中，$X_F=\sup\{X_F\in R:F(X)<1\}\leqslant\infty$ 为 $F(X)$ 的右端点。超限分布函数表示损失超过阈值的概率，通过较大的 y 值给出了超过阈值的损失，根据乘法公式可知：

$$F_u(y)=\frac{F(\mu+y)-F(u)}{1-F(u)} \tag{2-39}$$

把式（2－39）化简可得金融资产损失的尾部分布函数：

$$F(x)=F(u+y)=[1-F(u)]F_{\mu}(y)+F(u),\ x>u \tag{2-40}$$

由前面的推导可以知道，同时根据 Fisher－Tippett 定理，若已知极大值序列分布收敛，那么其极限分布可以化为参数 α，μ，δ 取特定值的广义极值分布（$H_{\xi,\mu,\delta(x)}$），另外根据 Balkem、deHaan（1974）和 Pickands（1975）的研究成果显示，若 F 属于 H 的最大吸引场，则广义帕累托分布是超限分布的极限分布，即存在 $X-F$，$\xi\in R$，$F\in$ *MDAH*，当且仅当存在某个正的测度函数 $\beta(u)$ 时，存在如下极限定理：

$$\lim_{u\to X_F}\ \sup_{0\leqslant Y\leqslant X_F-\mu}\left|F_u(y)-G_{\xi,\beta(u)}(y)\right|=0 \tag{2-41}$$

其中 $G_{\xi,\beta(u)}(x)$ 为某一广义帕累托分布（GPD），式（2－41）说

明，对于足够大的阈值，超限分布函数可有广义帕累托分布近似，广义帕累托分布的定义为：

$$F_u(y)\approx G_{\xi,\beta}(y)=\begin{cases}1-(1+\xi\dfrac{y}{\beta})^{-\frac{1}{\xi}}, & \xi\neq 0\\ 1-e^{-\frac{y}{\beta}}, & \xi=0\end{cases} \tag{2-42}$$

其中，ξ 为形状参数，β 为尺度参数，$\beta>0$。当 $\xi\geqslant 0$ 时 $x\geqslant 0$；当 $\xi<0$ 时，$0\leqslant x\leqslant -\beta/\xi$。当 $\xi>0$ 时，广义帕累托分布对应于厚尾的普通帕累托分布，该种情形与风险度量最为相关；当 $\xi=0$ 时，对应于指数分布；当 $\xi<0$ 时，对应于短尾分布，如均匀分布。参数 ξ 和 β 是未知的，需要超额损失数据进行估计。估计 ξ 和 β 的方法有很多，例如最大似然估计、矩估计方法等。最大似然估计方法是最常用的方法。设取自总体分布为 F 的样本数据 X_1，…，X_n，其中大于阈值的样本点记为 $\hat{X}_1$，…，$\hat{X}_{N_u}$，共有 N_u 个样本点。计算超限值 $y_i=\hat{X}_j-u$。由式（2-42）得到广义帕累托分布的密度函数：

$$g'_{\xi,\sigma}(y)=\frac{1}{\beta}\left(1+\frac{\xi}{\beta}y\right)^{-\left(1+\frac{1}{\xi}\right)} \tag{2-43}$$

其中，当 $\xi>0$ 时，$y\geqslant 0$；当 $\xi<0$ 时，$0\leqslant y\leqslant -\beta/\xi$，其对数似然函数：

$$l(\xi,\beta;y)=-N_u\ln\beta-\left(1+\frac{1}{\xi}\right)\sum_{i=1}^{N_u}\ln\left(1+\frac{\xi}{\beta}y_i\right) \tag{2-44}$$

有似然函数可以推导出似然方程：

$$\begin{cases}\dfrac{\partial l}{\partial\beta}=-\dfrac{N_u}{\beta}+(1+\beta)\displaystyle\sum_{i=1}^{N_u}\dfrac{y_i}{\beta(\beta+\xi y_i)}\\ \dfrac{\partial l}{\partial\xi}=\dfrac{1}{\xi^2}\displaystyle\sum_{i=1}^{N_u}\ln\left(1+\dfrac{\xi}{\beta}y_i\right)-(1+\beta)\displaystyle\sum_{i=1}^{N_u}\dfrac{y_i}{\beta(\beta+\xi y_i)}\end{cases} \tag{2-45}$$

令上面的两个等式等于零，便可得到参数 ξ 和 β 的最大似然估计。

第三节 小结

VaR 因测量风险的定量性、综合性和通俗性，成为当前用于测量市场风险的主流估计方法。本节首先对金融风险的内涵、分类、VaR、

CoVaR 的内涵以及计算方法等金融风险测度的基础知识进行概述，然后明确了极值理论的内涵、分类以及极值模型的估计方法，总的来说，本节的理论基础知识为下文的研究打下了坚实的基础。

第三章　金融波动模型在极值风险测度中的应用

波动性是描述收益随时间变化的离散程度的一种指标，是衡量金融风险的重要工具。对金融市场波动特性的研究，是分析资本资产定价、金融风险防范等问题的基础。对金融市场进行定量研究的前提则是对金融市场的波动特性进行准确的刻画。最早人们通常以收益率的方差或标准差来度量金融市场的波动性和金融资产的总体风险，然而金融波动往往表现出丰富、复杂的特性，无法简单地使用方差或标准差来度量，因此人们试图通过不同的金融波动模型，从不同的方面对金融波动的真实特性进行研究。

第一节　金融市场波动特征及模型

一　金融市场波动特征

对于金融波动的一种简单假设是认为它服从无规律的随机波动，这一思想与金融市场研究中经典的有效市场理论一致。然而，实际的金融市场波动往往表现得更加复杂。因此，在引入金融波动的计量模型前有必要对波动性所存在的这些特征加以描述。收益率波动主要存在以下几方面特征：

（一）收益分布的尖峰厚尾性

收益的分布特性是金融波动研究中的一个基础问题。金融资产收益的尖峰厚尾性是指在收益的均值附近及距离均值较远的尾部，真实分布比标准正态分布具有更高的概率分布密度函数值，即在尾部发生的概率要高于正态分布特征得出的预期值，而均值附近的密度函数值要高于正态分布的估计值。由于中心极限定理确立了正态分布在统计学中的重要地位，同时正态分布具有较好的统计特性，因此在金融波动研究中，往往假设收益服从正态分布。但是，实证研究表明，金融收益序列往往呈现出尖峰厚尾的分布特性，也就是说，在收益的均值附近以及距离均值较远的尾部，真实分布比标准正态分布具有更高的概率分布密度函数值。于是，许多研究中采用了 t 分布、广义误差分布（GED）等。

19 世纪 60 年代初期，收益的尖峰厚尾性就已经被学者观察到了。Mandlbrot（1963）发现资本市场收益率服从稳态 Levy 分布，表现出尖峰厚尾的分布特征；Fama（1965）发现金融资产收益有着比正态分布更高的峰度与更厚的尾部。从一定意义上讲，收益的尖峰厚尾的分布特征反映了金融波动的正相关特性，说明金融市场具有正的反馈效应。而诸如 ARCH 模型、SV 模型等方法的提出也为解释这一现象提供了工具。

（二）波动集聚性

金融波动往往表现出集聚性，所谓波动集聚性是指一个较大的波动后面往往跟随着较大的波动，而一个较小的波动后面往往跟随着较小的波动。波动集聚性反映了金融波动的正相关和正反馈效应，同时，这一现象也与有效市场理论中关于金融波动的不相关假设相矛盾。实际上，波动集聚现象和厚尾现象是密切相关的，很多波动估计模型都试图模拟波动的这种集聚现象，如著名的 ARCH 模型、移动平均模型等。事实上，金融波动的相关性是金融波动建模及预测的前提和依据，是建立 ARCH 类模型、SV 类模型的前提条件。

（三）波动的常记忆性和持续性

在实证研究中，人们发现金融波动不仅具有短期的相关性，同时具有长期的相互影响，也就是说，金融波动具有长记忆性和持续性。在早期基于 ARCH 类模型的实证研究表明，当前的信息和波动会对未来的波动产生长期和持续的影响，因此基于对条件方差序列单位根假设，并由此提出了单整 GARCH 模型，即 IGARCH 模型。随着后来将分数维时间序列建模方法引入金融波动和异方差建模中，出现了分数维 ARCH

类模型，许多基于分数维波动模型的实证结果认为金融波动序列往往是一个分数维序列，既不同于单位根过程，又拒绝了波动的不相关假设。波动序列的分数维和长记忆特性，反映了金融波动的非线性和分形特征，可以运用分形市场理论来解释。

（四）杠杆效应

杠杆效应是指在金融市场中，正面和负面的信息会对未来的价格波动产生不同程度的影响，通常负面信息引起的波动更大，它从一定程度上反映了投资者的风险厌恶特性。Black（1976）最早使用“杠杆效应”这个术语，他发现当前收益与未来波动之间存在负相关，波动会因负面消息的出现而增加，并随正面消息的出现而减少。在建模研究方面，Nelson（1991）提出 EGARCH（Exponential GARCH）模型来刻画金融波动中的杠杆效应。

（五）波动的溢出效应

作为一个经济的子系统，不同金融市场的波动之间可能存在相互影响，波动会从一个市场传到另一个市场，这一现象称为波动溢出效应，也可以理解为相关性。波动溢出效应可能存在于不同地域的市场之间，也会存在于不同金融品种的市场之间，如股票市场、外汇市场、债券市场之间。向量 GARCH 模型和向量 SV 模型是目前研究波动溢出效应的主要工具，波动溢出效应的研究对于资产组合理论以及金融风险的防范具有重要意义。

（六）均值回复现象

许多研究表明，金融价格序列往往围绕一个固定的值上下波动，较高的收益后面经常跟随着较低的收益，也就是说价格序列具有向均值回复的趋势，这一现象称作均值回复现象。均值回复现象存在于股票、汇率等金融数据中，它反映了价格序列的内在均衡机制。

（七）波动的微笑现象

在衍生证券研究中，隐含波动率是一个重要的概念，它是当衍生证券的市场价格、执行价格、到期时间、无风险利率等因素已知的情况下，基于一定的衍生证券定价模型反推计算得到的标的证券的波动率，也即衍生证券某一价格水平所蕴含的标的证券波动率。在期权定价研究中，如果市场的期权定价理论与 Black - Scholes 模型一致，那么由该模型计算得到的隐含波动率应该与标的证券收益率的标准差一致，但实证结果往往并非如此。不同的执行价格，其对应的隐含波动率有时呈“U”形，即平价期权的银行波动率最低，而实值和虚值期权的隐含波动率较高，这称作波动率的微笑现象。同时，接近期权日时微笑现象更加明显。

二　金融市场波动模型

从现代金融理论的发展可知，对金融理论发展具有重大影响的证券组合理论、资本资产定价模型、套利定价模型以及期权定价方程等均与波动性有着直接的不可分割的联系，波动性始终是金融理论的核心问题之一。波动性不但是评价市场优劣的重要指标，而且也是人们进行投资决策、资产评估、期权定价、风险管理时所要考虑的重要参数。因此，如何对金融市场的波动性进行准确的度量和预测，多年来一直是理论界和实务界所关注的焦点，在这种背景下，现代经济计量学应运而生。现代经济计量学突破了传统经济计量学以经济理论为基础的从简单到复杂的研究方法，更加注重数据本身的动态结构的分析，强调模型设定的逻辑性和连贯性。现代经济计量学方法论的发展，为波动性的动态建模分析提供了坚实的方法论基础，并引发了后来的精彩纷呈的关于波动性建模的各种理论和方法。随着研究的深入，在众多学者和专家的努力下，波动模型取得了显著进展。目前，ARCH 类模型和 SV 类模型是在金融市场波动性衡量中应用最为广泛的两类模型。

（一）ARCH 类模型

1. 线性 ARCH 模型

在传统的计量经济学模型基础上，Engle 引入条件异方差的变化，开创性地提出了自回归条件异方差模型，简称 ARCH 模型，并将此模型成功运用于英国股票指数的波动性研究中。在此后的二十多年的时间里，ARCH 模型的各种变化形式及各方面的应用成果不断涌现，成为现代计量经济发展的一个重要领域。

Engle 引入条件异方差分析方差的变化，并规定了条件方差 σ^2 为 q 期滞后扰动平方 $\{\varepsilon_{t-1}^2, \varepsilon_{t-2}^2, \varepsilon_{t-3}^2, \cdots, \varepsilon_{t-q}^2\}$ 的线性函数：

$$\begin{cases} r_t = \mu + \varepsilon_t \\ \varepsilon_t = e_t\sqrt{\sigma_t^2} = e_t\sigma_t,\ e_t \sim i.i.\mathrm{d}N\ (0,\ 1) \\ \varepsilon_t \mid I_{t-1} \sim i.i.\mathrm{d}N\ (0,\ \sigma_t^2) \\ \sigma_t^2 = \alpha_0 + \alpha_1\varepsilon_{t-1}^2 + \alpha_2\varepsilon_{t-2}^2 + \cdots + \alpha_q\varepsilon_{t-q}^2 \end{cases} \tag{3-1}$$

其中，I_{t-1}表示在 t 时刻初可获得的信息集，σ_t^2 为 ε_t 在 I_{t-1}信息集下的条件方差，μ 为 r_t 的均值。$\alpha_0>0$，$\alpha_i\geqslant 0$（$i=1,\ 2,\ \cdots,\ q$），以确保条件方差 $\sigma_t^2>0$，且 $\alpha_1+\alpha_2+\cdots+\alpha_q<1$，条件方差 σ_t^2 具有 q 阶自回归的形式，则称误差项服从自回归条件异方差过程，记为 $\varepsilon_t \sim ARCH\ (q)$。

在 ARCH 模型中，“波动的自相关性”的模型化是通过让残差项的条件方差 σ_t^2 依赖于其前 q 项残差平方的和来表示的。ε_t 的条件方差是滞后误差项（不考虑其符号）的增函数，因此较大（小）的误差后面一般紧接着较大（小）的误差。回归阶数 q 决定了冲击的影响存留于后续误差项方差中的时间长度，q 值越大，波动持续的时间也就越长。

对于上述所谓的条件方差 σ_t^2 我们可以这样理解：在已知信息集 I_{t-1}（此时为前期误差项信息，如 ε_{t-1}^2，ε_{t-2}^2，$\cdots$，ε_{t-q}^2）下，根据 t 时刻干扰项 ε_t 的方差 σ_t^2 的表达式，前期误差项如 ε_{t-1}^2，ε_{t-2}^2，$\cdots$，ε_{t-q}^2对 σ_t^2 有着正向并且持续的影响，由此较好地模拟了这种现象：较大的预测误差聚集在某一时段，较小的聚集在另一时段，此即所谓的波动集聚现象。

条件方差 $Var\ (r_t \mid I_{t-1}) = \sigma_t^2 = \alpha_0 + \alpha_1\varepsilon_{t-1}^2 + \alpha_2\varepsilon_{t-2}^2 + \cdots + \alpha_q\varepsilon_{t-q}^2$，表示我们可以由自回归条件异方差过程来描述收益率序列 r_t 的波动特征，因此我们也可以说收益率序列 r_t 服从 ARCH（q）过程。ARCH 模型一经提出就成为计量经济学研究条件方差的重要手段，但是 ARCH 模型亦存在一些缺陷：

（1）ARCH（q）模型在实际应用中为得到更好的拟合效果常需很大的阶数 q，这不仅增大了计算量，还会带来诸如解释变量多重共线性等其他问题。

（2）ARCH（q）模型中，由于 σ_t^2 被认为是新息 ε_t 的偶函数，这是一种不太合理的结论。因为 σ_t^2 的大小不仅取决于 ε_{t-1}的绝对值，而且也受 ε_{t-1}正负的影响。事实上往往股票市场的前收益价格波动与未来的波动负相关即所谓的杠杆效应。股票价值的减少将提高资产负债比，因此提高了公司的风险，从而导致未来波动的上升。ARCH（q）模型中条件方差只依赖于新息的大小，而与新息反映的趋势无关，它未能充分利用新息中所提供的信息。

（3）ARCH（q）中为方便起见，将 σ_t^2 设定为 ε_t 的线性函数，而现实中线性情况只是特例，是对非线性情况的近似，对不同的问题，这种近似程度也是不同的。

（4）ARCH（q）中，σ_t^2 被设定服从正态分布，但众多的实证研究表明，在一些金融时间序列中，该种正态性假定并不符合实际。

2. GARCH 模型及扩展

（1）GARCH 模型。

在 ARCH 模型的基础上，Bollerslev（1986）提出了能更精确表述时间序列尾部分布特征的广义的 ARCH 模型（GARCH），使后者的滞后结果更加灵活。GARCH 模型是对 ARCH 模型的重要扩展，它比 ARCH 模型需要更小的滞后阶数，并有与 ARCH 模型相似的结构，具体的模型定义如下：

$$\begin{cases} r_t = \mu + \varepsilon_t \\ \varepsilon_t \mid I_{t-1} \sim i.i.dN(0,\sigma_t^2) \\ \sigma_t^2 = \alpha_0 + \sum_{i=1}^{q} \alpha_i \varepsilon_{t-i}^2 + \sum_{i=1}^{p} \beta_i \sigma_{t-i}^2 \end{cases} \tag{3-2}$$

其中：$p \geqslant 0$，$q \geqslant 0$，$\alpha_0 > 0$，$\alpha_i \geqslant 0$（$i = 1, \cdots, p$）。

而从经济学意义上看，GARCH 模型意味着投资者可以通过观察前 p 期的预测方差（GARCH）项和前 q 期中观测到的收益率变动信息（ARCH）来预测本期的方差。如果投资者观测到前期条件方差变大，或者收益率也发生较大变化，那么投资者会预期下期的条件方差也可能变大。GARCH 模型的自身滞后期参数 β 值越大，说明冲击对条件方差的影响需花费更长时间才会消失，波动具有一定的持续性。而误差项系数 α 越大说明波动对市场异动的反应越强烈。经验研究表明，对于一般的金融时间序列，GARCH（1，1）模型就能够较好地刻画其统计特征。

另外，为了更好地拟合金融时间序列的尖峰厚尾特征，将具有厚尾特征的统计分布如 t 分布、广义误差分布（GED）等引入模型中，即不再假设标准化残差 ε_t 服从标准化的正态分布而是假设其服从标准 t 分布或者一元标准 GED 分布，于是出现了 GARCH - t、GARCH - GED 模型。

从 GARCH 模型的表达式可以看出，GARCH 模型在一定程度上解决了 ARCH 模型的一些缺陷，但是 σ_t^2 值取决于 ε_{t-i} 的大小与其符号无关还是没有解决；还有就是 GARCH 模型为了确保 σ_t^2 非负，对参数 α_i、β_i 所要求的非负限制也是一种局限；还有一个关键的就是 GARCH 模型很难判断引起条件方差波动源的持续性，而这种持续性在许多研究金融波动的时间序列时都是核心问题。

（2）EGARCH 模型。

传统的 GARCH 模型假定金融资产收益率下跌或者上升对波动率的影响是相同的，然而实证研究往往表明金融资产的波动通常具有杠杆效应，即金融波动在收益率下跌时的反应会比在收益率上升时的反应更加迅速和剧烈。EGARCH 模型族就是描述这种杠杆效应的模型，其具体形式为：

$$\begin{cases} y_t = \mu_t + \varepsilon_t \\ \ln\sigma_t^2 = \alpha_0 + \beta_1 \ln\sigma_{t-1}^2 + \alpha_1 \left| \dfrac{\varepsilon_{t-1}}{\sigma_{t-1}} - \sqrt{\dfrac{2}{\pi}} \right| + \varphi \dfrac{\varepsilon_{t-1}}{\sigma_{t-1}} \\ \varepsilon_t \sim i.i.dN\ (0,\ 1) \end{cases} \tag{3-3}$$

杠杆效应的存在性可以通过系数 φ 值进行判断。如果 $\varphi<0$，就说明存在杠杆效应，下跌时的波动率高于上升时的波动率。此外，从 EGARCH 模型表达式中可以看出，其是对条件方差的对数而非直接对条件方差本身进行建模，所以本身就暗含着条件方差为正的限制，这样就可以减少传统 GARCH 模型对参数的限制，从而使得 EGARCH 模型更具灵活性与简便性。我们还可以将厚尾分布与杠杆效应组合在一起形成 EGARCH - t 模型和 EGARCH - GED 模型等，这样就可以同时刻画金融资产收益率的厚尾分布特征和杠杆效应。

另外，出现了诸如 A - PARCH 模型、增广 GARCH 模型、长记忆 GARCH 模型、FIGARCH 模型以及 GARCH - M 模型等，这里就不一一介绍，接下来重点介绍引入马尔科夫链的 GARCH 模型。

（3）引入马尔科夫链的 GARCH 模型。

金融时间序列的波动表现出高度的持续性或长记忆性，很多学者认为波动过程本身的持续性或长记忆程度要远远低于其外在的表现，其原因是波动过程中的变结构点的存在加重了持续性和长记忆性。Lamoureux

和 Lastrapes（1990）提出，由 GARCH 模型度量的波动持续性可能被高估是因为其中没有考虑模型中的确定性结构变化。一阶马尔科夫转换波动模型能够捕捉到由于政策变化以及新闻事件等引起的波动的变结构点和波动状态之间的转换，Hamilton 和 Susmel（1994），Cai（1994），So 等（1998）以及 Smith（2000）等学者提出把马尔科夫链引入 GARCH 模型。

（二）SV 类模型

针对 ARCH 类模型在刻画金融产品价格波动性方面的不足，一些学者提出了随机波动模型，简称为 SV 模型。Taylor 于 1986 年在解释金融收益序列波动的自回归行为时提出了随机波动（SV）模型，SV 模型的最早提出与资产定价理论中的扩散过程有着直接的联系。SV 模型与 ARCH 模型都是通过方差方程来反映金融市场的波动性，但不同之处是，ARCH 模型假定条件方差与过去的观测值相关，而 SV 模型则假定金融的波动率是一个不可直接观测的随机变量，这个随机变量通过某一随机过程来实现，与过去的观察值无关。因此许多金融和计量学者从理论上认为 SV 模型描述的波动率比 ARCH 的波动率更加稳定，从而更加适合用于描述金融市场的波动性。大量的实证研究也表明，SV 模型在捕捉金融数据的波动特征方面更具有优势，特别是在描述“尖峰厚尾”特征和长期波动率的预测方面。

随机波动模型部分来源于 Black - Sclloles 期权定价理论，期权定价理论假定标的的资产价格的变动为对数正态或几何布朗运动过程。

$$dS_t = u_s S_t d_t + \sigma_s S_t dW_t \tag{3-4}$$

式（3 - 4）中 u_s 和 σ_s 是常值参数，S_t 是资产价格。Black - Sclloles 期权定价模型在金融实践中得到广泛的应用，尽管人们知道式（3 - 4）的假设是不成立的，尤其 σ_s 为定值的假定更是不可能实现的，这就使得 Hull 和 White（1987）把随机波动思想引入期权定价模型中并假定波动性本身是独立于 W_t 的状态变量。

$$\frac{dS_t}{S_t} = u_s dt + \sigma_{st} dW_t \tag{3-5}$$

其中，W_t 是独立的马尔科夫链，σ_s 是由常值参数变成与 t 有关的时变参数 σ_{st}。

1. SV－N 模型

Taylor（1986）在解释金融收益序列波动模型的自回归行为提出了标准 SV 模型，简称为 SV－N 模型，其形式如下：

$$\begin{cases} y_t = \exp(\theta_t/2)\varepsilon_t, & \varepsilon_t \sim i.i.dN(0,1) \quad t=1,2,\cdots,n \\ \theta_t = \mu + \varphi(\theta_{t-1}-\mu) + \eta_t, & \eta_t \sim i.i.dN(0,\tau^2) \quad t=1,2,\cdots,n \end{cases} \tag{3-6}$$

其中 y_t 表示第 t 日的收益率，ε_t 为独立同分布的白噪声干扰，服从均值为 0，方差为 1 的正态分布；η_t 为独立同分布的波动的扰动水平，服从均值为 0，方差为 τ^2 的正态分布。误差项 η_t 与 ε_t 是不相关的，都是不可观测的。φ 为持续性参数，反映了当前波动对未来波动的影响，并且对于 $|\varphi|<1$，SV 模型是协方差平稳的。潜在的波动 θ_t 服从一个持续性参数为 φ 的高斯 AR（1）过程。

2. 厚尾 SV 模型

大多金融序列的无条件密度分布与假设残差服从正态分布的标准 SV 模型的金融序列相比时，会呈现较大的峰度，并有比正态分布更厚的尾部，这就是金融序列的“尖峰厚尾”特征。为描述金融数据的这一特性，Kim 等（1998）考虑均值方程 y_t 的扰动项 ε_t，服从自由度为 ν 的 t 分布或 GED 分布，将标准的 SV 模型扩展到一般化的形式，厚尾 SV 具有捕捉金融时间序列“尖峰厚尾”特征的能力，具有 SV－t 和 SV－GED 模型，具体定义如下：

（1）SV－t 模型。

SV－t 模型是一种厚尾 SV 模型，具有捕捉实际金融收益序列的尖峰后尾的能力。在标准 SV 模型基础上，设定扰动过程 $\{\varepsilon_t\}$ 是以正态白噪声过程，且扰动 ε_t 服从自由度为 ν 的 t 分布，则得到 SV－t 模型：

$$\begin{cases} y_t = \exp(\theta_t/2)\varepsilon_t, & \varepsilon_t \sim i.i.dt(0,1,\nu) \\ \theta_t = \mu + \varphi(\theta_{t-1}-\mu) + \eta_t, & \eta_t \sim i.i.dN(0,\tau^2), \quad t=1,2,\cdots,n \end{cases} \tag{3-7}$$

（2）SV－GED 模型。

另外，一种厚尾 SV 模型为 SV－GED 模型。GED 分布时由 JP Morgan 在 Risk Metrics 中提出的，在 GED 分布中，自由度参数 ν 控制着分布形式，具体当 $\nu=2$ 时，GED 分布时正态分布；$\nu>2$ 时，尾部比分布更薄；$2>\nu>0$ 时，尾部比正态分布丰厚，因此，引入 GED 分布进入 SV 模型，能更好地验证白噪声是符合正态分布还是尖峰厚尾性，SV - GED 模型的具体形式为：

$$\begin{cases} y_t = \exp(\theta_t/2)\varepsilon_t, \varepsilon_t \sim i.i.dGED(0,1,\nu) \\ \theta_t = \mu + \varphi(\theta_{t-1} - \mu) + \eta_t, \eta_t \sim i.i.dN(0,\tau^2), t = 1,2,\cdots,n \end{cases} \tag{3-8}$$

另外，还有一些 SV 模型的衍生模型，譬如 SV - MN 模型、SV - MT 模型以及 Leverage SV 模型等，由于我们接下来的研究中没有涉及，这里就不详细介绍了。

第二节　基于扩展 GARCH 模型风险测度研究

长期以来，基于 VaR 的金融风险度量的前提都是以金融资产收益服从正态分布为前提，这与实际金融收益分布存在着较大的差距，这样利用传统的分析方法估计 VaR 将造成 VaR 值的高估或低估。而极值理论（EVT）风险测度的方法不对整个分布进行预先假定，只对极值进行建模，从而使风险测度更加准确和容易。然而 EVT 作为风险度量的有效工具，要求金融时间序列必须是或接近是独立同分布，而在实证研究中，金融资产的时间序列很难满足独立同分布。但是 McNile 和 Frey（2000）研究表明，金融资产收益的标准残差序列能满足独立同分布，这样运用 EVT 分析金融时间序列的标准残差序列就比直接运用于金融时间序列更加科学合理。国内学者包括田宏伟等（2000）、封建强（2002）、黄大山等和钟波（2008）、杨青等（2010）、林宇等（2011）等学者运用 EVT 理论从不同的角度对中国股市风险进行了研究。本节结合 GARCH 类模型和极值理论研究极值风险测度。

一　基于 SWARCH - GED - EVT 模型的极值风险测度

在 VaR 传统的估计方法中，应用 ARCH 类模型估计收益率方差的方法比较流行，但是传统的 ARCH 类模型是以收益率波动不发生区制转换为前提，也就是说收益率的波动永远处于同一状态下，不因外界影响而变化，这有悖于金融数据的实际情况。因为金融市场收益影响来自于各个方面，如政策的变化、技术的变革、危机的出现等，这些都会产生状态的变化。而中国股票市场发展至今20多年，已经成为宏观经济的重要推动力量，但由于我国股市处于体制转轨阶段和新兴市场的特殊性，其发展很不成熟，一个较为突出表现是股票价格的波动性过大。中国股市的波动性成倍地高于成熟股市和其他新兴股市，其波动的频率、振幅甚至超过了美国股市有史以来的范围。由于中国股市投资者特殊的投资心理产生的过度投机和市场泡沫、市场时变的风险溢价、市场参与者学习能力的不断提高等因素，都可能导致股市条件收益的非线性依赖，特别是市场制度环境的变革，使得运用区制转换方法具有特殊的优势。因此，自 Hamilton 和 Susmel（1994）首次提出了状态转换的 ARCH 模型用于金融市场波动率的研究以来，一些学者（Gray、Billio、Lin 等）在他们研究的基础上发展了区制转换的 ARCH 类模型，并把它们应用到中国股票市场，取得了良好的研究效果。但是迄今为止，还没有发现文献把区制转换方法与极值理论结合起来研究中国股票市场风险的。

鉴于以上分析，为对风险进行更为精确的度量，需要建立一种能恰当反映收益率波动的区制转换特征的模型。本节的研究主要是通过状态转换模型与极值理论相结合测算上证综合指数收益率序列的动态 VaR，有效度量沪市股价波动风险，为国内金融市场的健康平稳发展提供可供参考的建议。主要创新之处就是把极值理论与 SWARCH - GED 模型结合起来，通过构建 SWARCH - GED - EVT 模型度量金融市场风险。

（一）SWARCH - GED 模型构建及参数估计

马尔科夫区制转换模型是一种非线性区制转换模型。与其他区制转换模型相比，马尔科夫区制转换模型的显著特点在于，不同区制之间相互转化的随机过程由一个不可观测的状态变量所决定，且该状态变量遵循动态马尔科夫链过程。针对金融时间序列动态结构性变化，本节采用 Hamilton（1994）提出的区制转换模型的基本思路，将马尔科夫链引入金融时间序列：

对于金融收益率序列：

$$r_t = \mu(s_t) + \varepsilon(s_t) \tag{3-9}$$

对于残差序列 $\varepsilon(s_t)$：

$$\varepsilon(s_t)=\begin{cases}\varepsilon_1, & s_t=1\\ \varepsilon_2, & s_t=2\\ \cdots\end{cases} \tag{3-10}$$

且 ε_t 满足：

$$\varepsilon_t|I_{t-1}\sim N(0,\sigma_t^2),\ \sigma_t^2=a_0+a_1\varepsilon_{t-1}^2+a_2\varepsilon_{t-2}^2+\cdots+a_q\varepsilon_{t-q}^2 \tag{3-11}$$

由于每一个状态都设置不同的状态参数，为了简化参数估计，我们对 ε_t 进行如下建模：

$$\varepsilon_t=\sqrt{g(s_t)}e_t \tag{3-12}$$

且 e_t 服从标准的 ARCH 过程，综合式（3-9）、式（3-10）、式（3-12）就得到 SWARCH 模型：

$$\begin{cases}r_t=\mu(s_t)+\varepsilon(s_t)\\ \varepsilon_t=\sqrt{g(s_t)}e_t\\ \sigma_t^2=a_0+a_1\varepsilon_{t-1}^2+a_2\varepsilon_{t-2}^2+\cdots+a_q\varepsilon_{t-q}^2\end{cases} \tag{3-13}$$

其中 $P=\begin{bmatrix}p_{11} & p_{21} & \cdots & p_{k1}\\ p_{12} & p_{22} & \cdots & p_{k2}\\ & \cdots\cdots & & \\ p_{1k} & p_{2k} & \cdots & p_{kk}\end{bmatrix}$、$P=\begin{bmatrix}p_{11} & p_{21} & \cdots & p_{k1}\\ p_{12} & p_{22} & \cdots & p_{k2}\\ & \cdots\cdots & & \\ p_{1k} & p_{2k} & \cdots & p_{kk}\end{bmatrix}$为 t 时刻金融资产收益 $P=\begin{bmatrix}p_{11} & p_{21} & \cdots & p_{k1}\\ p_{12} & p_{22} & \cdots & p_{k2}\\ & \cdots\cdots & & \\ p_{1k} & p_{2k} & \cdots & p_{kk}\end{bmatrix}$的均值和残差，$P=\begin{bmatrix}p_{11} & p_{21} & \cdots & p_{k1}\\ p_{12} & p_{22} & \cdots & p_{k2}\\ & \cdots\cdots & & \\ p_{1k} & p_{2k} & \cdots & p_{kk}\end{bmatrix}$为标准化为 1 的波动乘子，都依赖于不可观测的状态变量 $P=\begin{bmatrix}p_{11} & p_{21} & \cdots & p_{k1}\\ p_{12} & p_{22} & \cdots & p_{k2}\\ & \cdots\cdots & & \\ p_{1k} & p_{2k} & \cdots & p_{kk}\end{bmatrix}$，状态变量 $P=\begin{bmatrix}p_{11} & p_{21} & \cdots & p_{k1}\\ p_{12} & p_{22} & \cdots & p_{k2}\\ & \cdots\cdots & & \\ p_{1k} & p_{2k} & \cdots & p_{kk}\end{bmatrix}$被

定义为 t 时刻离散型状态变量，用于区分收益波动的强弱，其服从 $P = \begin{bmatrix} p_{11} & p_{21} & \cdots & p_{k1} \\ p_{12} & p_{22} & \cdots & p_{k2} \\ & \cdots\cdots & & \\ p_{1k} & p_{2k} & \cdots & p_{kk} \end{bmatrix}$ 阶马尔科夫链，其转换概率为 $p_{ij} = \Pr(s_t = j \mid s_{t-1} = i)$，表示所研究的时间序列在时刻 $t-1$ 处于状态 i 的条件下，时刻 $P = \begin{bmatrix} p_{11} & p_{21} & \cdots & p_{k1} \\ p_{12} & p_{22} & \cdots & p_{k2} \\ & \cdots\cdots & & \\ p_{1k} & p_{2k} & \cdots & p_{kk} \end{bmatrix}$ 处于状态 $P = \begin{bmatrix} p_{11} & p_{21} & \cdots & p_{k1} \\ p_{12} & p_{22} & \cdots & p_{k2} \\ & \cdots\cdots & & \\ p_{1k} & p_{2k} & \cdots & p_{kk} \end{bmatrix}$ 的转换概率。转换概率矩阵可以表现为以下形式：

$$P = \begin{bmatrix} p_{11} & p_{21} & \cdots & p_{k1} \\ p_{12} & p_{22} & \cdots & p_{k2} \\ & \cdots\cdots & & \\ p_{1k} & p_{2k} & \cdots & p_{kk} \end{bmatrix} \tag{3-14}$$

考虑金融资产序列的“尖峰厚尾性”，这里定义收益率的正态分布假设不能完全刻画其尾部特征，而广义误差分布（GED）的概率密度函数更适于描述收益率序列的尖峰厚尾性，因此，假设金融收益序列服从 GED 分布，以下均采用 s_t 代表 t 时刻的状态变量，相应的条件分布函数可以表述为下列形式：

$$f_t(r_t \mid s_t, \Omega_{t-1}; \theta) = \frac{\nu(s_t)\left[\Gamma\left(\frac{3}{\nu(s_t)}\right)\right]^{1/2}}{2\sqrt{g(s_t)}\,\Gamma\left[\left(\frac{1}{\nu(s_t)}\right)\right]^{3/2}} \exp\left(-\left\{\frac{\Gamma\left[\frac{3}{\nu(s_t)}\right]}{\Gamma\left[\frac{1}{\nu(s_t)}\right]}\frac{[r_t-\mu(s_t)]^2}{g(s_t)}\right\}^{\nu(s_t)/2}\right) \tag{3-15}$$

其中：其中 I_{t-1} 表示到 $t-1$ 时刻为止所有变量 y_t 在 S_t 的观察值，即到时刻 $t-1$ 所能获取的所有信息，θ 为待估参数，ν 为 GED 分布的自由度，Γ 表示 Gamma 函数。

对马尔科夫转换方程的估计，本节采用 Hamilton 的极大似然估计法对参数进行估计。当概率 $P\ (S_t = j \mid I_{t-1};\ \theta)$ 已知，那么在已知 I_{t-1} 条件下，r_t 的概率密度为：

$$f(r_t \mid I_{t-1};\theta) = \sum_{t=1}^{k}\sum_{t=1}^{k} P(s_t, s_{t-1}; r_t \mid I_{t-1};\theta) \tag{3-16}$$

由此计算观察期内总的对数似然函数为：

$$l(\Theta) = \sum_{t=1}^{T} \ln f(r_t \mid I_{t-1}, \theta) \tag{3-17}$$

在 $g_1 = 1, \sum_{j=1}^{T} p_{ij} = 1, 0 \leqslant p_{ij} \leqslant 1, (1,2,\cdots,k)$ 限制条件，对式（3－17）参数 $\Theta = \{a_0, a_1, \cdots, a_q, p_{11}, p_{12}, \cdots, p_{kk}, \cdots, g_{k,\nu}\}$ 进行极大似然估计，得到 s_t 的滤波概率可表述为：

$$P\ (s_t,\ s_{t-1},\ \cdots,\ s_{t-q} \mid r_t,\ r_{t-1},\ \cdots) \tag{3-18}$$

然而滤波概率是基于 t 时刻所观察到的样本来推断的，是潜在变量在时刻 t 的值为 s_t，$t-1$ 时刻的值为 s_{t-1}，$\cdots$，$t-q$ 的值为 s_{t-q} 的联合条件概率，而全样本可以用来构造平滑概率，根据 Kim（1994）的平滑方法来计算，对样本在每个具体时刻所处的状态进行推断，平滑概率是指利用全部时点的样本信息来推断时点 t 样本处于不同区制的概率：

$$P_{s_t}\ (t) = P\ (S_t \mid r_T,\ r_{T-1},\ \cdots) \tag{3-19}$$

则置信水平为 $1-\alpha$ 的 VaR 为：

$$VaR_t\ (1-\alpha) = \widehat{\mu_t} + Z_\alpha \sqrt{g_i} \cdot \widehat{\sigma_t} \tag{3-20}$$

其中，Z_α 表示自由度为 ν 的 GED 分布在当前状态下的 α 分位数。

（二）基于 SWARCH－GED－EVT 的动态 VaR 模型

根据马尔科夫转换方程估计获得的在不同状态下的参数估计值、条件方差以及平滑概率，可以计算到标准残差序列 Z_t：

$$(Z_{t-n+1}, \cdots,\ Z_t) = \left(\frac{r_{t-n+1} - \hat{\mu}_{t-n+1}}{\hat{\sigma}_{t-n+1}},\ \cdots,\ \frac{r_t - \hat{\mu}_t}{\hat{\sigma}_t}\right) \tag{3-21}$$

下面把 SWARCH－GED 模型所得的标准残差序列建立基于极值理论的 POT 模型，对尾部超阈值数据进行拟合。而超过阈值 u 的标准残差应服从如下条件分布：

$$
\begin{aligned}
F_u(y) &= p(Z-u\leqslant y \mid Z>u)\\
&= \frac{P\{Z-u\leqslant y,\ Z>u\}}{P\{Z>u\}}\\
&= \frac{p\{u<Z\leqslant y+u\}}{p\{Z>u\}}\\
&= \frac{F(u+y)-F(u)}{1-F(u)}
\end{aligned}
\tag{3-22}
$$

这里 u 被定义为超阈值数据，根据 Balkema 等（1974）和 Pickands（1975）定理，可进一步将广义帕累托分布（GPD）引入式（3－22），则可得：

$$
F_u(y) \approx G_{\xi,\beta}(y) = \begin{cases} 1-\left(1+\xi\dfrac{y}{\beta}\right)^{-\frac{1}{\xi}}, & \xi\neq 0 \\ 1-e^{-\frac{y}{\beta}}, & \xi=0 \end{cases}
\tag{3-23}
$$

其中 β 为尺度参数，$\xi\in R$ 为形状参数。当 $\xi\geqslant 0$ 时，$y\geqslant 0$；$\xi<0$ 时，$0\leqslant u\leqslant -\beta/\xi$。$\xi$ 的不同取值决定了分布的厚度，ξ 越大尾部越厚，ξ 越小尾部越薄。为了估计 POT 模型的参数，首要的是选择合理的阈值参数 u。

根据 GPD 要求，阈值必须相当的高以保证方差低，但门槛值过高，极值数据就会比较少；相反，门槛值过小，落入尾部的数据就多。阈值 u 的估计主要采用平均超额函数法，平均超额函数：

$$
e(u) = E(X-u \mid X>u) = \frac{1}{n}\sum_{i=1}^{n}[x_i-u]
\tag{3-24}
$$

其中，$X_{(1)}<X_{(2)}<\cdots<X_{(n)}$，超限期望图为点（$u$，$e(u)$）构成的曲线。选取适合的阈值 u_0，使得当 $x\geqslant u_0$ 时 $e(x)$ 为近似线性函数，如果超限期望图当 $x\geqslant u_0$ 时是向上倾斜的，说明数据遵循形状参数 ξ 为正的 GPD 分布，这时的分布为厚尾分布；如果超限期望图当 $x\geqslant u_0$ 时是向下倾斜的，说明数据来源于尾部较短的分布，并且形状参数 $\xi<0$；如果超限期望图当 $x\geqslant u_0$ 时是水平的，则说明该数据来源于指数分布，$\xi=0$。

在取得阈值之后，对 POT 模型进行极大似然估计，则得到标准残差序列的厚尾分布为：

$$
\begin{aligned}
F(\varepsilon) &= F(u) + F[1 - F(u)]\hat{G}_{\xi,\beta}(y) \\
&= \frac{N-n}{N} + \left(1 - \frac{N-n}{N}\right)\hat{G}_{\xi,\beta}(y) \\
&= 1 - \frac{n}{N}[1 - \hat{G}_{\xi,\beta}(y)]
\end{aligned} \tag{3-25}
$$

为了处理方便，阈值的累积分布函数由$\frac{(N-n)}{N}$近似替代，N表示样本总数，而n表示高于阈值的标准残差数。则置信水平为$1-\alpha$时的标准残差序列极值分位数为：

$$
Z_\alpha = \begin{cases} u + \dfrac{\beta}{\xi}\left[\left(\dfrac{1-\alpha}{n/N}\right)^{-\xi} - 1\right], \xi \neq 0 \\ u + \beta\ln\left[\dfrac{n}{N}(1-\alpha)\right], \xi = 0 \end{cases} \tag{3-26}
$$

将（3－26）代入（3－20）得，由此得到 SWARCH－GED－EVT 的动态 VaR 模型：

$$
VaR_\alpha^t = \begin{cases} \hat{\mu}_t + \left\{u + \dfrac{\beta}{\xi}\left[\left(\dfrac{1-\alpha}{n/N}\right)^{-\xi} - 1\right]\right\}\sqrt{g_i}\cdot\hat{\sigma}_t,\ \xi \neq 0 \\ \hat{\mu}_t + \left\{u + \beta\ln\left[\dfrac{n}{N}(1-\alpha)\right]\right\}\sqrt{g_i}\cdot\hat{\sigma}_t,\ \xi = 0 \end{cases} \tag{3-27}
$$

（三）实证检验

1. 样本选取及统计特征描述

本节以上证综合指数（以下简称 SSEC）每日收盘价为研究对象，我们选取全样本数据：1990 年 12 月 19 日（上证综指编制基准日）至 2012 年 2 月 17 日，共 5183 个样本。数据选取原因：一般选取的研究数据都是 1996 年涨停板推出之后的，但是我们选取全样本区间就是为了充分体现我国股票市场的收益波动性，这样能更好地体现马尔科夫区制转换模型的拟合和预测效果。数据来源于雅虎财经网站，考虑 SSEC 样本数据的平稳性和精确性，采取对数收益率即$X_t = 100 \times \ln(p_t/p_{t-1})$，其对数收益率扩大 100 倍，$p_t$为$t$时刻的指数的日收盘价。

从图 3－1 可以看出，上证综合指数收益序列均具有典型的尖峰厚尾特点，且呈现非对称的分布，并呈现一定的集聚性和爆发性。图 3－2 以及表 3－1 给出了上证综合指数收益的统计性描述，J－B 检验和分位数分布图说明上证综合指数收益都不服从正态分布假设，且上证综合指数呈右偏形态（偏度 >0），且具有尖峰厚尾特征（峰度 >3），另外，由表中 Ljung - Box 统计量可以看出，在较长的时间范围内，都拒绝上证综合指数收益率序列不存在自相关的原假设，认为收益率序列存在序列相关，上证综指的平稳性检验表明收益率序列是平稳的，不存在单位根，BDS 统计量为正值，表明 SSEC 的收益率序列不遵从随机游走过程，出现集聚现象，为非独立分布。以上检验结果表明：SSEC 指数的收益率序列为尖峰厚尾的右偏态分布，虽不具独立性但却是平稳的，符合 SWARCH - GED - EVT 模型的建模条件。

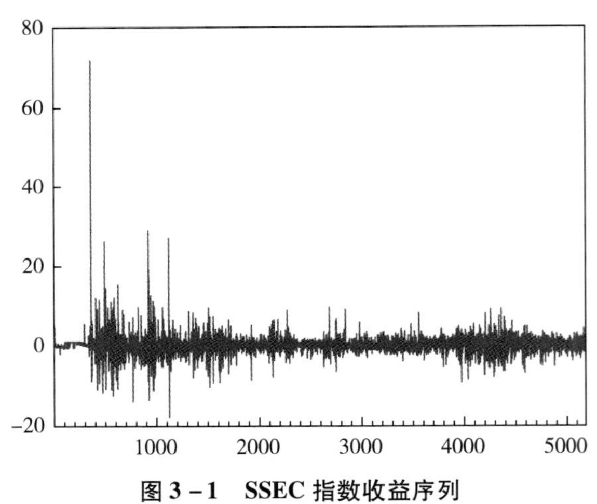

图 3 - 1　SSEC 指数收益序列

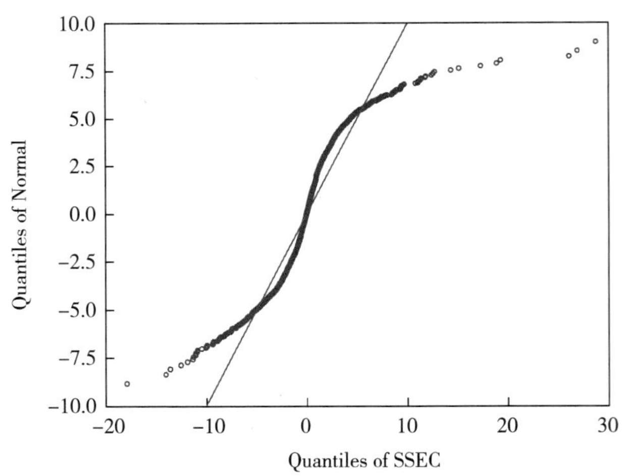

图 3 - 2　SSEC 指数收益序列分位数分布

表 3－1　　指数收益率的统计特征

均值	标准差	偏度	峰度	J－B	Q（16）	Q^2（16）	ADF	BDS
0.0611	2.5158	5.3780	144.126	4.3253e＋6***	65.2741***	33.04**	－70.4030***	44.1682***

注：***表示在1%显著水平下显著，**表示在5%显著水平下显著。

2. 实证研究结果及分析

（1）SWARCH－GED 模型参数估计。

为了选择合适的状态数量，本节采用 the Akaike Information Criterion（AIC）准则作为模型选择的标准。不同状态数量建模的 AIC 值如表 3－2 所示。从表 3－2 可以看出，状态数量为 3 的模型 AIC 值最小，且不同模型之间的对数似然值差异较小，故我们选择状态数量 3 建模。

表 3－2　　不同状态数量模型的 AIC 比较

状态数量	对数似然值	AIC
2	－2643.1033	3.635
3	－2627.8311	1.635
4	－2632.4661	2.851
5	－2616.7630	2.831
6	－2612.4620	2.534

我们采用3状态 SWARCH－GED 区制转换模型，将 SSEC 指数对数收益率数据用 Gauss 软件编程进行估计得出估计结果如表 3－3 所示：

表 3－3　　SWARCH－GED 模型的主要参数估计值

	估计值	标准差	统计量
μ_1	－0.0367***	0.3188	4.2147
μ_2	0.0132**	0.2019	2.2318
μ_3	0.1034***	0.3481	7.6354
σ_1	10.3861***	3.0276	5.3158
σ_2	5.3624***	0.3571	6.3584

续表

	估计值	标准差	统计量
σ_3	7.6584**	1.3581	4.3689
a_0	0.2893***	0.1385	4.6831
a_1	0.0257***	0.2872	3.3574
a_2	0.0574**	0.6524	2.3140
g_2	8.3513***	0.4685	3.2075
g_3	87.6825***	0.8324	3.5624

注：***表示参数估计值在1%显著性水平下显著，**表示参数估计值在5%显著性水平下显著。

从表3-3、表3-4中SWARCH-GED模型给出的参数估计结果来看，所有参数的估计值均是显著的，并且在不同波动水平下，广义误差分布的参数估计值均比较小，说明模型能够深刻地刻画上证综合指数的收益率波动特征，尤其是厚尾特征；还有模型估计出的波动乘子 g_i（$i=1, 2, 3$）估计值均在1%显著水平下拒绝零假设，且 g_2 是 g_1 的8.3513倍，g_3 是 g_2 的10.4993倍，因此，该模型实现了股市波动状态的强弱划分，同时状态转移概率估计值均接近于1，这与Markov机制转移的经验判断保持一致，不仅体现出相同状态间的平稳延续，而且反映不同状态间的突发转移。为了更直观地展示上证综合指数收益率的波动情况，我们下面给出三种波动状态下平滑概率图（图3-3），从图中可以看到，三种区制下平滑概率基本和图3-1的经验数据相对应，因此，应用SWARCH-GED模型对上证综合指数拟合是合适的。

表3-4　　概率转移矩阵

	状态1	状态2	状态3
状态1	0.9044	0.0180	0.0121
状态2	0.0454	0.9167	0.1391
状态3	0.0502	0.0453	0.8498

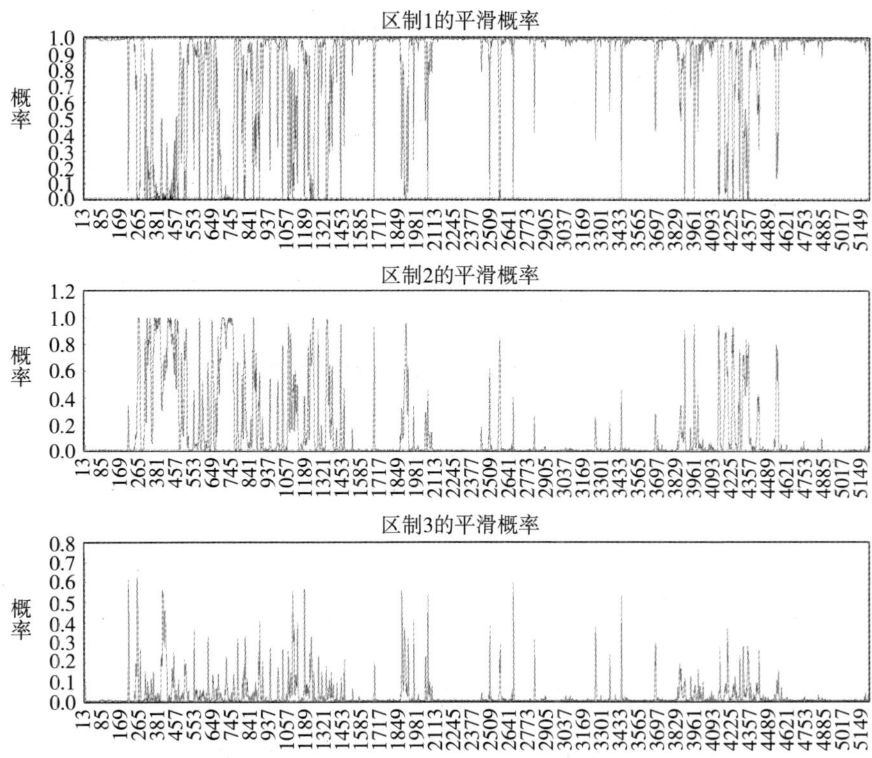

图 3－3　上证综合指数收益率三种波动状态的平滑概率

（2）标准残差的 EVT 建模及检验。

由 SWARCH－GED 模型估计获得的在不同状态下的参数估计值、条件方差以及平滑概率，通过计算得到标准残差序列 Z_t。在估计超限分布的参数之前，先要确定阈值 u，因为是阈值选取不合适，就会对参数估计造成误差。这里我们依据超额平均函数法选取阈值（见图 3－4，图中横坐标表示阈值，纵坐标为尾部参数 β 值），最终确定 $u=2.51$，再通过极大似然估计法得出标准残差尾部 GPD 分布的参数值，进而得出不同置信水平下的极值分位数，具体参数估计结果如表 3－5 所示。

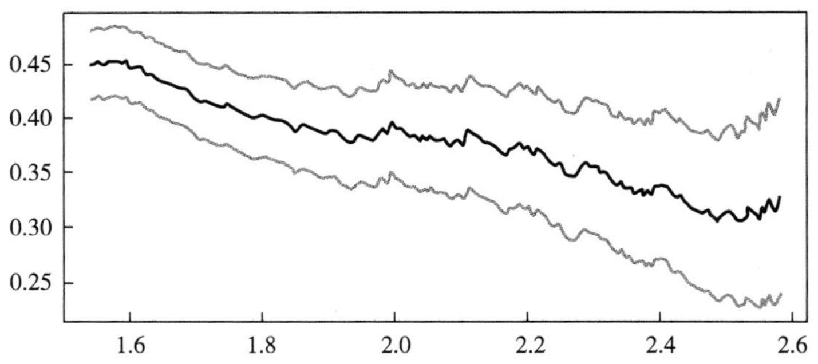

图 3－4 标准残差项的经验平均超额函数

表 3－5 标准残差尾部 GPD 分布的参数及分位数测算

u	Z_t	Z_t	对数似然值	极值分位数 Z_t		
				90%	95%	99%
2.51	0.3465	0.5616	602.8	1.5787	2.6432	5.4929

应用 EVT 方法对 POT 模型做的参数估计是否合理，需要对参数估计结果做检验。图 3－5 给出了标准残差 Z_t 尾部分布拟合结果诊断的超额分布图、尾部分布图、残差散点图和残差 QQ 图。从超额分布图和尾部分布图可以看出，除个别点外，整体拟合的效果较好，从残差散点图和残差 QQ 图可以看出，拟合曲线均穿过散点密集区，散点紧密围绕直线分布，表明 POT 模型拟合尾部极值状态较好，因此，这里认为模型的选取是合适的，参数的估计是较为精确的。

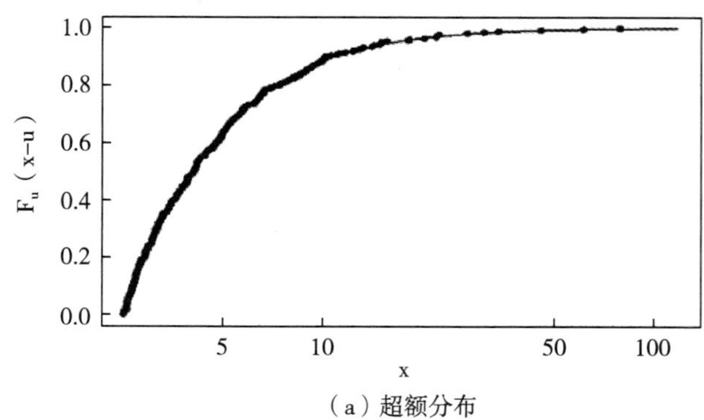

（a）超额分布

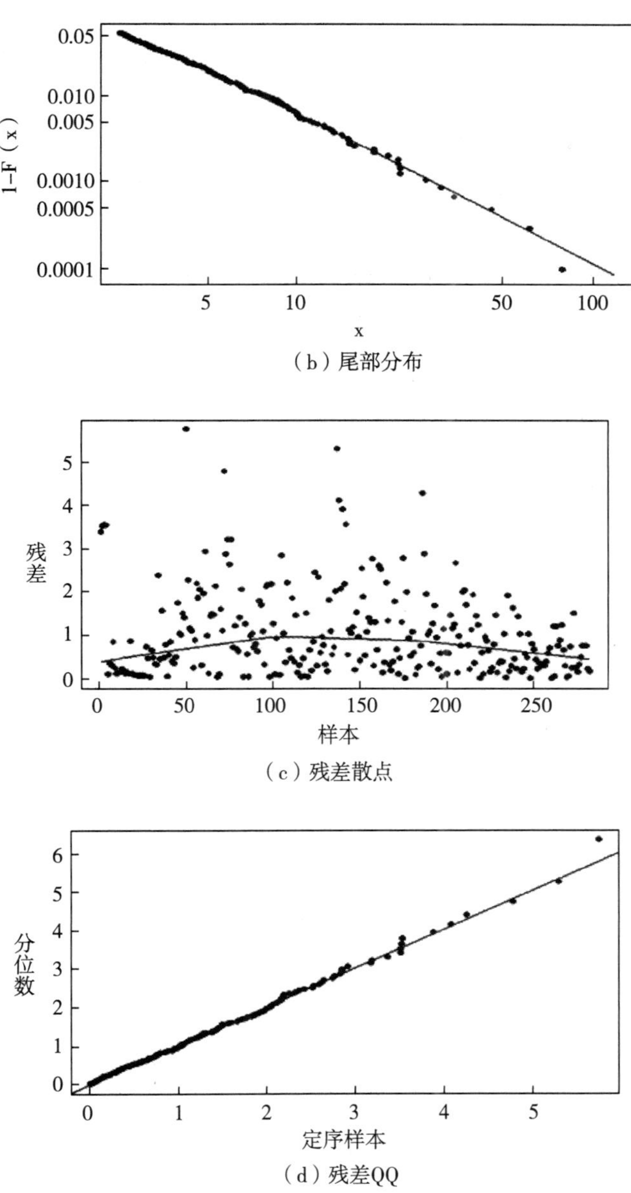

图 3-5 标准残差尾部分布的拟合效果

（3）SWARCH－GED－EVT 模型效果检验。

为了检验 SWARCH－GED－EVT 模型风险测量精度，我们同时对 SWARCH－GED 模型和 GARCH－EVT 模型的 VaR 进行估计，并比较这三种模型下 VaR 估计的优劣性。检验 VaR 估计的常规方法是失败率检验法（上文已对该方法进行详细介绍），它的基本思想是，如果 VaR 模型计算值是准确额，那么实际损失超过 VaR 值的例外情况可视为一个二项分布中的独立事件，那么一个成功事件（记为1）；反之，一个失败的事件（记为0）。在零假设条件下，统计量 LR 服从自由度为 1 的χ^2分布，显著性水平为 10%、5% 和 1% 的卡方临界值分别为 2.706、3.841、6.635。

从表 3 - 6 可以看出，三个模型在不同置信水平下检验失败的次数均在理论值范围内，除了 GARCH - EVT 模型在 90% 置信度下没有通过检验外，其他均通过 Kupiec 检验，并且置信度越高，各模型的失败次数越少，在相同的置信度下，基于 SWARCH - GED - EVT 的动态 VaR 模型相比基于 SWARCH - GED 模型的 VaR 模型具有更少的失败次数，对 VaR 的预测效果更好。同时，根据 Kupiec 检验法，尽管基于 GARCH - EVT 的 VaR 模型具有更少的失败次数，但由于失败次数太少而造成了对 VaR 的估计过于保守，并且 GARCH - EVT 模型在 90% 置信度下没有通过检验，从而使风险高估。一个可能的原因是，样本数据有非线性特征，SWARCH - GED - EVT 模型能够依靠马尔科夫链捕捉到样本的波动集聚性并能识别到样本的变结构点，而 GARCH - EVT 模型主要应用于线性波动环境，对样本的结构波动不是很敏感。从而说明，基于 SWARCH - GED - EVT 的动态 VaR 测度模型对上证综指的风险度量更加合理而准确。

表 3 - 6　　VaR 失败率的 Kupiec LR 检验结果（T = 250）

置信水平＼失败率	理论值	SWARCH - GED - EVT	SWARCH - GED	GARCH - EVT
90%	16 < N < 36	22（0.2050）	25（0.0021）	42（4.2310）*
95%	2 < N < 12	5（1.6192）	8（0.9271）	3（2.2540）
99%	N < 7	1（2.4199）	5（1.0249）	1（1.3150）

注：（）中表示 LR 统计量，* 表示在该置信水平下该模型没有通过检验。

二　基于 ARMA－GJR－EVT－g－h 模型的极值风险测度

大量的研究表明，金融资产的收益具有“厚尾”等特征，现有的分布，尤其是广泛应用的正态分布，都与实际金融收益分布存在着较大的差距，这样利用传统的分析方法估计 VaR 将造成 VaR 值的高估或低估。为了解决这个问题，许多学者提出了具有“厚尾”特征的多种分布函数来解决厚尾问题，比如 t 分布、混合正态分布、一般误差分布、g－h 分布等，然而这些模型的使用条件都有一定的局限性。国内学者运用 g－h 分布对中国金融市场风险进行研究还不多见，潘志斌等（2006）、陈倩等（2008）、司马则茜等（2011）等运用 g－h 分布研究了中国金融市场风险，他们的研究都取得不错的效果。

而在 GARCH 框架下，结合 EVT 理论已经成为风险度量的一个趋势，上一节我们已经对这方面做了一些研究。我们这一节在上一节的研究基础上，引进 g－h 分布，通过构建 ARMA－GJR－EVT－g－h 模型构建极值风险。

（一）g－h 分布及参数估计

1. g－h 分布

由于金融收益率序列的尖峰非对称性，用传统的分布对金融收益率序列进行刻画时，往往不能较好地反映出其真实的偏态、厚尾、不对称性等特征，这给金融风险的度量带来了困难，Hoaglin（1985）等提出了 4 参数的 g－h 分布来拟合金融收益率序列，该分部有较为灵活的应用范围，且对偏态、厚尾、不对称性等特性有较好的刻画。

Tukey（1977）通过变换服从标准正态分布的变量 Z 得：

$$Y(Z)=\frac{(e^{gZ}-1)}{g}\exp(hZ^2/2) \tag{3-28}$$

式（3－28）中，g、h 为常数，在式（3－28）中加入位置参数 A 和尺度参数 B，可得 $g-h$ 分布为：

$$X(Z)=A+B\frac{(e^{gZ}-1)}{g}\exp(hZ^2/2) \tag{3-29}$$

式（3－29）中，参数 g 反映 $g-h$ 分布的不对称性，参数 h 反映 $g-h$ 分布的厚尾性。A 决定分布的位置，是位置参数，对应于正态分布中的期望。B 是尺度参数，对应于正态分布中的标准偏差。h 决定分布的形态，影响 $g-h$ 分布的尾部，是形态参数。当 X 的右尾较标准正态分布厚时，则 $h>0$；当 X 的右尾较标准正态分布薄时，$h<0$。g 决定$g-h$ 分布的偏度，影响 $g-h$ 分布的不对称性，是偏度参数。如果右偏，$g>0$；如果左偏，$g<0$。

2. 参数估计

g-h 分布中参数 g、h 的估计方法有极大似然估计（MLE）、矩估计和分位数估计。由于 g-h 分布没有精确的概率函数表达式，用极大似然估计（MLE）和矩估计对 g-h 分布中参数进行估计，计算烦琐，往往需要大量的计算，我们这里采用分位数估计方法，具体估计过程如下：

对于 g 分布，假设 x_k 和 z_k 分别为式（3-29）中新样本数据的随机变量 $\begin{cases} x_k=A+(B/g)\left[\exp(gz_k)-1\right]\exp(hz_k^2/2) \\ x_{1-k}=A+(B/g)\left[\exp(gz_{1-k})-1\right]\exp(hz_{1-k}^2/2) \end{cases}$ 和服从标准正态分布的变量 z 的 k（$0<k<0.5$）分位数，那么式（3-29）右端在 z 的一个含原点且概率接近 1 的区间内单调递增时，则有：

$$\begin{cases} x_k=A+(B/g)\left[\exp(gz_k)-1\right]\exp(hz_k^2/2) \\ x_{1-k}=A+(B/g)\left[\exp(gz_{1-k})-1\right]\exp(hz_{1-k}^2/2) \end{cases} \tag{3-30}$$

由于 $z_k=-z_{1-k}$，所以当 $k=0.5$ 时，$Z_p=0$，进而可 $x_{0.5}=A$，再结合式（3-30）得：

$$g=-\frac{1}{z_k}\ln\frac{x_{1-k}-x_{0.5}}{x_{0.5}-x_k} \tag{3-31}$$

得到 g 值后，再来估计 h，将式（3-30）变形为：

$$\begin{cases} x_{0.5}-x_k=\left[\exp(gz_k)-1\right]\exp(hz_k^2/2) \\ x_{1-k}-x_{0.5}=\left[\exp(gz_k)-1\right]\exp(hz_k^2/2) \end{cases} \tag{3-32}$$

经过变换后可得：

$$\frac{g(x_{1-k}-x_{0.5})}{\exp(-gz_k)-1}=B\exp\left(\frac{hz_k^2}{2}\right) \tag{3-33}$$

把式（3-32）两边取对数，然后选定右尾部的几个分位数点，根据选定的分位数、相应标准正态的分位数以及估算出的 g，运用最小二乘法回归分析，根据其拟合直线的截距与斜率估计出参数 B 和 h。

（二）基于 ARMA－GJR－EVT－g－h 的 VaR 模型

1. g－h VaR

设 p_t 是 t 时刻的金融资产价格，则其在 t 时刻的对数收益：$X_t = \ln p_t - \ln p_{t-1}$，设其密度函数授数为 $f(x)$，则置信水平 k 下的 VaR_k 可表示如下：

$$VaR_k = -\inf\{x \mid f(X \leqslant x) > k\} \tag{3-34}$$

对于标准正态分布，VaR_k 值即为 k 分位数下的负值，即 $VaR_k = -Z_k$，当为一般标准正态分布时有：$(x-\mu)/\sigma \sim N(0, 1)$，此时，$VaR_k = -Z_k\sigma + \mu$，同理，在 $g-h$ 分布置信水平为 $1-k$ 下的 VaR_k 为：

$$VaR_k = -\left[A + B\frac{(e^{gZ_P}-1)\ e^{hZ_p^2/2}}{g}\right] \tag{3-35}$$

2. ARMA－GJR－EVT－g－h 的 VaR 模型

为了得到标准残差序列，我们利用 ARMA（1，1）－GJR（1，1）对损失序列 X_t 进行建模，具体模型如下：

$$\begin{cases} X_t = a_0 + a_1 X_{t-1} + b_1 \varepsilon_{t-1} + \varepsilon_t \\ \sigma_t^2 = \alpha_0 + \alpha_1 \varepsilon_{t-1}^2 + \alpha_2 \sigma_{t-1}^2 + \gamma \Psi_{t-1} \varepsilon_{t-1}^2 \end{cases} \tag{3-36}$$

其中，$\varepsilon_t = X_t - u_t$ 为均值调整过程，a_0，a_1，b_1，α_0，α_1，α_2，γ 为待估参数，$\alpha_0 > 0$，$a_1 \geqslant 0$，$a_2 \geqslant 0$。当 $\varepsilon_{t-1} < 0$ 时，$\Psi_{t-1} = 1$；反之，$\Psi_{t-1} = 0$。对于 ARMA（1，1）－GJR（1，1）模型的估计通常采用 MLE 方法，求得参数的估计值，进而求得 u_{t+1} 和 σ_{t+1}，再通过计算得到标准残差序列 $\{Z_t\}$，然后根据上节选取阈值的方法选取合适的阈值。u 值确定以后，对 $\{(z_t\})$ 的观测值的极值损失部分数据单独建模，结合式（3－35），利用 $g-h$ 分布度量 VaR 值，则可以得到 ARMA－GJR－EVT－g－h 的 VaR 模型为：

$$\begin{cases} X(Z) = A + B\dfrac{(e^{gZ}-1)}{g}\exp(hZ^2/2) \\ X_t = a_0 + a_1 X_{t-1} + b_1 \varepsilon_{t-1} + \varepsilon_t \\ \sigma_t^2 = \alpha_0 + \alpha_1 \varepsilon_{t-1} + \alpha_2 \sigma_{t-1}^2 + \gamma \Psi_{t-1} \varepsilon_{t-1}^2 \\ e(u) = E(X-u \mid X > u) = \dfrac{1}{n}\sum\limits_{i=1}^{n}(x_i - u) \\ VaR_k = -\left[A + B\dfrac{(e^{gZ_P}-1)e^{hZ_p^2/2}}{g}\right] \end{cases} \tag{3-37}$$

（三）实证分析

1. 数据来源及描述性统计

本节以上海证券市场为应用研究对象，考虑到我国证券市场涨停板制度给股票交易初始期带来的噪声交易影响，我们选取上证综指自1997年1月2日到2011年12月15日的共3619个每日收盘指数进行分析，数据来源是大智慧炒股软件。定义上证综指的对数收益：$X_t = \ln p_t - \ln p_{t-1}$。

表3－7、图3－6给出了上证综指收益序列的描述性统计。从表3－7中可以看出，上证综指收益均值均接近于0，偏度都为负，峰度大于3，这说明上证综指收益率左偏且具有明显的尖峰厚尾特征；J－B正态性检验也说明收益率显著异于正态分布；从图3－6可以看出，上证综指具有典型的尖峰厚尾特点，且呈现非对称的分布，还有就是收益率的序列呈现一定的集聚性和爆发性。

表3－7　　上证综指收益率的统计特征

均值	标准差	偏度	峰度	J－B
0.000244	0.017014	－0.217864	7.1838	2667***

注：***表示在1%显著性水平下显著。

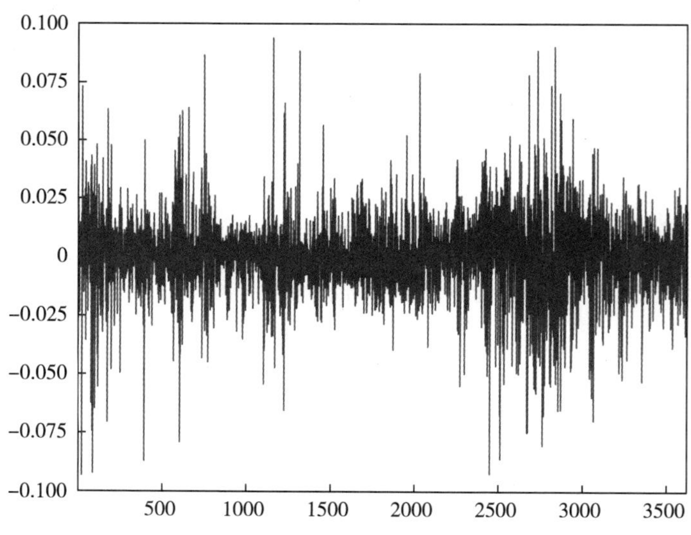

图3－6　上证综合指数收益的描述性统计

2. 标准残差序列构造

根据上文的分析，使用 ARMA（1，1）－GJR（1，1）模型对上证综指收益序列建模，并运用 MLE 对参数进行估计，具体的估计结果见表 3－8。

表 3－8　ARMA（1，1）－GJR（1，1）模型的参数估计结果

参数	a_0	a_1	a_2	α_0	α_1	α_2	γ
估计值	4.039e－5	0.971	0.908	4.026e－6	0.412	0.874	－0.28
	(1.803e－5)	(7.251e－3)	(0.009)	(9.280e－6)	(0.041)	(0.018)	(0.380)

由表 3－8 可以看出，杠杆系数 $\gamma<0$ 说明沪市存在显著的杠杆效应，股市负面效益的影响要大于正面消息的影响，而 α_2 大于 0，说明某天的波动与前一天的波动有正向关联，沪市股市波动存在波动集聚效应。

3. 阈值估计及检验

（1）阈值的估计。

下面我们根据表 3－8 估计的参数值求出 u_{t+1} 和 σ_{t+1}，再通过计算标准残差序列 $\{Z_t\}$。基本统计特征（见表 3－9）表明标准残差序列是独立的、稳定的，不存在自相关性，由此说明 EVT 方法应用于 Z_t 的 VaR 计算是合适的。

表 3－9　标准残差序列描述性统计

偏度	峰度	$J-B$	ADF	Q（20）	Q^2（20）
－0.0387	4.1961	568.6	－53.338	36.954	387.565

这里采用超额平均函数法来确定超限值，为此确定 $u=1.37$。再通过极大似然估计法得出标准残差尾部 GPD 分布的参数值为：$\beta=0.7685$，$\xi=0.1835$。

（2）模型检验。

为了检查阈值选取得是否合理，需要对参数估计结果做检验。

图3-7给出了标准残差 Z_t 尾部分布拟合结果诊断的概率图（PP图）、分位数图（QQ图）、回报水平图（RLP图）和密度函数图（DP图），可以看到除个别点外概率图和分位数图基本上在同一条线上，重现水平图中的经验估计点都在置信区间内，密度函数的估计与经验图也拟合得比较好，认为阈值的选取是合适的。

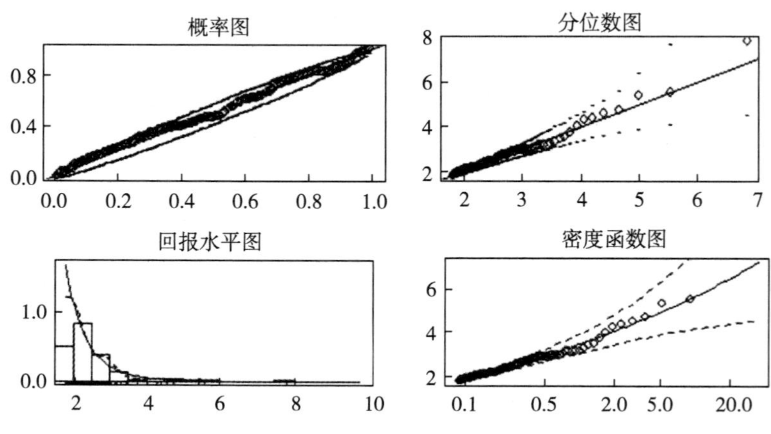

图3-7 标准残差尾部分布的拟合效果图

4. 风险估计及分析

（1）g-h分参数估计。

依据上面选取的阈值，我们选取标准残差序列部分极值数据进行建模，在此基础上，估计g-h模型的参数。g-h模型的4个参数的估计方法如前所述。首先可以确定参数A为真实分布的中位数，即A=-0.00272，其余3个参数的估计结果见表3-10：

表3-10 g-h分布参数估计

A	B	g	h
-0.00272	0.00725	-0.1729	0.31425

从表中可以看出，g<0说明收益率数据的分布不对称，呈左偏的特征，参数h>0说明g-h分布的尾部比正态分布重，即体现了收益率

序列的厚尾现象。

（2）ARMA－GJR－EVT－g－h 的 VaR 计算。

根据表 3－10 估计出的参数，利用公式（3－8），计算 ARMA－GJR－EVT－g－h 模型在不同置信水平下风险值，并同时计算 ARMA－GJR－EVT 模型和 g－h 模型下的风险值。

表 3－11　　3 种模型的风险值

置信度（%）＼模型	75.0	87.5	90.00	95.0	97.5	99.5	99.8	99.9
g－h	0.0086	0.0153	0.0245	0.0370	0.0543	0.0642	0.0792	0.0962
ARMA－GJR－EVT	0.0121	0.0192	0.0260	0.0321	0.0486	0.0512	0.0593	0.0687
ARMA－GJR－EVT－g－h	0.0086	0.0157	0.0273	0.0364	0.0495	0.0583	0.0643	0.0768

为了能直观比较展示不同置信度下各个模型 VaR 之间的关系，画出收益率数据在 3 种模型下的折线图，如图 3－8 所示。

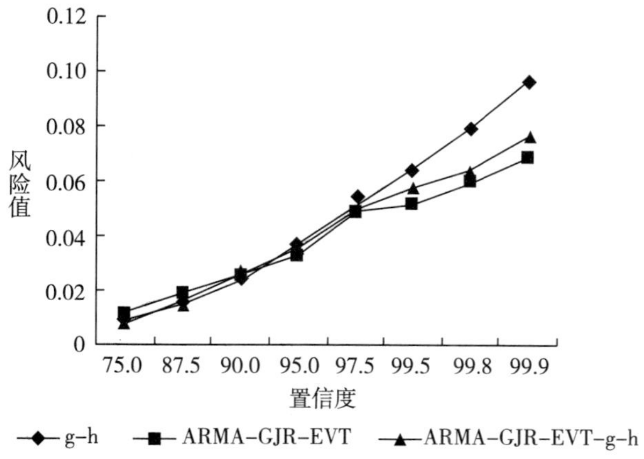

图 3－8　不同置信水平下 3 种模型的 VaR 值比较

从图 3－8 中可以看出，基于 ARMA－GJR－EVT－g－h 模型的 VaR 和基于 ARMA－GJR－EVT 模型的 VaR 比较接近，二者轨迹基本吻合，而基于 g－h 模型的 VaR 与另外两个存在较大差距，特别是从置信度95%开始，它们差距更加明显。由于研究收益率风险时，一般关注点是尾部，从图3－8中可以发现当要求置信度较大时，g－h模型的VaR存在高估收益率风险，而ARMA－GJR－EVT模型的VaR对收益率风险存在低估现象。

（3）模型的准确性判定。

为了检验模型的动态VaR预测精度，Kupiec提出VaR失败率的似然比（LR）检验法，采用Kupiec的失败频率检验法来进行准确性检，将数据分成估计样本与评价样本两个部分，估计样本用来对模型中的参数进行估计，从而预测投资组合的VaR值；而评价样本用来对模型的有效性进行返回检验，通过统计评价样本中实际的投资组合损失值大于VaR的次数，得出该VaR模型在预测其真实情况的风险暴露时的好坏。采用Kupiec的失败频率检验法来进行准确性检验，计算2010年11月2日到2011年11月18日共250个交易日的每日VaR，将每日实际损失超过VaR的估计记为失败天数，把实际损失低于VaR的估计记为成功。Kupiec给出了这种检验方法的置信域，在置信域内失败次数越低，模型的预测效果越好，但失败次数过低，却意味着模型过于保守。依次选择置信度为0.95、0.975、0.99进行后验测试，检验结果见表3－12。

表3－12　　3种计算方法的VaR后验结果验证

置信度	理论值	ARMA－GJR－EVT－g－h	ARMA－GJR－EVT	g－h
95%	6～21	10	16	5
97.5%	2～12	3	9	2
99%	<7	1	5	1

由表3－12看出，置信度越高，各模型通过检验的失败次数越少；在相同的置信度下，基于ARMA－GJR－EVT－g－h的动态VaR模型相比ARMA－GJR－EVT的VaR模型具有更少的失败次数，对VaR的预测效果更好。同时，根据Kupiec检验法，尽管基于g－h的VaR静态模型具有更少的失败次数，但由于失败次数太少而造成了对VaR的估计过于保守，从而使风险高估。显然，基于ARMA－GJR－EVT－g－h的动态VaR测试模型对上证综指的风险度量更加合理而准确。

三　基于 Beta - Skew - t - EGARCH - POT 模型的极值风险测度

到目前为止，学术界和实务界已经开发了各种方法来预测 VaR，然而，由于典型投资组合的分布随着时间推移变化，没有一个方法给出令人满意的解决方案。运用最广泛的方法是使用如 ARCH 或 GARCH 类模型来捕获残差项的动态波动性，这种方法的主要缺点是要提前假定金融资产收益残差的分布。其一般都假定 GARCH 和 ARCH 模型的残差项服从正态分布，后来逐渐认识到金融资产收益序列的非正态性，尝试用 t 分布、GED 分布替代正态分布假设，并被广泛认为是有效的。Fernandez 和 Steel（1998）提出偏斜 t 分布方法刻画金融资产收益率特征，与其他方法相比，该方法的优点是其计算和分析易处理、概念简单和易用，适用范围广泛，已经被许多研究人员采用。在方差时变的背景下，Giot 和 Laurent（2003，2004）的研究表明，Skewed - t - GARCH 模型在预测风险价值（VaR）方面表现非常好。Creal 等（2008，2011）和 Harvey 等（2008）提出 Beta - t - EGARCH 模型，该模型中方差或尺度取决于最后观察条件得分的方程驱动，具有良好的特性，尤其是指数链接功能确保了正规尺度，并且能够直接获得平稳性的条件。当条件得分与指数链接函数组合时，可以用最大似然估计得出渐进分布的动态参数，获得渐近协方差矩阵的分析表达式，并且易于检验渐近理论的有效条件。Harvey 和 Sucarrat（2014）在 Beta - t - EGARCH 模型基础上，提出能够拟合金融资产收益序列的杠杆效应、厚尾分布以及偏斜等特征的 Beta - Skew - t - EGARCH 模型，实证研究表明效果不错。

尽管上述模型对 VaR 的预测取得不错的效果，但是对极端值的 VaR 无能为力。极值理论在 20 世纪 90 年代已经被应用到风险测度领域，由于其只针对尾部数据建模，不考虑样本整体分布状况，并且当尾部区域的数据稀疏时，不影响预测结果的稳健性。经验研究表明，运用极值方法对风险进行评估，比传统的模型方法更适合厚尾分布的预测，并且其预测结果比较稳定。基于极值模型的 VaR 估计大多与 GARCH 类型相结合，在假设样本整体分布基础上进行极值风险测度，研究显示模型精度得到提升。但是 Mcneil 和 Frey（2000）等研究表明，由于金融资产收益序列不满足独立同分布假设，并且在动态条件下存在异方差性，因此直接应用极值理论建模会导致高估或低估 VaR 值。

综合上面的研究可以发现，现有基于 GARCH 模型的 VaR 研究主要集中在以下三方面：直接应用 GARCH 类模型拟合金融资产收益特征求 VaR；通过极值理论求 VaR；GARCH 类模型与极值理论结合求 VaR，前期的研究都取得不错的效果，但是利用 Beta－Skew－t－EGARCH 模型与极值理论结合求 VaR 的文献还不多，尤其是各种类型 GARCH 模型在刻画金融资产特征时，对于金融资产典型特征的刻画往往集中在某一个方面，对金融资产收益波动的其他特征反映不够，这肯定会影响 VaR 测算的精度。

鉴于此，本节利用 Beta－Skew－t－EGARCH 模型拟合金融资产杠杆效应、厚尾分布以及偏斜等特征，在得到残差序列基础上，利用 POT 模型对其建模，进而构建起基于 Beta－Skew－t－EGARCH－POT 的极值风险测度模型，最后实证检验模型的效果。

（一）Beta－Skew－t－EGARCH 模型

尽管定义简单，VaR 的计算是一个非常具有挑战性的统计问题。从统计的角度来看，VaR 是金融资产收益的分位数。因此，VaR 与金融资产收益的分布密切相关。然而，仅仅假设金融资产收益的分布函数是不够的，原因是金融资产收益不满足同方差的假设。为了解决这个问题，Engle（1982）和 Bollerslev（1986）等提出了能够刻画异方差特征的 GARCH 模型。Nelson（1996）又在 GARCH 模型基础上提出能够反映金融资产收益杠杆效应的 EGARCH 模型。为了更好地反映金融资产杠杆效应、厚尾分布以及偏斜等特征，Harvey 等（2008）、Harvey 和 Sucarrat（2014）在 EGARCH 模型基础上提出 Beta－skew－t－EGARCH 模型：

$$\begin{cases} r_t = \exp(\lambda_t)\ \varepsilon_t = \varepsilon_t \sigma_t \\ \varepsilon_t \sim \mathrm{St}(0,\ \sigma_\varepsilon^2,\ \nu,\ \gamma),\ \nu > 2,\ \gamma \in (0,\ \infty) \\ \lambda_t = \omega + \lambda_t^+ \\ \lambda_t^+ = \varphi \lambda_{t-1}^+ + \kappa_1 u_{t-1} + \kappa^* \mathrm{sgn}(-r_{t-1}),\ |\varphi| < 1 \\ \varepsilon_t = \varepsilon_t^* - \mu_\varepsilon \end{cases} \quad (3-38)$$

其中 r_t 表示金融资产收益率，λ_t 表示对数刻度，是变量过去值的线性组合，ε_t 为条件误差，σ_t 为条件方差，σ_ε^2 为变量 ε_t 的方差（暗示 ε_t 不是标准方差），ν 表示自由度，γ 表示偏度参数，ω 表示长期波动的常数项，φ 为持续性参数（值越大，集聚性越强），κ_1 为 ARCH 参数（绝对值越大，对冲击的反映越大），κ^* 为杠杆参数，u_t 为条件得分项且 $u_t \sim beta\left(0,\ \frac{2\nu}{\nu+3}\right)$。

假设 ε^* 为普通符合 t 分布的变量，$f(\varepsilon^*)$ 为其密度函数，那么偏 t 分布的密度函数为：

$$f(\varepsilon^* | \gamma) = \frac{2}{\gamma + \gamma^{-1}} f\left(\frac{\varepsilon^*}{\gamma^{\mathrm{sgn}\varepsilon^*}}\right) \tag{3-39}$$

那么 Beta - skew - t - EGARCH 模型的鞅差分的条件得分 u_t 为：

$$\frac{\partial \ln(r_t)}{\partial \lambda_t} = u_t = \frac{(\nu+1)[r_t^2 + r_t \exp(\lambda_t)]}{\nu \exp(2\lambda_t)\gamma^{2\mathrm{sgn}[r_t + \mu_\varepsilon \exp(\lambda_t)]} + [r_t + \mu_\varepsilon \exp(\lambda_t)]^2} - 1 \tag{3-40}$$

式（3 - 40）可以进一步简化为：

$$u_t = \frac{(\nu+1)(\varepsilon_t^{*2} - \mu_\varepsilon \varepsilon_t^*)}{\nu \gamma^{2\mathrm{sgn}\varepsilon^*} + \varepsilon_t^{*2}} - 1 \tag{3-41}$$

式（3 - 38）和式（3 - 39）的参数可以通过极大似然估计获得。

（二）Beta - Skew - t - EGARCH - POT 模型

上文利用 Beta - Skew - t - EGARCH 模型刻画了金融资产收益的尖峰、厚尾、偏斜、集聚以及杠杠等典型事实特征，为了进一步刻画金融资产收益的尾部特征，本节引入极值理论的 POT 模型，最终构建基于 Beta - Skew - t - EGARCH - POT 的极值风险测度模型。具体过程如下：

首先，利用 Beta - Skew - t - EGARCH 模型分离出金融资产收益的残差序列 r_t，然后对其进行标准化处理得到标准残差序列 z_t：

$$(Z_{t-n+1},\ \cdots,\ Z_t) = \left(\frac{r_{t-n+1} - \hat{\mu}_{t-n+1}}{\hat{\sigma}_{t-n+1}},\ \cdots,\ \frac{r_t - \hat{\mu}_t}{\hat{\sigma}_t}\right) \tag{3-42}$$

其中，μ_t 为残差序列的条件均值，σ_t 为残差序列的条件方差，由上式便可通过 z_t 的 VaR 值预测 r_t 的 VaR 值，并可得到置信水平 q 下，金融资产收益 r_t 的动态 VaR 的计算公式可表示为 VaR_q^t：

$$VaR_q^t = \mu + \sigma_t VaR(Z)\ q \tag{3-43}$$

式（3－43）中，VaR_{1-p}^{t}表示标准残差序列在置信水平 q 下的风险价值 VaR，参数μ、σ_t 分别表示期望收益和波动率。对 VaR_{1-p}^{t}求解的过程也就是 POT 模型对 z_t 进行建模的过程，POT 模型建模关键是确定阈值。通常确定阈值的方法有超额期望函数图和 Du Mouchel 10% 原则。本节综合运用这两种方法确定阈值，超阈值部分标准残差序列的函数分布为：

$$F_u(y)=P(r-u\leqslant y\mid r>u)=\frac{F(u+y)-F(u)}{1-F(u)} \tag{3-44}$$

当阈值足够大时，依据极值理论，存在 $F_u(y)\approx G_{\xi,\beta}(y)$：

$$F_u(y)\approx G_{\xi,\beta}(y)=1-\left(1-\frac{y\xi}{\beta}\right)^{-\frac{1}{\xi}},\ \xi\neq 0 \tag{3-45}$$

$G_{\xi,\beta}(y)$ 函数为 GPD 分布，其中 β 和 ξ 分别表示尺度参数和形状参数，ξ 越大表示尾部越厚，运用极大似然估计可以得到 β 和 ξ 的值。在 $F_u(y)\approx G_{\xi,\beta}(y)$ 条件下，结合式（3－44）和式（3－45）可得：

$$F(y)=F(u)+G_{\xi,\beta}(y-u)[1-F(u)] \tag{3-46}$$

为了便于研究，用 N 表示样本总数，n 表示超阈值个数，阈值分布函数 $F(u)$ 用 $(N-n)/N$ 表示，把其代入式（3－45），再结合 β 和 ξ 的估计值可得：

$$\widehat{F}(y)=1-\frac{n}{N}\left(1+\widehat{\xi}\frac{y-u}{\widehat{\beta}}\right)^{-1/\widehat{\xi}} \tag{3-47}$$

可以得到置信水平 q 下的风险值为：

$$VaR_q^t=\widehat{F}^{-1}(y)=u+\frac{\widehat{\beta}}{\widehat{\xi}}\left\{\left[\frac{N}{n}(1-q)\right]^{-\widehat{\xi}}-1\right\} \tag{3-48}$$

由此得到基于 Beta－Skew－t－EGARCH－POT 的动态 VaR 模型：

$$\begin{cases} r_t = \exp(\lambda_t)\varepsilon_t = \varepsilon_t\sigma_t \\ \varepsilon_t \sim St(0,\sigma_\varepsilon^2,v,\gamma),v>2,\gamma\in(0,\infty) \\ \lambda_t = \omega+\lambda_t^{+} \\ \lambda_t^{+} = \varphi\lambda_{t-1}^{+}+\kappa_1 u_{t-1}+\kappa^{*}\operatorname{sgn}(-r_{t-1}),\ |\varphi|<1 \\ \varepsilon_t = \varepsilon_t^{*}-\mu_\varepsilon \\ VaR_{1-p}^{t} = \hat{F}^{-1}(y) = u+\dfrac{\hat{\beta}}{\hat{\xi}}\left\{\left[\dfrac{N}{n}(1-p)\right]^{-\hat{\xi}}-1\right\} \end{cases} \tag{3-49}$$

（三）极值风险测度及检验

1. 数据来源及描述性统计

为了检验上文构建模型的精度和有效性，本节选取沪深 300 指数（HS300）、香港恒生指数（HSI）作为研究样本。由于沪深 300 指数 2005 年 4 月 8 日开始推出[①]，但是为了研究的同步性，本节选取的时间区间为：2005 年 4 月 8 日至 2017 年 3 月 19 日[②]，总共将近 12 年约有 2900 个样本[③]，为了检验模型的精度，本节把样本分为两个区间，其一，2005 年 4 月 8 日至 2014 年 12 月 17 日（共 2176 个样本），该区间的样本主要用于模型的估计；其二，2014 年 12 月 18 日至 2017 年 3 月 19 日（共 500 个样本），该区间的样本主要用于模型的检验。本节数据来自于 Wind 数据库，定义每日收益率为：$X_t = 100\ (\ln p_t - \ln p_{t-1})$[④]。

从表 3－13 可以看出，样本序列都是左偏形态（偏度＜0），且具有尖峰厚尾特征（峰度＞3），J－B 检验表明样本序列的分布明显非正态性。为进一步检验样本序列分布特征，本节画出各样本序列的分位数分布图（图 3－9），以最左边的 HS300 为例，HS300 序列的上尾和下尾明显偏离正态分布，呈厚尾特征，据此可以得出结论样本序列呈现典型的“尖峰厚尾”特征。再结合图 3－10，HS300 序列和 HSI 序列相比，前者极端值数量明显多于后者，并且都表现出一定的爆发和集聚特征。Ljung－Box 统计量表明，在 1% 显著性水平下，样本序列不存在序列相关，ARCH－LM 检验表明样本序列都存在 ARCH 效应，ADF 检验表明样本序列是平稳的，因此，可以运用 Beta－Skew－t－EGARCH－POT 模型建模。

---

① 最早公布指数于 2005 年 1 月 4 日，但是本节以开始推出的日期为准。

② 本节的数据采集截至 2017 年 3 月 19 日。

③ 对于数据选取，例如 HS300 对 HSI 收益率序列，如果 t 日只有 HS300 的数据或只有 HSI 的数据，则将 t 日对应的 HS300 和 HSI 数据全部删除。由于没有考虑节假日的差异，可能会删除掉部分有用数据，但不影响分析结果，最后剩余的样本总数 2676。

④ P_t、P_{t-1} 分别表示 t 期和 t－1 期标的资产的价格，收益率数据 ×100 是表示选取% 作为计量单位。

表 3－13　　样本的描述性统计

样本	均值	最大值	最小值	标准差	偏度	峰度	J－B 值	Q（10）	ARCH－LM（10）	ADF
HS300	0.0200	3.8786	－4.4987	0.8460	－0.4424	6.4561	1419 （0.0000）	17.56 （0.0022）	251.86 （0.0000）	－37.00 （0.0000）
HSI	0.0093	5.8225	－8.3011	0.7212	－0.3047	18.5013	26833 （0.0000）	35.35 （0.0001）	529.76 （0.0000）	－36.70 （0.0000）

注：（）中是 P 值。

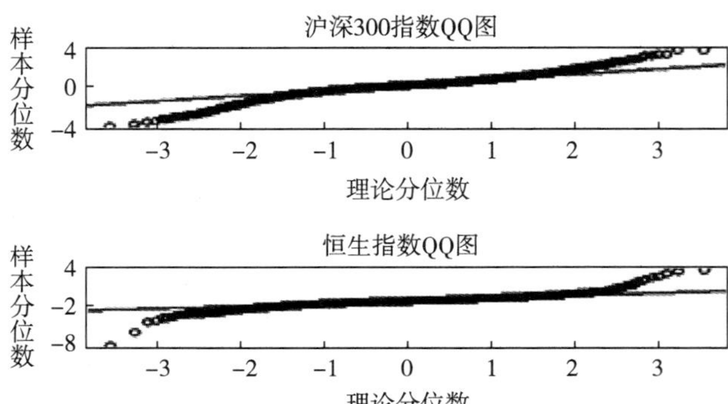

图 3－9　沪深 300 指数和恒生指数分位数分布

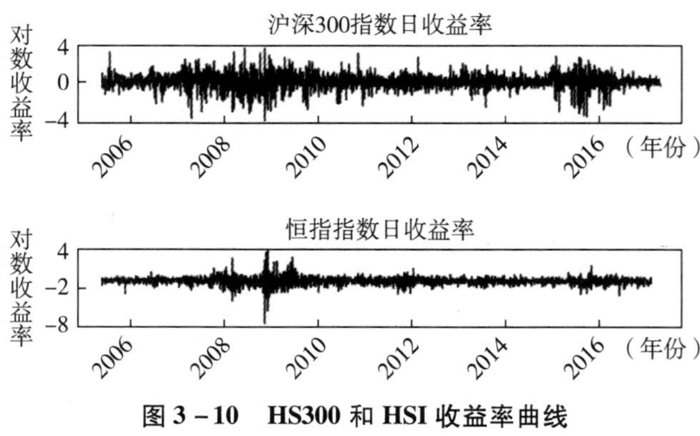

图 3－10　HS300 和 HSI 收益率曲线

2. Beta－Skew－t－EGARCH－POT 模型估计

（1）Beta－Skew－t－EGARCH 模型估计。

考虑到 Beta－Skew－t－EGARCH 模型的优良特性，本节利用上文的 Beta－Skew－t－EGARCH 模型拟合 HS300、HSI 收益率序列，具体结果如表 3－14 所示。

表 3-14　　Beta-Skew-t-EGARCH 模型

指数	ω	φ	κ_1	κ^*	ν	γ
HS300	-0.5960 (0.1530)	0.9951 (0.0026)	0.0367 (0.0052)	0.0023 (0.0031)	4.6659 (0.4546)	0.9384 (0.0206)
HSI	-0.7242 (0.0793)	0.9847 (0.0039)	0.0450 (0.0057)	0.0241 (0.0044)	5.4679 (0.5759)	0.9179 (0.0212)

由表 3-14 可以看出，两个市场的持续性参数 φ 分别为 0.9951 和 0.9847，说明波动集聚性明显，ARCH 参数 κ_1 表示两市对波动冲击的响应都比较大，其中 HSI 收益序列更大，杠杆参数 κ^* 大于零，说明两样本有明显的杠杆效应，其中 *HSI* 收益序列杠杆效应更明显，偏度参数 γ 大于零，表明两市收益序列的分布明显存在偏斜特征。

（2）POT 模型估计。

在对 Beta-Skew-t-EGARCH 模型估计基础上，本节得到两个序列的残差序列，对其进行标准化并进行 ADF 检验和自相关检验①，结果表明，样本序列均是平稳且不存在序列相关，因此，可以进行极值 POT 模型建模。运用 POT 模型建模分为三个阶段，包括模型探索阶段、模型拟合阶段以及模型诊断阶段。首先模型探索阶段，其中阈值的确定非常关键，当前流行的阈值选取方法有超额期望函数图和 Du Mouchel 10% 原则等，但是没有统一的标准，鉴于阈值的选取对模型估计重要性，这里综合这两种方法最终确定阈值的大小。

首先根据 Du Mouchel 10% 原则，计算得到 HS300 序列的阈值为 1.165，HSI 序列的阈值为 1.183，接着本节做出两个序列的平均寿命图来辅助阈值的选取，通过观察两个平均剩余寿命图可以发现，两个序列都是在超过 1 的附近开始出现正的斜率，结合 Du Mouchel 10% 原则得出的阈值，因此确定两个序列的阈值分别为 1.165 和 1.183。

① 限于篇幅，这里省略掉检验过程。

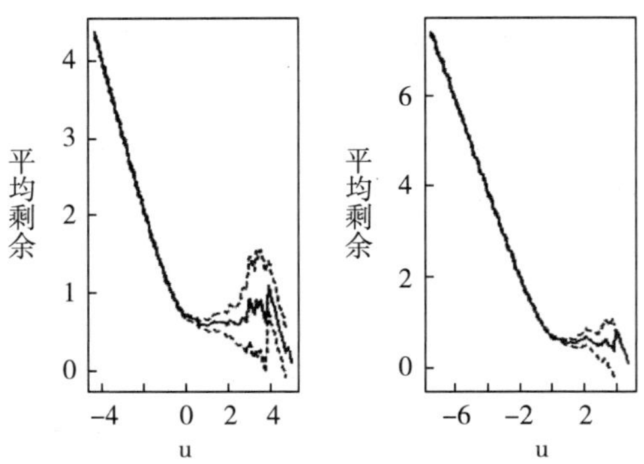

图 3-11 残差序列的平均剩余寿命（左图为 HS300，右图为 HSI）

在确定阈值之后，就是对 POT 模型进行拟合阶段。具体就是把获得阈值代入 POT 模型，然后运用极大似然估计对其进行求解，最终得到模型的参数 β、ξ 值（表 3-15）。

表 3-15 POT 模型估计结果

HS300	u	1.165
	ξ	0.063
	β	0.542
HSI	u	1.183
	ξ	0.029
	β	0.0538

最后是模型检验阶段。为了检验 POT 模型的拟合效果，本节做出标准残差序列的拟合诊断图，如图 3-12 和图 3-13 所示，大部分点直接落在阈值分布图和尾部分布图上或附近，只有个别点出现偏离，但不影响模型整体的估计效果。

（3）极值 VaR 估计。

在运用 Beta-Skew-t-EGARCH-POT 模型估计对 HS300 指数和 HSI 进行拟合估计基础上，运用上文构建的 VaR 模型计算 HS300 和 HSI 极值风险（见表 3-16）。

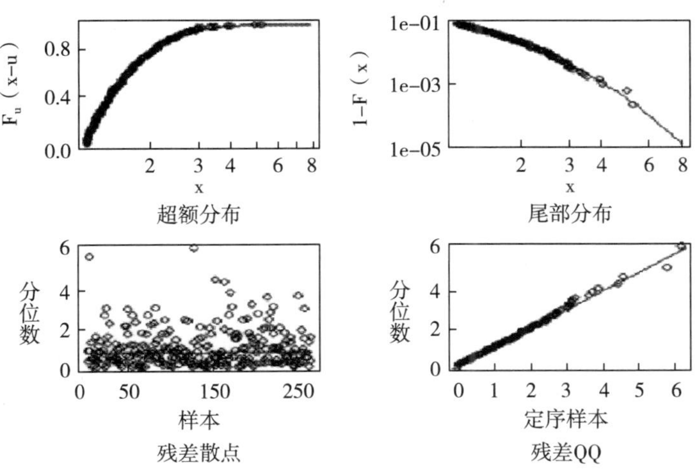

图 3－12　HS300 残差序列 POT 模型诊断

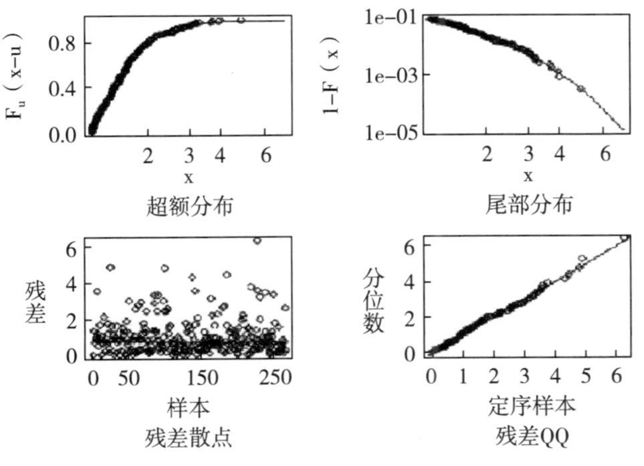

图 3－13　HSI 残差序列 POT 模型诊断

表 3－16　HS300 和 HSI 极值风险

	VaR	
	95%	99%
HS300	1. 5496	2. 5086
HSI	1. 5585	2. 4619

（4）模型检验。

为了检验模型精度和有效性，本节应用 Kupiec（1995）提出的 Kupiec 检验（后验检验）。Kupiec 检验是一个无条件的覆盖测试，它在统计上检查样本上的超量的频率是否在统计学上足够接近所选择的置信水平。例如，对于99%的置信水平，预计平均每100天发生一次超过；在95%的置信水平，相同时间间隔内发生五次超过，其他水平的置信度也是如此。首先，定义了一个二进制变量，在 VaR 预测失败的情况下等于1，否则为0，在回测期间记录了该变量的日常值，然后，使用似然比检验统计量检验无条件覆盖率显著性，似然比检验统计量如下：

$$LR = -2\ln\left[(1-p)^{n-m} \times p^{m}\right] + 2\ln(1-m/n)^{n-m} \times (m/n)^{m}$$

其中 p 为概率水平，n 为检验样本数，m 为失败次数。理论上，Kupiec 检验在给定的置信水平下，精度和失败次数成正比。同时为了对比，本节同时计算了 EGARCH、EGARCH－t、EGARCH－POT 模型、Beta－t－EGARCH－POT 模型的 Kupiec 检验结果，具体如表 3－17 所示。

表 3－17　　各模型的 Kupiec 检验（n＝500）

		HS300			HSI		
		失败次数 N	LR 统计量	P 值	失败次数 N	LR 统计量	P 值
EGARCH	1%	10	3.91	0.0478	9	2.61	0.1060
	5%	32	1.90	0.1678	33	2.45	0.1168
EGARCH－t	1%	10	3.91	0.0478	7	0.72	0.3966
	5%	30	0.99	0.3192	29	0.64	0.4229
EGARCH－POT	1%	9	2.61	0.106	7	0.72	0.3966
	5%	29	0.64	0.4229	28	0.37	0.5455
Beta－t－EGARCH－POT	1%	8	1.54	0.2149	8	1.54	0.2149
	5%	27	0.16	0.6852	28	0.37	0.5455
Beta－Skew－t－EGARCH－POT	1%	6	0.19	0.663	4	0.22	0.6414
	5%	26	0.0416	0.8384	27	0.16	0.6852

由检验结果可以看出，在5%置信水平下，各模型的失败次数均高于标准的25次，存在不同程度低估风险的情况，从P值来看，最小的是0.1060，最大的是0.8384，其中P值较小的集中在HSI指数和EGARCH模型，P值较大集中在HS300指数和Beta - Skew - t - EGARCH - POT模型，表现较差的集中在EGARCH、EGARCH - t模型，而EGARCH - POT、Beta - t - EGARCH - POT以及Beta - Skew - t - EGARCH - POT模型表现相对不错，但差距不大。因此，可以得出初步结论，在5%显著性水平下，尽管五个模型都不同程度地低估了风险，但与没有应用POT模型的风险测度模型相比，应用POT模型对样本的风险预测还是有效的，其中Beta - Skew - t - EGARCH - POT模型表现相对较好。

在1%置信水平下，五个模型的风险度量尽管仍然存在低估的问题，体现在没有应用POT模型的表现更差，而应用POT模型表现相对较好，其中，就失败次数和概率水平，Beta - Skew - t - EGARCH - POT模型表现都优于另外四个模型，并且，基于Beta - Skew - t - EGARCH - POT模型的极值风险测度，在失败次数上接近理想水平5，并且HSI指数的失败次数小于5，同时P值也都比较高。因此，针对两个样本，无论在1%置信水平还是5%置信水平，Beta - Skew - t - EGARCH - POT模型都相对提高了风险测度的精准度，能够有效刻画和预测极端风险。

四　基于QR - GARCH - POT模型的极值风险测度

近年来出现了一种利用分位数回归测度金融风险的新方法，由于该方法在测度风险时不考虑残差项的分布，并且还能在一定程度上反映其尾部特征，这为拟合具有尖峰厚尾特征的金融数据提供了一种非常好的统计方法，国内外学者已经对此进行了深入研究。

运用分位数回归对风险进行研究虽然已经出现，但是相关文献还很少，尤其是把分位数回归和EVT模型结合起来的文献更少。在本节中，我们通过组合分位数回归GARCH模型（以下简称QR - GARCH模型）和EVT模型来估计金融时间序列的极限分位数的新方法。具体来说，我们首先使用Xiao和Koenker（2009）的分位数自回归方法来估计全局参数和潜在波动率，然后应用 EVT 模拟未知新息分布的尾部，当借用相邻分位数的信息来估计极限分位数时，半参数设置对应用 EVT 的新息分布施加了最小的限制性假设，鉴于此，本节首先用基于 QR - GARCH 模型拟合金融收益率的典型事实特征，在得出残差序列基础上，运用 EVT 模型对残差序列建模，进而构建基于 QR - GARCH - EVT 的金融风险测度模型，然后运用沪深 300 数据进行实证并检验模型的有效性。

（一）EVT - QR - GARCH 模型

1. QR - GARCH 模型

尽管定义简单，VaR 的计算是一个非常具有挑战性的统计问题。从统计的角度来看，VaR 是投资组合预期收益的分位数。因此，VaR 与回报的分布密切相关。然而，仅仅假设收益的分布函数不够的，原因是收益回报不满足独立不同分布的假设。Xiao 和 Koenker（2009）提出基于分位数回归的 QR - GARCH 模型：

$$\begin{cases} r_t = \sigma_t \varepsilon_t,\ \varepsilon_t \sim iid\ (0,\ 1) \\ \sigma_t = \omega + \alpha x_{t-1} + \beta \sigma_{t-1}^2 \\ x_t = \lambda + \delta \sigma_t^2 + \eta_1 \varepsilon_t + \eta_2 \varepsilon_{t-1}^2 + u_t \end{cases} \tag{3-50}$$

其中 ω 为常数项且大于 0，α 表示收益率对市场冲击做出反应的快慢，B 表示与前期相比波动的幅度，α，β 均大于零且 $\alpha+\beta<1$。

利用迭代的方法给出 σ_t 的估计值：

$$\sigma_t = \frac{\omega}{1-\beta} + \alpha\ (x_{t-1} + \beta x_{t-2} + \beta^2 x_{t-3} + \beta^3 x_{t-4} + \cdots) \tag{3-51}$$

如果式（3 - 51）中的 ARCH（∞）过程是平稳的，那么可以得到：

$$\begin{cases} \sigma_t^2 = \alpha_0 + \sum_{j=1}^{\infty} \alpha_j x_{t-j} \\ r_t^2 = \left(\alpha_0 + \sum_{j=1}^{\infty} \alpha_j x_{t-j}\right) \varepsilon_t^2 \end{cases} \tag{3-52}$$

在式（3 - 52）中 $\alpha_0 = \frac{\omega}{1-\beta}, \alpha_j = \alpha\beta^{j-1}$。

令 F_{t-1} 为 $t-1$ 时刻信息，则基于过去信息 F_{t-1} 的 r_t^2 的分位数函数可表示为：

$$Q_{r_t^2}(\tau \mid F_{t-1}) = \alpha_0(\tau) + \sum_{j=1}^{\infty} \alpha_j x_{t-j} \tag{3-53}$$

其中 $a_j(\tau)=a_jQ_{\varepsilon^2}(\tau)$，$j=0$，1，2，…，$Q_{\varepsilon^2}(\tau)$为 ε_t^2 的τ分位数。

由于波动过程的不可观测性，当没有足够的数据时，极值分位数回归的估计是不准确的，这里应用 Xiao 和 Koenker（2009）方法估计出$(\bar{\omega}，\bar{\alpha}_1，\bar{\beta}_1)'$，具体过程为：

首先根据式（3－52）和式（3－53）运用分位数回归估计出 $\hat{\gamma}(\tau_k)$，具体方程为：

$$\hat{\gamma}(\tau_g) = \operatorname{argmin} \sum_{t=m+2}^{T} \rho_\tau \left[r_t^2 - a_0(\tau) - \sum_{t=j+1}^{T} a_j x_{t-j} \right] \tag{3-54}$$

利用式(3－54)得到$\tilde{a}(\tau_k)$，$k=1,2,\cdots,k$，ρ为损失函数。接着利用最小距离法估计得出$(\hat{a}_0,\hat{a}_1,\cdots,\hat{a}_m)'$，同时波动率$\sum_{t=m+2}^{T}$可以通过式(3－52)估计出。进一步，基于$(1,\hat{\rho}_{t-1}^2,x_t)'$对 r_t 进行分位数回归：

$$\hat{q}(t) = argmin_{t=m+2}^{T}\{r_t[r_t^2 - w(t) - a(t)x_{t-j}] + b(t)\hat{r}_{t-1}^2 \tag{3-55}$$

在（τ_1，τ_2，…，τ_k）$'$分位数下可以估计出，

$$\hat{\theta}(\tau_k) = (\hat{\omega}\tau_k,\ \hat{\alpha}\tau_k,\ \hat{\beta}\tau_k)' \tag{3-56}$$

最终可以得到$(\bar{\omega}，\bar{\alpha}，\bar{\beta})'$的估计值，进而可以得到收益率的残差项 ε_t。

2. QR－GARCH－EVT 模型

利用 QR－GARCH 模型得出残差序列，需要将 ε_t 转化为标准残差项 z_t，令 μ_t，σ_t 分别为收益序列残差项的条件均值及条件方差，则：

$$(Z_{t-n+1},\ \cdots,\ Z_t) = \left(\frac{r_{t-n+1} - \hat{\mu}_{t-n+1}}{\hat{\sigma}_{t-n+1}},\ \cdots,\ \frac{r_t - \hat{\mu}_t}{\hat{\sigma}_t}\right) \tag{3-57}$$

由上式便可通过 z_t 的 VaR 值预测 r_t 的 VaR 值，并可得到置信水平 p 下，资产收益 r_t 动态 VaR 的计算公式可表示为 VaR_{1-p}^t：

$$VaR_{1-p}^t = \mu + \sigma_t VaR\ (Z)_{1-p} \tag{3-58}$$

其中，μ 为期望收益，σ_t 表示第 t 天的波动预测，$VaR\ (Z)_{1-p}^t$表示残差项 z_t 在分位数为 p 时的风险价值。式（3－58）表示标准化极值残差序列 z_t 在 p 下的分位数水平 VaR_{1-p}^t，对其求解的过程也就是 *POT* 模型对 z_t 进行建模的过程。POT 模型建模关键是确定阈值，通常确定阈

值的方法有超额期望函数图和 Du Mouchel 10% 原则。这里综合运用这两种方法确定阈值，超阈值部分标准残差序列的函数分布为：

$$F_u(y)=P(r-u\leqslant y\mid r>u)=\frac{F(u+y)-F(u)}{1-F(u)} \quad (3-59)$$

当阈值足够大时，依据极值理论，存在 $F_u(y)\approx G_{\xi,\sigma}(y)$：

$$F_u(y)\approx G_{\xi,\sigma}(y)=1-\left(1-\frac{y\xi}{\sigma}\right)^{-\frac{1}{\xi}},\ \xi\neq 0 \quad (3-60)$$

$G_{\xi,\sigma}(y)$ 函数为 *GPD* 分布，其中 σ 和 ξ 分别表示尺度参数和形状参数，ξ 越大表示尾部越厚，运用极大似然估计可以得到 σ 和 ξ 的值。在 $F_u(y)\approx G_{\xi,\sigma}(y)$ 条件下，结合式（3-59）和式（3-60）可得：

$$F(y)=F(u)+G_{\xi,\sigma}(y-u)[1-F(u)] \quad (3-61)$$

为了便于研究，用 N 表示样本总数，n 表示超阈值个数，阈值分布函数 $F(u)$ 用 $(N-n)/N$ 表示，把其代入（3-61）式，再结合 σ 和 ξ 的估计值可得：

$$\hat{F}(y)=1-\frac{n}{N}\left(1+\hat{\xi}\frac{y-u}{\hat{\sigma}}\right)^{-1/\hat{\xi}} \quad (3-62)$$

结合式（3-58），可以得到置信水平 p 下的风险值为：

$$VaR_{1-p}^{t}=\hat{F}^{-1}(y)=u+\frac{\hat{\sigma}}{\hat{\xi}}\left\{\left[\frac{N}{n}(1-p)\right]^{-\hat{\xi}}-1\right\} \quad (3-63)$$

对于给定的置信水平 p，利用式（3-58）可以得到 $VaR(Z)_{1-p}$，再把 $VaR(Z)_{1-P}$代入式（3-56），即得所求模型的动态 VaR 值，由此得到基于 QR-GARCH-EVT 的动态 VaR 模型：

$$\begin{cases} r_t=\sigma_t\varepsilon_t,\ \varepsilon_t\sim iid(0,1) \\ \sigma_t=\omega+\alpha x_{t-1}+\beta\sigma_{t-1}^{2} \\ x_t=\lambda+\delta\sigma_t^{2}+\eta_1\varepsilon_t+\eta_2\varepsilon_{t-1}^{2}+u_t,\ \varepsilon_t\sim iid(0,1) \\ VaR_{1-p}^{t}=\hat{F}^{-1}(y)=u+\frac{\hat{\sigma}}{\hat{\xi}}\left\{\left[\frac{N}{n}(1-p)^{-\hat{\xi}}-1\right]\right\} \end{cases} \quad (3-64)$$

（二）实证分析

1. 数据的来源及描述性统计

为了检验上文构建的模型，本节选取沪深 300 指数（HS300）。考虑到沪深300指数2005年4月8日开始推出[①]，为了分析方便，本节选取沪深300指数、香港恒生指数样本的时间跨度为：2005年4月8日至2017年3月19日[②]，总共将近12年时间，每种指数约有2767个样本点[③]。数据来源是同花顺软件，定义每日收益率为：

从表3-18可以看出，样本序列都是左偏形态（偏度<0），且具有尖峰厚尾特征（峰度>3），并且有J-B检验可以在1%显著性水平下，各样本序列显著异于正态分布。为进一步检验样本序列分布特征，本节画出样本序列的频数图和分位数分布图（图3-15），HS300序列的上尾和下尾明显偏离正态分布，呈厚尾特征，据此可以得出结论样本序列呈现典型的"尖峰厚尾"特征。总体来看，样本序列呈现出非对称分布，具有典型的金融收益率"尖峰厚尾"特征，并且表现出一定的爆发和集聚特征。Ljung-Box统计量Q（10）表明，在1%显著性水平下，HS300不存在序列相关，ARCH-LM检验表明HS300收益率都存在ARCH效应，ADF检验表明HS300收益率均是平稳的，因此，可以运用QR-GARCH-EVT模型建模。

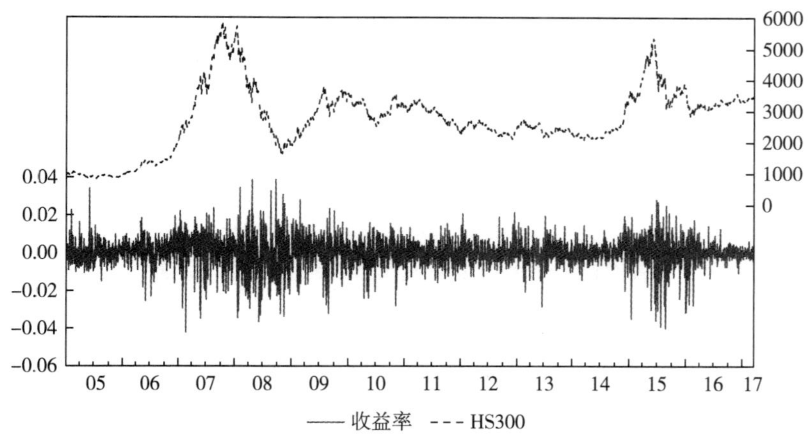

图3-14　样本收盘价和收益率序列趋势

---

① 最早公布指数于2005年1月4日，但是本节以开始推出的日期为准。

② 本节的数据采集截至2017年3月19日。

③ 对于数据选取，例如HS300对HSI收益率序列，如果t日只有HS300的数据或只有HSI的数据，则将t日对应的HS300和HSI数据全部删除。由于没有考虑节假日的差异，可能会删除掉部分有用数据，但不影响分析结果，最后剩余的样本总数2676。

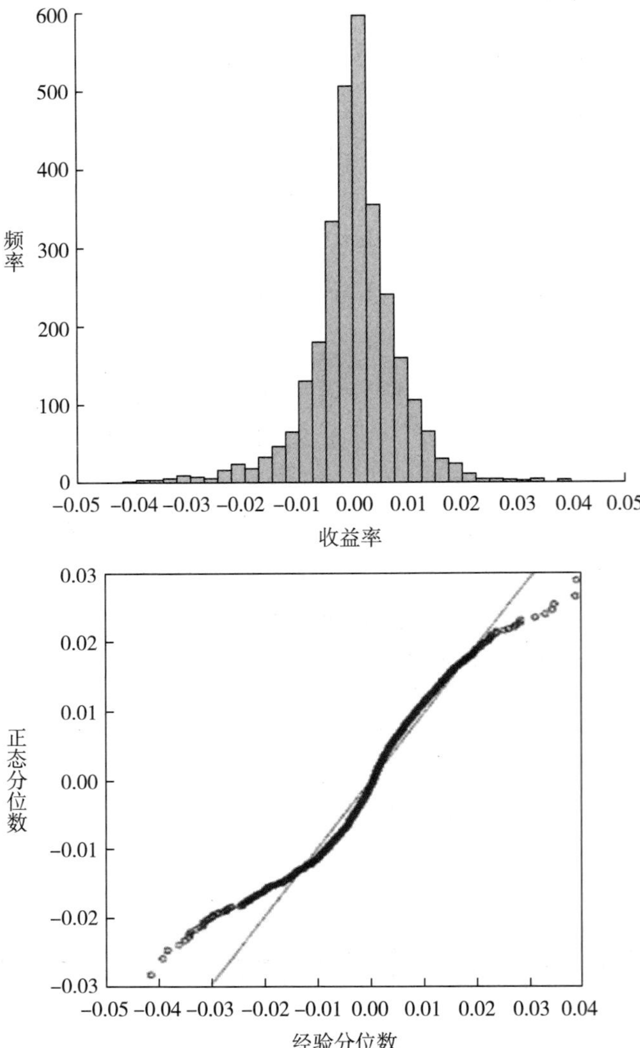

图 3－15　收益率序列的频数和分位数分布

表 3－18　样本数据的描述性统计

样本	均值	最大值	最小值	标准差	偏度	峰度	J－B 值	Q（10）	ARCH－LM（10）	ADF
HS300	0.0200	3.8786	－4.4987	0.8460	－0.4424	6.4561	1419 (0.0000)	17.56 (0.0022)	251.86 (0.0000)	－37.00 (0.0000)

注：（）中是 P 值。

2. QR－GARCH－EVT 模型估计

考虑到 QR－GARCH 模型的优良特性，本节利用上文的 QR－GARCH 模型拟合 HS300 收益率序列，具体结果如表 3－19 所示。

表 3－19　沪深 300 收益率序列 QR－GARCH 模型估计结果

模型参数	ω	α	β	η_1	η_2	δ	λ
估计值	－0. 125	0. 264	0. 637	－0. 053	0. 085	1. 025	0. 211
p	(0. 021)	(0)	(0)	(0. 082)	(0)	(0)	(0. 641)

由表 3－19 可以看出，$\alpha+\beta<1$ 说明 QR－GARCH 模型稳定，沪深 300 指数收益率的总体风险与其过去波动情况存在明显正相关，并且收益率序列存在波动持续性，α 与 η_1 符号相反，说明存在杠杠效应，并且负向冲击比正向冲击影响大，β 为 0. 637①，说明 QR－GARCH 模型中波动率不仅仅受前一期波动率的影响。

在对 QR－GARCH 模型估计基础上，本节得到沪深 300 指数收益率的残差序列，对残差序列进行标准化，检验表明，该标准化残差是平稳的并且不存在自相关性②，因此，可以运用 EVT 模型对其进行建模。

对标准残差序列进行建模，分为三个阶段，包括模型探索阶段、模型拟合阶段以及模型诊断阶段。首先模型探索阶段，最关键是阈值的确定，当前流行的阈值选取方法有超额期望函数图和 Du Mouchel 10% 原则等，但是没有统一的标准，鉴于阈值的选取对模型估计重要性，这里综合这两种方法最终确定阈值的大小。

首先根据 Du Mouchel 10% 原则，计算得到 HS300 序列的阈值为 1. 165，接着本节做出沪深 300 指数收益率序列的平均寿命图来辅助阈值的选取，通过观察其平均剩余寿命图可以发现，该序列都是在超过 1 的附近开始出现正的斜率，在结合 Du Mouchel 10% 原则得出的阈值，因此本节确定阈值分别为 1. 569。

① GARCH 模型以及 EGARCH 模型的 β 值均接近于 1。

② 限于篇幅，这里省略掉检验过程。

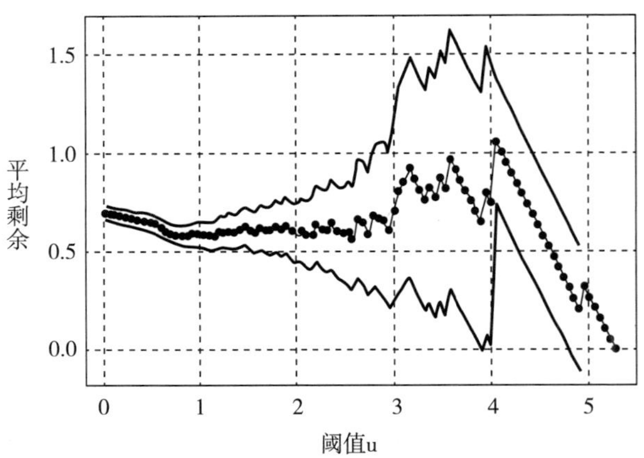

图 3－16　残差序列的平均剩余寿命

其次是模型拟合阶段。在得到阈值的基础上，应用 EVT 模型对标准残差序列进行估计，得到 EVT 模型的尺度参数 σ 和形状参数 ξ，结果如表 3－20 所示。从表示中可以看出，形状参数 ξ 都大于 0，说明极值标准残差序列有明显的厚尾性。

表 3－20　　POT 模型估计结果

HS300	u	1.569
	ξ	0.054
	σ	0.561

最后是模型检验阶段。为了检验 EVT 模型估计的有效性，本节做出标准残差序列的拟合诊断图，如图 3－17 所示，大部分点直接落在阈值分布图和尾部分布图上或附近，只有个别点出现偏离，但不影响拟合效果，EVT 整体拟合效果较好。

在对 QR－GARCH－EVT 模型估计基础上，本节依据上文构建的风险测度模型对风险价值进行估计，图 3－18 我们列举了分位数为 0.01 和 0.05 下的 VaR 值。

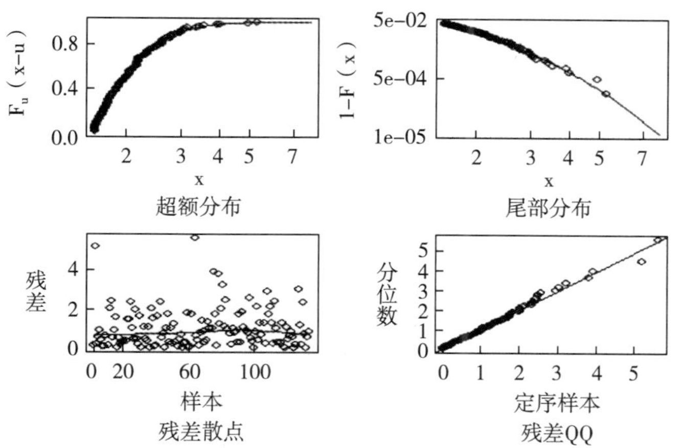

图 3－17　HS300 残差序列 EVT 模型诊断

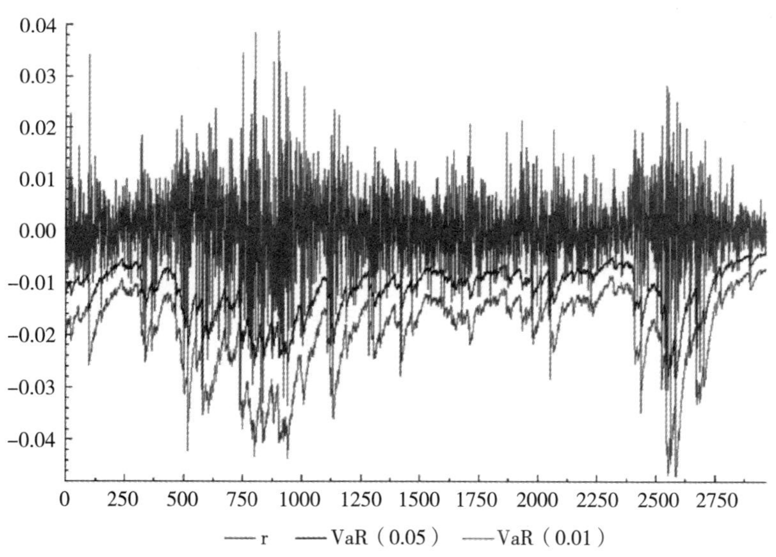

图 3－18　分位数 0.01、0.05 下的风险值

3. QR－GARCH－EVT 模型检验

为了检验模型的准确性，本节应用 Kupiec（1995）提出的 Kupiec 检验（后验检验）。Kupiec 检验是一个无条件的覆盖测试，它在统计上检查样本上的超量的频率是否在统计学上足够接近所选择的置信水平。

例如，对于99%的置信水平，预计平均每100天发生一次超过；在95%的置信水平，相同时间间隔内发生五次超过，其他水平的置信度也是如此。首先，定义了一个二进制变量，在VaR预测失败的情况下等于1，否则为0，在回测期间记录了该变量的日常值，然后，使用似然比检验统计量检验无条件覆盖率显著性，似然比检验统计量如下：

$$LR = -2\ln\left[(1-p)^{n-m} \times p^{m}\right] + 2\ln(1-m/n)^{n-m} \times (m/n)^{m}$$

其中 p 为概率水平，n 为检验样本数，m 为失败次数。理论上，Kupiec检验在给定的置信水平下，失败次数越少，模型的精度越高，效果越好。同时为了对比，本节同时计算了GARCH模型、GARCH-EVT模型以及QR-GRACH模型的Kupiec检验结果，具体如表3-21所示。

表3-21　不同条件下分位数风险值与检验

模型	置信水平	失败天数	失败率	LR
GARCH	95%	155	5.60%	2.034
GARCH-EVT	95%	136	4.92%	0.042
QR-GRACH	95%	149	5.38%	0.843
QR-GARCH-EVT	95%	132	4.77%	0.311
GARCH	99%	32	1.16%	0.390
GARCH-EVT	99%	30	1.08%	0.977
QR-GRACH	99%	35	1.26%	0.017
QR-GARCH-EVT	99%	31	1.12%	1.262

从表3-21可以得到，通过模型对比发现，在95%置信水平下，仅仅用GARCH类模型估计VaR相差不大，并且存在低估风险，而GARCH类和EVT结合效果明显不错，但和QR-GARCH-EVT模型相比，后者从失败率角度来看，精度更高。

在99%置信水平下，各模型的失败次数明显大于理论水平28，在一定程度上低估了样本风险，模型出现明显不适应性，对风险的预测能力有效性降低，模型对比而言，QR-GARCH-EVT模型还是比其他模型表现要好。

因此，本节构建的QR-GARCH-EVT模型在95%置信水平下，模型精度更高，有效性更强，但是在99%置信水平下，模型出现了不适应性。总的来说，QR - GARCH - EVT 模型表现要好于其他模型。

五　基于 POT - CAViaR 模型极值风险测度

基于分位数回归的 CAViaR 模型是半参数模型，不需要事先假定收益率的分布，具有良好的统计特性，并且分位数回归模型无论从建立、预测还是检验方面都有比较完备的理论依据，然而，CAViaR 模型对高分位数 VaR 估计存在困难。同时 POT 模型相对于传统的模型方法更适合厚尾分布高分位点的预测，并且其预测结果比较稳定。因此，结合 CAViaR 模型和 POT 模型对风险进行评估是一个不错的研究方向，而目前国内这方面的研究文献相对较少，并且还有很多需要解决的问题。

鉴于此，本节通过一定的方法把 CAViaR 模型与 POT 模型结合起来，这样既回避了对样本整体分布的假设，又能充分反映样本尾部特征，通过构建基于 CAViaR - POT 模型对极值风险进行预测，然后以沪深300指数、HSI 指数以及 N225 指数为样本进行检验。具体过程为，首先利用 CAViaR 模型对整体样本进行分位数回归，在得到分位数极值残差序列基础上，应用 POT 建模，进而对极值风险进行测度，最后进行后验检验。

（一）模型构建

1. CAViaR 模型

Engle 和 Manganelli（2004）提出了 CAViaR 方法，该方法不考虑分布的形状，应用分位数理论直接对数据建模，VaR 的预测效果有所提高。如果用 Y 表示金融资产收益序列，其对应的分布函数为$F_Y(y) = P_r(Y \leqslant y)$，依据分位数和 VaR 之间的关系，随机变量 Y 的 P 分位数的相反数在数值上就等于置信水平(1 - p)下的 VaR，即 $Q_Y(P) = VaR_Y(1 - P)$，那么 CAViaR 模型的一般形式为：

$$Q_t(P) = \beta_1 + \sum_{i=1}^{m} \beta_{2i} Q_{ti}(P) + \sum_{j=1}^{n} \beta_{3i} L(t-j) \tag{3-65}$$

其中，$\theta = (\beta_1, \beta_{21} \cdots \beta_{2i}, \beta_{31} \cdots \beta_{3j})'$为待估参数向量，$L(t-j)$为滞后信息集$\{y_{t-j}\}$的函数形式，根据式（3 - 65）所示的形式，Engle 和 Manganelli（2004）提出以下几种常用 CAViaR 模型：

$$Q_t(P)\begin{cases}\beta_1+\beta_2 Q_{t-1}(P)+\beta_3|y_{t-1}|, SAV\text{ 模型}\\ \beta_1+\beta_2 Q_{t-1}(P)+\beta_3\max(y_{t-1},0)+\beta_4\min(y_{t-1},0), AS\text{ 模型}\\ \sqrt{\beta_1+\beta_2 Q_{t-1}^2(P)+\beta_2 y_{t-1}^2}, IGARCH\text{ 模型}\end{cases} \tag{3-66}$$

其中 SAV 模型又称绝对对称模型，表示好坏消息对 VaR 的冲击一样，AS 模型又称非对称模型，表示好坏消息对 VaR 冲击存在差异。

对 CAViaR 模型估计，采用 Koenker 和 Basset 提出的最小绝对离差模型以及 Engle 和 Manganelli 提出的优化算法相结合估计出参数 θ。假设存在一个分位数方程：

$$y_t=f_t(\beta)+\varepsilon_{t\theta} \tag{3-67}$$

其中 $Q_\theta(\varepsilon_{t\theta})=0$，$\varepsilon \sim N(0,\ 1)$，且 Q_ε 为分位数函数，那么我们可以定义分位数回归方程的估计函数为：

$$\hat{\theta}=\text{argmin}_\theta \frac{1}{T}\sum_{i=1}^{T}\{P-I[y_t<Q_t(P;\ \theta)][y_t-Q_t(P;\ \theta)]\} \tag{3-68}$$

式（3-68）中，T 为样本总量，在估计出参数 θ 后，便可估计出相应的条件分位数 Q_t（P；θ），进而可估计出 VaR。

2. POT-CAViaR 模型

当 p 不是极端分位数水平时，我们可以通过最小化目标函数求得分位数水平，然而，如果分位数水平 p 趋近于 1 或 0 时，由于尾部数据比较稀疏，尤其是厚尾分布，使得分位数回归变得不那么稳健，为了解决这个问题，本节引入极值理论的 POT 模型，把 CAViaR 模型和 POT 模型通过一定的方法有机结合起来，构建基于 POT-CAViaR 的模型。具体过程如下：

首先通过 CAViaR 模型估计 Q_t（p_1）分位点下的分位数估计值 Q_t（p_1），然后对其进行标准化得到标准化极值残差分位数序列：

$$Z_t=\frac{\varepsilon_t(p_1)}{Q_t(p_1)}=\frac{y_t-Q_t(p_1)}{Q_t(p_1)}=\frac{y_t}{Q_t(p_1)}-1 \tag{3-69}$$

其中，ε_t（p_1）表示分位点 p_1 在 t 时点的残差，y_t 表示样本序列 t 时点的值。

在构建标准极值分位数残差基础上，假设存在分位点 p_2，且 $p_1>p_2$，运用 POT 模型对其估计得到对应分位数 Q_t（p_2）根据分位数的相关概念可以得出：

$$P_r[y_t \leqslant Q_t(p_2)] = P_r\{y_t \leqslant [Q_t(p_1) - Q_t(p_1) + Q_t(p_2)]\}$$

$$= P_r\left\{\left[\frac{y_t}{Q_t(p_1)} - 1\right] \geqslant \left[\frac{Q_t(p_2)}{Q_t(p_1)} - 1\right]\right\} = p_2 \qquad (3-70)$$

结合式（3－69）和式（3－70），可以得到：

$$P_r\left[Z_t \geqslant \frac{Q_t(p_2)}{Q_t(p_1)} - 1\right] = p_2 \qquad (3-71)$$

根据分位数的换算可得：

$$Q_{Zt}(1-p_2) = \frac{Q_t(p_2)}{Q_t(p_1)} - 1 \qquad (3-72)$$

式（3－72）表示标准化极值残差序列 Z_t 在 $1-p_2$ 下的分位数水平 $Q_{Zt}(1-p_2)$，对其求解的过程也就是 POT 模型对 Z_t 进行建模的过程。POT 模型建模关键是确定阈值，通常确定阈值的方法有 Hill 图、超额期望函数图以及 Du Mouchel 10% 原则。考虑到 Du Mouchel 10% 方法现在应用比较多，本节统一选用 Du Mouchel 10% 原则确定阈值 u，超阈值部分标准极值残差序列的函数分布为：

$$F_u(y) = P(x-u \leqslant y \mid x > u) = \frac{F(u+y) - F(u)}{1 - F(u)} \qquad (3-73)$$

当阈值足够大时，依据极值理论，存在 $F_u(y) \approx G_{\xi,\sigma}(y)$：

$$F_u(y) \approx G_{\xi,\sigma}(y) = 1 - \left(1 - \frac{y\xi}{\sigma}\right)^{-\frac{1}{\xi}},\ \xi \neq 0 \qquad (3-74)$$

$G_{\xi,\sigma}(y)$ 函数为 GPD 分布，其中 σ 和 ξ 分别表示尺度参数和形状参数，ξ 越大表示尾部越厚，运用极大似然估计可以得到 σ 和 ξ 的值。在 $F_u(y) \approx G_{\xi,\sigma}(y)$ 条件下，结合式(3－73)和式(3－74)可得：

$$F(y) = F(u) + G_{\xi,\sigma}(y-u)[1 - F(u)] \qquad (3-75)$$

为了便于研究，用 N 表示样本总数，n 表示超阈值个数，阈值分布函数 $F(u)$ 用 $\frac{N-n}{N}$ 表示，把其代入式(3－75)，再结合 σ 和 ξ 的估计值可得：

$$\hat{F}(y) = 1 - \frac{n}{N}\left(1 + \hat{\xi}\frac{(y-u)}{\hat{\sigma}}\right)^{-\frac{1}{\xi}} \qquad (3-76)$$

结合式（3－65），可以得到置信水平 p 下的风险值为：

$$VaR_{1-p}^{\theta} = \hat{F}^{-1}(y) = u - \frac{\hat{\sigma}}{\hat{\xi}}\left\{1 - \left[\frac{N}{n}(1-p)\right]^{-\hat{\xi}}\right\} \qquad (3-77)$$

因此，结合上面式（3－65）至式（3－77）可以得到基于 POT－CAViaR 模型的极值风险测度模型：

$$\begin{cases} Q_t(P) = \beta_1 + \sum_{t=1}^{m} \beta_{2i} Q_{ti}(P) + \sum_{j=1}^{n} \beta_{3i} L(t-j) \\ \hat{\theta} = \operatorname{argmin}_{\theta} \frac{1}{T} \sum_{i=1}^{T} \{P - I[y_t < Q_t(P;\theta)][y_t - Q_t(P;\theta)]\} \\ F_u(y) \approx G_{\xi,\sigma}(y) = 1 - \left(1 - \frac{y\xi}{\sigma}\right)^{-\frac{1}{\xi}}, \xi \neq 0 \\ VaR_{1-p}^{\theta} = \hat{F}^{-1}(y) = u - \frac{\hat{\sigma}}{\hat{\xi}}\left\{1 - \left[\frac{N}{n}(1-p)\right]^{-\hat{\xi}}\right\} \end{cases} \tag{3-78}$$

3. POT－CAViaR 模型检验

为了检验 POT－CAViaR 模型的效果，我们采用 Kupiec 提出后验检验方法，其基本思想是：运用模型测度出的估计值和实际值进行比较，如果大于实际损失则记为失败，在将总的失败的天数除了总观测天数得到失败率，然后再与预先设定的 VaR 做对比，和实际 VaR 越接近效果越好。

（二）实证检验

1. 数据来源及描述性统计

为了检验上文构建的模型，本节选取沪深 300 指数（HS300）、香港恒生指数（HSI）以及日经 225 指数（N225）作为研究样本，其中 HS300 指数代表新兴资本市场，HSI 指数和 N225 指数代表成熟资本市场。

由于到沪深 300 指数 2005 年 4 月 8 日开始推出①，因此本节样本的选择区间为：2005 年 4 月 8 日至 2017 年 3 月 19 日②，总共将近 12 年时间，每种指数约有 2900 个样本点③。在研究过程中，本节把样本分为估计样本和检验样本，其中估计样本的区间为 2005 年 4 月 8 日至 2014 年 12 月 17 日（共 2176 个样本），检验样本的区间为 2014 年 12 月 18 日至 2017 年 3 月 19 日（共 500 个样本）。数据来源大智慧软件，定义

① 最早公布指数于 2005 年 1 月 4 日，但是本节以开始推出的日期为准。

② 本节的数据采集截至 2017 年 3 月 19 日。

③ 对于数据选取，例如 HS300 对 HSI 收益率序列，如果 t 日只有 HS300 的数据或只有 HSI 的数据，则将 t 日对应的 HS300 和 HSI 数据全部删除。由于没有考虑节假日的差异，可能会删除掉部分有用数据，但不影响分析结果，最后剩余的样本总数 2676。

每日收益率为：

$X_t = 100\ (\ln p_t - \ln p_{t-1})$

从表 3 – 22 可以看出，样本序列都是左偏形态（偏度 <0），且具有尖峰厚尾特征（峰度 >3），并且有 J – B 检验可以在 1% 显著性水平下，各样本序列显著异于正态分布。为进一步检验样本序列分布特征，本节画出各样本序列的分位数分布图（见图 3 – 20），以最左边的 HS300 为例，HS300 序列的上尾和下尾明显偏离正态分布，呈厚尾特征，据此可以得出结论样本序列呈现典型的“尖峰厚尾”特征。再结合图 3 – 19，HS300 序列和 HSI 序列与 N225 序列相比，前者极端值数量明显多于后者，总体来看，样本序列呈现出非对称分布，具有典型的金融收益率“尖峰厚尾”特征，并且表现出一定的爆发和集聚特征。

表 3 – 22　　样本的描述性统计

样本	均值	最大值	最小值	标准差	偏度	峰度	J – B 值
HS300	0.0200	3.8786	–4.4987	0.8460	–0.4424	6.4561	1419*
HSI	0.0093	5.8225	–8.3011	0.7212	–0.3047	18.5013	26833*
N225	0.0081	5.7478	–11.1353	0.7359	–1.6032	27.9836	70742*

注：* 表示在 1% 显著性水平下显著。

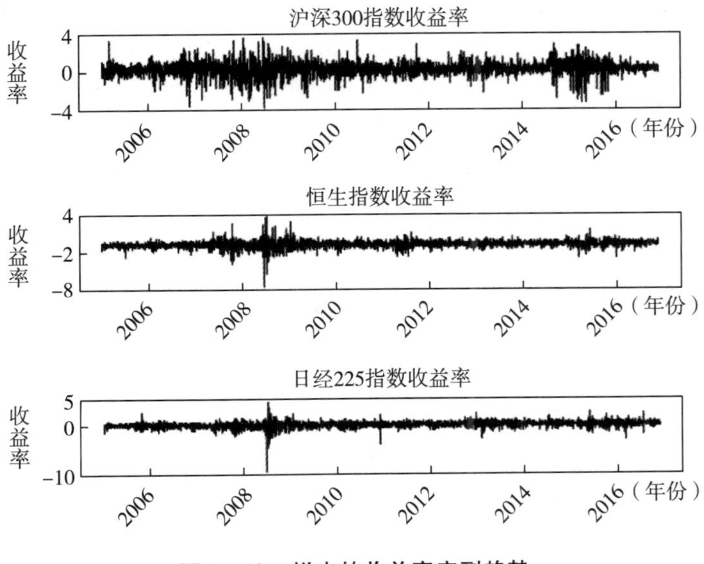

图 3 – 19　样本的收益率序列趋势

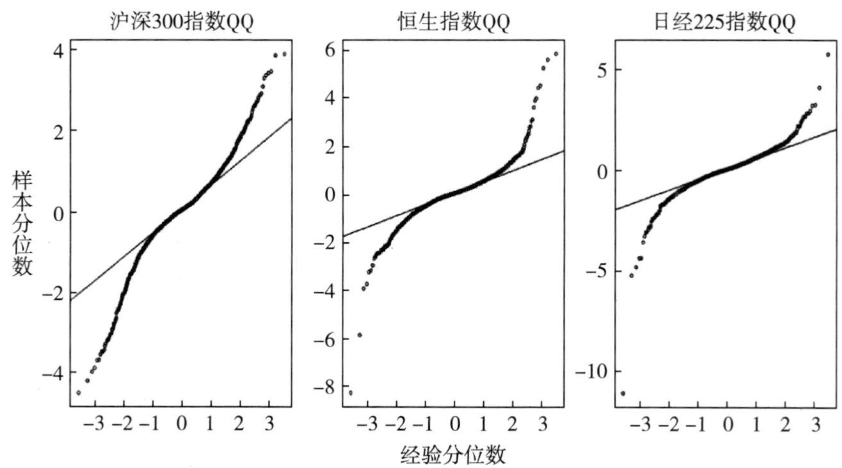

图 3－20　样本序列的分位数分布

2. 基于 CAViaR 模型的估计及检验

考虑到 CAViaR 模型的优良特性，本节利用上文的 SAV 模型、AS 模型以及 IGARCH 模型拟合 HS300、HIS 以及 N225 收益率序列，具体结果如表 3－23 所示。

表 3－23　CAViaR 类模型分位数参数估计结果

			β_1	β_2	β_3	β_4
SAV	HS300	1%	0.0729 ** (0.0338)	0.9440 * (0.0381)	0.2393 * (0.0905)	
		5%	0.0155 * (0.0033)	0.9774 * (0.0087)	0.0614 * (0.0155)	
	HSI	1%	0.1393 ** (0.0667)	0.8291 * (0.0629)	0.3124 ** (0.1374)	
		5%	0.0659 * (0.0659)	0.9124 * (0.0251)	0.1840 * (0.0218)	
	N225	1%	0.1833 * (0.0215)	0.8612 * (0.0128)	0.2871 * (0.0159)	
		5%	0.0722 * (0.0072)	0.9103 * (0.0115)	0.1899 * (0.0222)	

续表

			β_1	β_2	β_3	β_4
AS	HS300	1%	0.0115*** (0.0585)	0.9464* (0.0791)	0.209 (0.2476)	0.1537*** (0.1513)
		5%	0.0011*** (0.0029)	0.9782* (0.0083)	0.0472*** (0.0172)	0.0514* (0.0195)
	HSI	1%	0.0916*** (0.0582)	0.8513* (0.0665)	0.1649 (0.1547)	0.4753* (0.1078)
		5%	0.0271* (0.0104)	0.9067* (0.0252)	0.0550*** (0.0323)	0.2449* (0.0722)
	N225	1%	0.1109** (0.0385)	0.8012* (0.0922)	0.2555 (0.2640)	0.6211*** (0.3828)
		5%	0.0314* (0.0070)	0.8939* (0.0152)	0.0466*** (0.0314)	0.2814* (0.0391)
IGARCH	HS300	1%	0.0026*** (0.0294)	0.9309* (0.0150)	0.5488 (1.7734)	
		5%	0.0033*** (0.0030)	0.9811* (0.0031)	0.0583 (0.6437)	
	HSI	1%	0.1635*** (0.1237)	0.7802* (0.0653)	1.1863 (0.4317)	
		5%	0.0128*** (0.0089)	0.9207* (0.0141)	0.1795** (0.9726)	
	N225	1%	0.2110* (0.0616)	0.7647* (0.0133)	1.0777 (0.9034)	
		5%	0.0196** (0.0094)	0.9120* (0.0052)	0.1970*** (0.3962)	

注：*、**以及***分别表示1%、5%以及10%显著水平下显著，每一行第一个数为参数估计值，括号中的为标准误。

从表3-23可以看出，β_2 全部显著，这表明样本序列的尾部分位数有明显的波动集聚特征，并且均值保持在0.85以上，具有明显短期记忆特征。同时 β_3 部分显著，尤其是针对AS模型和IGARCH模型，在外部信息冲击时，模型的分位数预测还是具有一定的解释能力。为了进一步检验 SAV 模型、AS 模型以及 IGARCH 模型的预测效果，我们应用上文介绍的 Kupiec 检验进行分析，具体见表 3 - 24。

表 3 - 24　　　　基于 CAViaR 类模型的后验检验结果

		样本外（n = 500）					
		SAV		AS		IGARCH	
		1%	5%	1%	5%	1%	5%
HS300	失败次数 N	15	29	19	31	14	30
	LR 统计量	13. 16	0. 64	23. 13	1. 41	10. 99	0. 3192
	P 值	0. 0001	0. 4229	0. 0000	0. 2346	0. 0009	0. 4229
HSI	失败次数 N	16	26	17	28	15	26
	LR 统计量	15. 48	0. 0416	17. 90	0. 37	13. 16	0. 0416
	P 值	0. 0000	0. 8384	0. 0002	0. 5455	0. 0003	0. 8384
N225	失败次数 N	16	26	18	28	13	27
	LR 统计量	15. 48	0. 0416	20. 46	0. 37	8. 97	0. 16
	P 值	0. 0000	0. 8384	0. 0000	0. 5455	0. 0027	0. 6852

从表 3 - 24 可以看出，在 5% 置信水平下，由失败次数来看，各 CAViaR 模型的失败次数均高于标准的 25 次，存在不同程度低估风险的情况，但总体偏离程度不大，从 P 值来看，最小的是 0. 2346，最大的是 0. 8384，其中 P 值较小的集中在 HS300 指数和 AS 模型，P 值较大集中在 N225 指数和 IGARCH 模型。因此，总的来说，在 5% 显著性水平下，尽管三个模型都不同程度地低估了风险，CAViaR 模型对样本的风险预测还是有效的，其中 IGARCH 表现相对较好，但是差距不大，其中，HS300 市场低估风险较为明显，主要原因是与 HSI 市场与 N225 市场相比，HS300 市场发展相对较晚，市场价格波动幅度较大有关。

从 1% 置信水平下，整体来看，在各样本指数下，各分位数模型的失败次数明显大于理论水平 5，对应的 P 值也均接近于 0，严重低估了样本风险，模型出现明显不适应性，对风险的预测能力失效，其中 HS300 指数表现整体弱于 HSI 和 N225，在 HS300 指数上表现明显不稳定性，对风险的预测偏离理想水平较高。因此，相对于 HSI 和 N225 指数，由于 HS300 市场起步相对较晚，各种体制机制不健全，当面临极端风险时，现有的分位数模型不能有效拟合极值风险特征，导致了模型预测能力失效。

3. 基于 CAViaR－POT 模型极值风险估计

针对基于 CAViaR 模型 1% VaR 被严重低估的问题，本节考虑将 CAViaR 模型与极值 POT 模型结合，这样既不用考虑初始序列的分布问题，又能捕捉到尾部特征。具体首先利用 CAViaR 模型计算 5% 分位数水平，然后根据标准化分位数残差方法得到极值标准化残差序列，进而利用 POT 模型在标准化极值残差序列基础上预测 1% VaR。按照上文模型构建部分的方法，我们首先计算极值标准残差序列，然后运用 POT 模型进行拟合。POT 模型拟合的关键是关于阈值的选取，根据上文的交代，我们运用 Du Mouchel 10% 原则选取极值标准残差序列的阈值，然后利用极大似然估计确定 POT 模型的尺度参数 σ 和形状参数 ξ。从表 3－25 中可以看出，形状参数 ξ 都大于 0，说明极值标准残差序列有明显的厚尾性。

表 3－25　　　　极值标准残差序列的 POT 估计

		SAV	AS	IGARCH
HS300	u	0.916	0.851	0.926
	ξ	0342	0.222	0.276
	σ	0.333	0.450	0.441
HSI	u	0.731	0.704	0.671
	ξ	0.18	0.231	0.172
	σ	0.473	0.451	0.341
N225	u	0.767	0.712	0.681
	ξ	0.172	0.213	0.351
	σ	0.365	0.461	0.672

为了检验 POT 模型估计的有效性，本节做出各模型下极值标准残差序列的拟合诊断图，以 SAV 模型下 HS300 极值标准序列为例，如图 3－21 所示，大部分点直接落在阈值分布图和尾部分布图上或附近，只有个别点出现偏离，但不影响拟合效果，POT 整体拟合效果较好，对其他序列做了同样的拟合效果检验也得出同样的结论，限于篇幅就不一一列举。

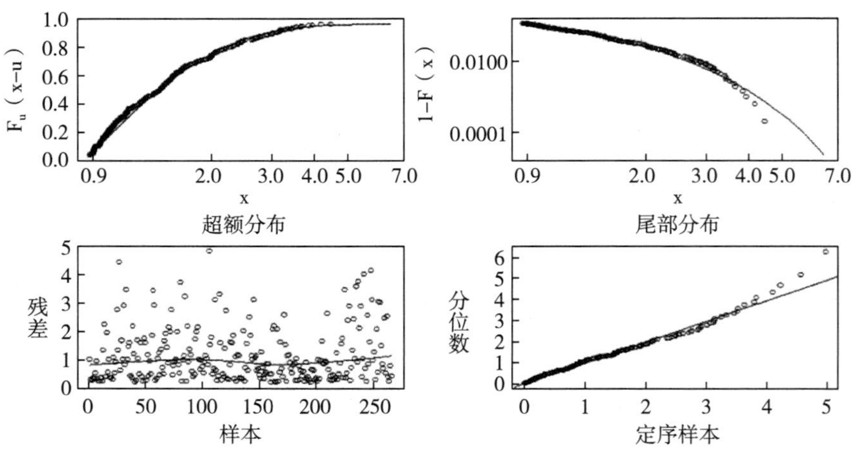

图 3－21　HS300 极值残差序列 POT 模型诊断

4. 模型有效性检验

为了检验基于 CAViaR－POT 模型的风险评估效果，本节继续利用上文的后验检验的方法进行检验，同时为了对比分析，本节计算 GARCH－POT 模型和 POT 模型 1% 置信水平下 VaR 的检验结果，具体见表 3－26。

表 3－26　　　　　极值分位数 1%VaR 后验检验结果

		样本外（n＝500）				
		POT－SAV	POT－AS	POT－IGARCH	GARCH－POT	POT
HS300	失败次数 N	9	8	7	9	10
	LR 统计量	2.61	1.54	0.72	2.61	3.91
	P 值	0.106	0.2149	0.3966	0.106	0.0479
HSI	失败次数 N	7	8	4	8	9
	LR 统计量	0.72	1.54	0.22	1.54	2.61
	P 值	0.3966	0.2149	0.6414	0.2149	0.106
N225	失败次数 N	6	7	3	8	9
	LR 统计量	0.19	0.72	0.94	1.54	2.61
	P 值	0.6630	0.3966	0.3314	0.2149	0.106

由 HS300 的检验结果可以看出，基于 CAViaR - POT 模型的风险度量尽管仍然存在低估的问题，但是低估的程度有了很大的降低。具体来看，从失败次数上看，明显低于模型改进前，并且靠近理想水平 5，同时 P 值和改进前的模型相比都有明显提高。因此，说明 POT 模型对于 CAViaR 模型进行改进还是提高了风险测度的精准度，能够有效刻画和预测极端风险。

由 HSI 和 N225 的检验结果可以看出，基于 CAViaR - POT 模型的风险度量效果取得明显改善，风险值预测精度有很大提高，其中 POT - IGARCH 模型相对优去其他模型。无论从失败次数还是 P 值，都充分说明了改进后的模型极端风险预测精度有了很大提高，并且模型还表现出很强适应性。

总的来看，基于改进后模型极端风险评估精度都有不同程度的提升，说明改进后模型适应性得到了加强，模型有效性得到提升，其中 POT - IGARCH 模型的预测精度最高。从样本市场分析，改进后模型对于相对成熟市场 HSI 和 N225 极端风险预测精度要高于 HS300，HS300 极值风险预测仍然存在一定程度低估，但整体差距不大。出现这种情况的原因，可能和 HS300 市场的成熟度有关，考虑到 HS300 市场相对于 HIS 市场和 N225 市场发展时间较晚，由于体制机制问题，市场价格更容易受到政策的冲击，这样就会产生更多的极值点。

第三节　基于厚尾 SV 模型的极值风险测度

长期在金融风险测度中占据主流地位的是 J. P. Morgan 投资银行的 Risk Metrics 系统中的 VaR（Value at Risk）指标测度方法。VaR 即风险价值，是指在正常波动的市场条件下，某一个金融资产或者投资组合可能产生的最大损失。VaR 理论可以将金融资产的风险表示为一个与收益相匹配的简单数字，基于 VaR 方法的预测功能可以事先通过测算得到金融资产的风险价值。研究如何提高 VaR 模型的预测准确度主要体现在如何准确刻画金融资产收益分布的“厚尾”特征。目前应用最为广泛的是在 GARCH 模型的框架下，标准化残差的分布函数设定下取得 VaR 的值。

然而，国外有实证研究指出，GARCH 类模型在面对金融时间序列“尖峰厚尾”“杠杆效应”等典型事实特征时对 VaR 的测度亦显得脆弱。SV 模型是相对于 GARCH 类的另一类异方差模型，它将随机过程引入到方差表达式中，理论上的研究表明了 SV 类模型对金融时序的刻画能力具有比 GARCH 类模型更大的优势，认为 SV 类模型所刻画的波动性与金融市场特征更加吻合。近年来国内对 SV 类模型在风险管理中应用的研究取得了不断进展，余素红等通过实证研究阐述了基于 SV 模型计算的 VaR 相对于 GARCH 模型更具有动态性和准确性，并且对 SV 类模型厚尾特性的实证研究表明，厚尾 SV 模型更能准确地描述股票时间序列的特征。

尽管 SV 类模型被用来刻画金融资产收益率与实际情况更为相近，但其对极值金融事件（主要表现为尾部数据异常）的描述却显得无能为力，因此需要在风险度量时用压力测试进行补充。压力测试是基于历史或潜在的市场震荡数据，考察在极值条件下，市场价格大的变化对资产价值变化影响的“最坏情景”，用于设定风险价值的标准或风险约束，确定资产风险水平是否在风险承受能力之内。极值理论（EVT）常被用来做压力测试，它能较好地衡量极值情况下的风险损失。极值理论不研究序列的整体分布情况，只关心序列的极值分布情况，在极值条件下，用极值理论方法得到的 VaR 估计值与经验分布非常接近，提供了超越样本的预测能力，比常用方法具有更大的优越性，能更有效地处理厚尾现象。在实际应用中发现运用 POT 法对极值分布进行统计推断，可以得到很好的效果，被越来越多地应用到极值风险的刻画当中。目前，国内用极值理论对金融资产的风险测度大多集中于资产收益的正态分布、GARCH 模型等方面，对金融时序刻画能力更强的 SV 模型多限于简单的正态性 VaR 估计方法，而对资产收益的尾部特性考虑不足。

基于以上认识，为了更为有效地捕获金融市场收益率与波动率所呈现的典型事实特征，发现符合我国股票市场的金融时间序列模型，以便更好地回避风险，对股市风险进行有效的管理，本节把 GED 分布引入 SV 模型，构建 SV - GED 模型，全面刻画金融市场收益率的厚尾分布特征，然后与极值理论相结合拟合标准残差的尾部分布，进而建立一种新的金融风险度量模型——基于 EVT - SV - GED 的动态 VaR 模型，最后以沪深指 300 指数和恒生指数为例对模型的测度效果进行检验。

一　基于 SV – GED 模型的动态 VaR 建模

（一）SV – GED 模型及其参数估计

与假设金融时间序列变量服从标准正态分布的情况相比，许多金融时间序列表现出更大的峰度和更厚的尾部情形。通常的模型都建立在正态分布假设的基础上，实际使用时，针对金融时间序列的“尖峰肥尾”特性，可以考虑多种分布形式，为了刻画金融时间序列的尖峰厚尾性，Taylor 在解释金融收益序列波动模型的自回归行为时提出了标准的 SV 模型，SV 模型与金融理论中资产定价的扩散过程直接相关，其特点是在它的方差表达式中引入了随机过程，因而被堪称是刻画金融资产波动性最理想的模型之一。为了能充分地反映资产收益的异方差性及“尖峰肥尾”特征，在基本 SV 模型基础上采用 JP Morgan 在 Rsik Metrics 提出广义误差分布（GED），得到 SV – GED 模型：

$$y_t = \exp(\theta_t/2)\varepsilon_t,\ \varepsilon_t \sim GED(v) \tag{3-79}$$

$$\theta_t = \mu + \varphi(\theta_{t-1} - u) + \eta_t,\ \eta_t \sim i.i.d(0,\ \tau^{-1}),\ t = 1,\ 2,\ \cdots,\ n \tag{3-80}$$

其中，式（3 – 79）为均值方程，式（3 – 80）为波动率方程；误差项 ε_t 和 η_t 互不相关；φ 为持续性参数，反映了当前波动对未来波动的影响，对于 $\varphi<1$，SV – GED 模型是协方差平稳的。GED 是一种更为灵活的分布，通过对参数的调整可以拟合不同的情形。

θ_t 服从均值为 $\mu+\varphi$（$\theta_{t-1}-\mu$），方差为 τ^{-1} 的正态分布，即：

$$\theta_t \mid \mu,\ \varphi,\ \theta_{t-1} \sim N[\mu + \varphi(\theta_{t-1} - \mu),\ \tau^{-1}],\ t = 1,\ 2,\ \cdots,\ n \tag{3-81}$$

依据公式（3 – 80）可以推导出当 θ_t 给定时，y_t 的分布密度函数为：

$$p(y_t \mid \theta_t) = \frac{v\exp\left\{-\dfrac{1}{2}\left|\dfrac{y_t}{e^{\theta_t/2}\lambda}\right|\right\}}{\lambda e^{\theta_t/2}\Gamma(1/v)2^{1+1/v}} \tag{3-82}$$

由此可以得到 SV – GED 模型似然函数为：

$$L(\mu,\ \varphi,\ \nu,\ \theta_{0,n}) = \prod_{t=1}^{n} p(y_t \mid \theta_t) = \prod_{t=1}^{n} \frac{\nu\exp\left(-\dfrac{1}{2}\left|\dfrac{y_t}{e^{\theta_t/2}\lambda}\right|^{\nu}\right)}{\lambda e^{\theta_t/2}\Gamma(1/\nu)2^{(1+1/\nu)}}$$

$$= \frac{\nu^n \exp\left(-\frac{1}{2}\left|\frac{y_t}{e^{\theta_t/2}\lambda}\right|^{\nu}\right)}{\lambda^n \exp\left(\sum_{t=1}^{n}\frac{\theta_t}{2}\right)\left[\Gamma(1/\nu)2^{(1+1/\nu)}\right]^n} \quad (3-83)$$

而 *SV* 类模型常用的参数估计主要有伪极大似然法(*QML*)及广义矩法(*GMM*)等，但以上方法由于其对样本条件的限制等常会使得参数估计值偏误较大，我们这里采用基于 *MCMC*(*Markov Chain Monte Carlo*)的贝叶斯估计方法对 *SV*－*GED* 模型的参数进行估计，*MCMC* 方法是近些年发展起来的一种参数估计方法，该方法的基本思路是，通过构造一个平稳分布$\pi(x)$的马尔科夫链来获取$\pi(x)$的抽样，利用抽取的样本进行各种统计推断，具体来说就是将马尔科夫过程引入 *Monte Carlo* 模拟中，建立马尔科夫链，实现动态模拟，构造平稳分布的样本，并使它的平稳分布和后验分布相同，当马尔科夫链收敛时，模拟值可以看作是从后验分布中抽取的样本。

定义 *SV*－*GED* 模型中的待估参数为：$\theta=(\mu,\ \varphi,\ \tau,\ v)'$，金融资产的收益率为 $Y=(y_1,\ y_2,\ \cdots,\ y_n)$，不可观测的潜在对数波动率记为：$H=(h_1,\ h_2,\ \cdots,\ h_n)'$，则模型的条件似然函数为：

$$p(Y|\theta,h) = p(y_1,y_2,\cdots,y_n|\theta,h_1,h_2,\cdots,h_n) = \prod_{t=1}^{n} p(y_t|\theta,h_t) \quad (3-84)$$

待估参数 θ 和不可观测量 $\prod_{t=1}^{n} p(y_t|\theta_t,h_t)$ 的联合先验概率可以表示为：

$$P(\theta,h) = p(\theta,h_2,\cdots,h_n) = p(\theta)p(h_0|\theta)\prod_{t=1}^{n} p(h_t|h_{t-1},\theta) \quad (3-85)$$

又根据贝叶斯定理，不可观测的联合后验密度分布与联合先验密度和模型的似然函数成正比，即 θ 和 h 的联合后验概率密度正比于其先验概率和条件似然函数的乘积：

$$p(\theta,h|Y) \propto p(\theta)p(h_0|\theta)\prod_{t=1}^{n} p(h_t|h_{t-1},\theta) \times \prod_{t=1}^{n} p(y_t|\theta,h_t) \quad (3-86)$$

显然，参数的联合后验分布的形式比较复杂，在实践中难以应用，接下来根据贝叶斯定理以及联合先验分布的公式对 SV - GED 模型的参数进行后验条件分布分析：

参数 μ 关于（φ，τ，ν，$\theta_{0,n}$）的后验条件分布密度函数为：

$$\mu \mid \varphi, \tau, \nu, \theta_{0,n}, y_{1,n} \sim N(\tilde{a}, \tilde{b}) \tag{3-87}$$

其中 $\tilde{a} = \dfrac{\tau \sum_{t=1}^{n} (\theta_t - \varphi\theta_{t-1})(1-\varphi)}{2[1 + n\tau(1-\varphi)^2]}$，$\tilde{b} = \dfrac{1}{1 + n\tau(1-\varphi)^2}$。由 $E(\mu \mid \varphi, \tau, \nu, \theta_{0,n}, y_{1,n}) = \tilde{a}$，因此参数 μ 关于(φ，τ，ν，$\theta_{0,n}$)贝叶斯条件估计为 $\tilde{a}$。

参数 φ 关于(μ，τ，ν，$\theta_{0,n}$)的后验条件分布密度函数为：

$$\begin{aligned}\pi(\varphi \mid \mu, \tau, v, \theta_{0,n}, y_{1,n}) &= \frac{\pi(\mu, \varphi, \tau, v, \theta_{0,n} \mid y_{1,n})}{\pi(\varphi, \tau, v, \theta_{0,n} \mid y_{1,n})} \\ &\propto \left(\frac{\varphi+1}{2}\right)^{19}\left(\frac{1-\varphi}{2}\right)^{0.5} \\ &\exp\left\{-\frac{\tau}{2}\sum_{t=1}^{n}[\theta_t - \mu - \varphi(\theta_{t-1} - \mu)]^2\right\} \\ &\propto \left(\frac{\varphi+1}{2}\right)^{19}\left(\frac{1-\varphi}{2}\right)^{0.5} \\ &\exp\left\{-\frac{\tau\sum_{t=1}^{n}(\theta_{t-1} - \mu)^2}{2}\right. \\ &\left.\left[\varphi - \frac{\sum_{t=1}^{n}(\theta_t - \mu)(\theta_{t-1} - \mu)}{\sum_{t=1}^{n}(\theta_{t-1} - \mu)^2}\right]^2\right\}\end{aligned} \tag{3-88}$$

类似地可以得到参数 τ，v，θ_t 的后验条件分布如下：

$$\pi(\tau \mid \mu, \varphi, \nu, \theta_{0,n}, y_{1,n}) \propto \tau^{(n+4)/4}\exp\left(-\frac{\tau}{2}\sum_{t=1}^{n}\{[\theta_t - \mu - \varphi(\theta_{t-1} - \mu)]^2 + \theta_0^2 + 1/20\}\right) \propto \Gamma(\tilde{c}, \tilde{d}) \tag{3-89}$$

其中，$\tilde{c}=\frac{n+6}{2}$，$\tilde{d}=-\frac{1}{2}\left\{\sum_{t=1}^{n}[\theta_t-\mu-\varphi(\theta_{t-1}-\mu)]^2+\theta_0^2+1/20\right\}$。而 $E(\tau|\varphi,\mu,\nu,\theta_{0,n},y_{1,n})=\tilde{c}$，因此，参数$\tau$关于$(\varphi,\mu,\nu,\theta_{0,n})$的贝叶斯条件估计为 $\tilde{c}$。

$$\pi(\nu|\mu,\varphi,\tau,\theta_{0,n},y_{1,n}) = \frac{\pi(\mu,\varphi,\nu,\tau,\theta_{0,n}|y_{1,n})}{\pi(\mu,\tau,\nu,\theta_{0,n}|y_{1,n})}$$

$$\propto \frac{\exp\left(-\frac{v}{2}\right)\exp\left[-\frac{1}{2}\sum_{t=1}^{n}\left|\frac{y_t}{\exp(\theta_t/2\lambda)}\right|^v-\frac{v}{2}\right]}{[\Gamma(1/v)2^{(1+1/v)}\lambda]^n}$$

$$\propto \frac{v^n\exp\left[-\frac{1}{2}\sum_{t=1}^{n}\left|\frac{y_t}{\exp(\theta_t/2\lambda)}\right|^v-\frac{v}{2}\right]}{[\Gamma(1/v)2^{(1+1/v)}\lambda]^n} \tag{3-90}$$

$$\pi(\theta_t|\varphi,\mu,\tau,\nu,\theta_{-t},y_{1n}) \propto \frac{\exp\left(-\frac{1}{2}\left|\frac{y_t}{\lambda\exp(\theta_t/2)}\right|\right)}{\exp(\theta_t/2)}$$

$$\exp\left\{-\frac{\tau[\theta_t-\mu-\varphi(\theta_{t-1}-\mu)]^2}{2}-\frac{\tau[\theta_{t+1}-\mu-\varphi(\theta_t-\mu)]^2}{2}\right\}$$

$$\propto \exp\left(-\frac{1}{2}\left|\frac{y_t}{\lambda\exp(\theta_t/2)}\right|^\nu-\frac{1}{2}\{(\tau+\tau\varphi^2)\theta^2-2\tau\right.$$

$$\left.[\mu+\varphi(\varphi_{t-1}-\mu)+\varphi\theta_{t+1}-\varphi\mu+\varphi^2\mu]\theta_t+\theta_t\}\right) \tag{3-91}$$

根据 MCMC 参数估计的基本原理可知，平稳分布与初始分布无关，Markov 链在经过足够多的次数迭代后，若各个时刻状态的边际分布都是平稳分布，则认为该 Markov 链为收敛的，因此，参数的后验分布不会随着参数的先验分布发生显著变化，由此我们参照 Kim、Shephard 和 Eric 等的经验选取以下分布作为先验分布：

$\frac{\varphi+1}{2}\sim Be(20,\ 1.5)$，$\tau\sim Ga(2.5,\ 0.025)$

$\mu\sim i.i.N(0,\ 10)$，$\theta_0\sim N(\mu,\ \sigma^2)$，$\nu\sim Exp(0.5)$

（二）基于 EVT－SV－GED 的动态 VaR 模型

常用的动态 VaR 估计方法是假定资产收益序列服从具有时变方差

的条件正态分布，它相对于收益率服从一般正态分布假设计算的 VaR 有了改进，但这种随机项正态性假设计算的 VaR 方法却由于对尾部特性考虑不足而仍不具有较高的准确性。极值理论不用考虑序列的整体分布情况，而是直接使用样本数据来拟合分布的尾部，可以准确描述分布尾部的分位数，有效处理厚尾现象。极值理论中常用的是 POT 模型，由于资产收益的波动是时变的且可能存在一定程度的相关性，不宜采用 POT 方法直接拟合其尾部分布，因此根据 Mcneil 和 Frey 等的研究成果：虽然金融市场的收益或损失序列不满足独立同分布特征，但其标准残差序列却能近似满足这一特征。同时，当采用了动态模型时，资产回报的波动具有异方差性，不适宜直接由分布计算其 VaR 值。因此，对标准残差项 z_t 做尾部拟合，需要将资产收益 X_t 转化为标准残差 Z_t，令$\hat{\mu}$、$\hat{\sigma}$ 分别为收益序列的条件均值及条件方差，通过 Z_t 的 VaR 值预测 X_t 的 VaR 值，并可得到置信水平 q 下，资产收益 X_t 动态 VaR 的计算公式可表示为 VaR_q^t：

$$VaR_q^t = \mu + \sigma_t VaR(Z)_q \tag{3-92}$$

其中，μ 为期望收益；σ_t 表示第 t 天的波动预测；$VaR(Z)_q$ 表示残差项 Z_t 在分位数为 q 时的风险价值。

假设标准残差序列 $\{Z_t\}$ 的分布函数为 $F(Z)$，用 u 表示某一充分大的阈值，定义 $F_u(Z)$ 为随机变量 z 超过阈值 u 的条件分布。根据 Pickands 极限定理，当 u 充分大时，对于一大类分布 F 的超限分布函数 $F_u(y)$，存在一个 $G_{\xi,\beta}(y)$ 使得：

$$F_u(y) \approx G_{\xi,\beta}(y) = \begin{cases} 1 - \left(1 + \xi \dfrac{y}{\beta}\right)^{-\frac{1}{\xi}}, & \xi \neq 0 \\ 1 - e^{-\frac{y}{\beta}}, & \xi = 0 \end{cases} \tag{3-93}$$

函数 $G_{\xi,\beta}$（y）称为广义 *Pareto* 分布（*GPD*），其中 β 为尺度参数，$\xi \in R$ 为形状参数。当 $\xi \geqslant 0$ 时，$y \geqslant 0$；$\xi < 0$ 时，$0 \leqslant y \leqslant -\beta/\xi$。$\xi$ 的不同取值决定了分布的厚度，ξ 越大尾部越厚，ξ 越小尾部越薄。根据式（3－93）可以得到广义 *Pareto* 分布的概率密度函数 $G_{\xi,\beta}$（y），因此对于给定的符合广义 *Pareto* 分布一个样本 $\{z_1, z_2, \cdots, z_n\}$，其对函数似然函数：

$$L(\xi,\beta|y)=\begin{cases}-n\ln\beta-(1+1/\xi)\sum_{i=1}^{n}\ln(1+\xi y_i/\beta),\xi\neq 0\\-n\ln\beta-\frac{1}{\beta}\sum_{i=1}^{n}y_i,\xi=0\end{cases}$$

(3 - 94)

为了估计 POT 模型的参数，首要的是选择合理的阈值参数 u，然后用极大似然估计法估计参数 ξ 和 β。阈值 u 过高会导致超出数据太少，可能导致估计参数的方差增大；若选择过低阈值 u，虽估计精度增加但会产生有偏的估计量。然而，阈值 u 的选取至今尚未形成一个统一方法。如何合理确定阈值 u，实现对样本的最优分割，以综合平衡偏差与方差之间的关系，仍是现阶段极值理论研究中亟待解决的问题。我们这里阈值 u 估计主要采用平均超额函数法，平均超额函数：

$e(u)=E(X-u\mid X>u)=\frac{1}{n}\sum_{i=1}^{n}(x_i-u)$，其中，$X_{(1)}<X_{(2)}<\cdots<X_{(n)}$，超限期望图为点$[u,\ e(u)]$构成的曲线，通过选取适合的阈值 u_0，使得当 $x\geqslant u_0$ 时 $e(x)$ 为近似线性函数。如果超限期望图当 $x\geqslant u_0$ 时是向上倾斜的，说明数据遵循形状参数 ξ 为正的 *GPD* 分布，这时的分布为厚尾分布；如果超限期望图当 $x\geqslant u_0$ 时是向下倾斜的，说明数据来源于尾部较短的分布，并且形状参数 $\xi<0$；如果超限期望图当 $x\geqslant u_0$ 时是水平的，则说明该数据来源于指数分布，$\xi=0$。

u 值确定以后，利用 $\{Z_t\}$ 的观测值，根据式（3 - 94）进行极大似然估计便可得到 β 与 ξ 的估计值。记 N_u 为表样本中大于门限值 u 的样本数，则

$$\hat{F}(u)=\frac{N-N_u}{N} \tag{3-95}$$

将式（3 - 93）、式（3 - 95）代入式（3 - 92），可得：

$$\hat{F}(z)=\begin{cases}\frac{N_u}{N}\left\{1-\left[1+\frac{\xi}{\beta}(z-u)\right]^{-1/\xi}\right\}+\left(1-\frac{N_u}{N}\right)\\\frac{N_u}{N}\left[1-e^{-(z-u)/\beta}\right]+\left(1-\frac{N_u}{N}\right)\end{cases}$$

$$=\begin{cases}1-\frac{N_u}{N}\left[1+\frac{\xi}{\beta}\ (z-u)\right]^{-1/\xi},\ \xi\neq 0\\ 1-\frac{N_u}{N}e^{-(z-u)/\beta},\ \xi=0\end{cases} \tag{3-96}$$

对于给定的置信水平 q，利用式（2－3）可以得到 VaR（Z）$_q$，再把 VaR（Z）$_q$ 代入式（3－93），即得所求模型的动态 VaR 值，由此得到基于 EVT－SV－GED 的动态 VaR 模型：

$$\begin{cases}y_t=\exp\ (\theta_t/2)\ \varepsilon_t,\ \varepsilon_t\sim GED\ (\nu)\\ \theta_t=\mu+\varphi\ (\theta_{t-1}-\mu)\ +\eta_t,\ \eta_t\sim i.i.d\ (0,\ \tau^{-1}),\ t=1,\ 2,\ \cdots,\ n\\ corr\ (\varepsilon_t,\ \eta_t)\ =0\\ VaR_q^t=\begin{cases}\mu+\sigma_t\left(u+\frac{\beta}{\xi}\left\{\left[\frac{N}{N_u}\ (1-q)\right]^{-\xi}-1\right\}\right),\ \xi\neq 0\\ \mu+\sigma_t\left\{u-\beta\ln\left[\frac{N}{N_u}\ (1-q)\right]\right\},\ \xi=0\end{cases}\end{cases} \tag{3-97}$$

二 实证研究

（一）金融数据样本选取及数据统计特征描述

本节选取沪深 300 指数和香港恒生指数作为实证研究的对象，一个代表新兴资本市场，另一个代表成熟资本市场。选取沪深 300 指数主要考虑，与市场中其他指数相比，沪深 300 指数具有一定的优势。

首先，它是在进一步借鉴国际指数编制技术的基础上形成的成果。其次，它在样本选取上充分利用沪深交易所监管的市场信息，严格筛选股票，以期最大限度上降低样本股票的风险。再次，它通过沪深两个证券交易所的卫星行情系统进行实时发布，这是交易所以外的其他指数编制机构无法获得的技术条件。最后，交易所积极支持利用沪深 300 指数进行的指数产品创新，以形成在交易所上市交易的创新产品，如以沪深 300 指数为跟踪目标的指数基金产品和股指期货等就是以沪深 300 指数为标的指数的。沪深 300 指数可以作为表征市场股票价格波动情况的价格揭示功能，可以用来反映市场整体走势。因此选取以沪深 300 指数为实证研究的对象是非常必要的。另外，选取香港恒生指数是为了进一步验证模型的适用性，使我们的研究更有说服力。

考虑到沪深300指数的编制的基准日期2004年12月31日，另外为了分析方便，本节选取沪深300指数和香港恒生指数样本的时间跨度为：2005年1月4日至2011年11月18日，总共将近6年时间，每种指数约有1700个样本点。在实证分析过程中，我们把两市场指数样本都分成两个阶段，沪深300指数第一阶段从2005年1月4日至2010年11月18日（共1416个观测值），恒生指数第一阶段从2001年1月4日至2010年11月9日（共1445个观测值），这一阶段的样本用作样本内模型估计，来评价模型和统计检验；第二阶段两市场样本数据均剩下的255个观测值，用来作为对估计模型的样本外评估（后验检验）。数据来源是大智慧行情软件。定义每日收益率为：$X_t = 100(\ln p_t - \ln p_{t-1})$。

用EVIEWS 6.0软件对两指数的收益序列进行统计分析，表3－27、图3－22给出了两指数收益序列的描述性统计量。从表3－26中可以看到，虽然沪深300指数和恒生指数的波动幅度和波动特征有很大差别，但是两种指数收益都不服从正态分布假设（J－B非常显著），其中沪深300指数呈左偏形态（偏度<0），且具有尖峰厚尾特征（峰度>3）；恒生指数的收益率序列呈现轻微的右偏形态（偏度>0），同时也具有尖峰厚尾特征（峰度>3）。另外，由表中Ljung－Box统计量$Q(k)$可以看出，在较长的时间范围内，都拒绝两种指数收益率序列不存在自相关的原假设，即收益序列中存在序列相关，$Q^2(k)$检验表明两序列具有条件异方差性，可以用SV类模型建模。两个指数收益率序列的平稳性检验均表明收益率序列是平稳的，不存在单位根。从图3－22可以看出：沪深300指数和恒生指数收益序列均具有典型的尖峰厚尾特点，且呈现非对称的分布，并呈现一定的集聚性和爆发性。

表3－27　　沪深300指数和恒生指数收益率的统计特征

指数	均值	标准差	偏度	峰度	J－B	Q (6)	Q (36)	Q^2 (6)	Q^2 (36)	ADF
沪深300	0.0267	0.0087	－0.4009	5.4530	453.72 ***	15.02 ***	63.48 ***	143.35 ***	643.80 ***	－39.48 ***
恒生指数	0.0070	0.7833	0.0400	10.9561	4481 ***	8.4738 **	62.74 ***	952.68 ***	2451.7 ***	－42.48 ***

注：*** 表示在1%显著性水平下显著，** 表示在5%显著性水平下显著。

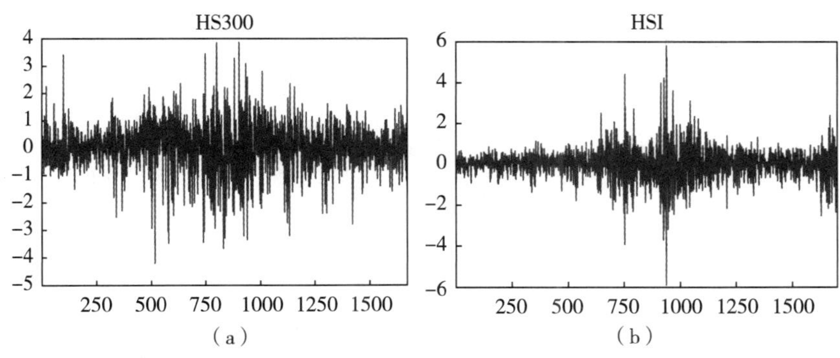

图 3 - 22　沪深 300 指数（a）和恒生指数（b）收益序列趋势

（二）模型参数估计及检验

1. SV - GED 模型参数估计及收敛性诊断

首先对 SV 类模型的待定参数做贝叶斯估计，MCMC 的 Gibbs 抽样次数为 50000 次，由于 Markov 链收敛前的一段时间的迭代中，各状态的边际分布还不能认为是平稳的，因而选择“燃烧”舍去前 20000 个抽样值，用后 30000 次的抽样作为各参数的稳定分布抽样，参数估计结果如表 3 - 28 所示。

表 3 - 28　SV - GED 模型的估计结果

股票指数	参数	均值	标准差	MC 误差	95% 分位数
沪深 300 指数	μ	-0.2627	0.1922	0.00787	-0.2045
	φ	0.9847	0.0597	4.792E-4	0.9885
	τ	16.59	4.7820	0.2985	21.32
	υ	1.452	0.1720	3.568E-4	1.722
恒生指数	μ	0.1534	0.2415	0.01004	-0.7309
	φ	0.9936	0.0151	6.427E-4	0.9903
	τ	14.03	6.1559	0.2558	20.61
	υ	1.375	0.0159	9.479E-4	1.609

从表 3 - 28 可知，两个市场的波动持久性特征都很明显（φ 都接近于 1），且总体来讲，似乎恒生指数的波动持续性还要略强于沪深 300

指数，同时自由度 v 的估计值都明显小于2，表明了收益率分布明显不同于正态分布，有较强的厚尾特征，因此，总体来说 SV - GED 模型对两个市场的拟合效果还是可以的。采用 MCMC 估计，参数估计值序列的收敛性诊断异常重要，如果一个参数估计值序列不收敛，那就意味着它不会围绕一个值来波动，方差将会很大，也就是等价于一个回归模型中的回归参数的 t 值非常小，从而无法通过统计检验。基于此，我们要对 SV - GED 模型进行收敛性诊断。从表 3 - 27 可知，各个参数估计结果的蒙特卡罗标准误差和所有样本的标准离差都很小，可以初步认为 MCMC 算法得到的样本路径是收敛的，参数估计值是有效的。

然后参数估计值收敛性的判断可以通过观察各参数估计值的演进图、变化趋势图，以及自相关图获得一个进一步的判断。我们就以沪深 300 指数的参数 φ 为例，通过观察 φ 的演进图、变化趋势图，以及自相关图进一步判断参数估计值的收敛性。在图 3 - 23 的演进图中可以看出两条 Markov 链很快就绞合在一起了，变化趋势图也是如此，而且两条链都没有表现出明显的变化趋势，而在自相关图中各参数经过将 Markov 链打薄处理后明显不具有记忆性了，其他的不再列举，因此可以判断各参数的估计值是收敛的。

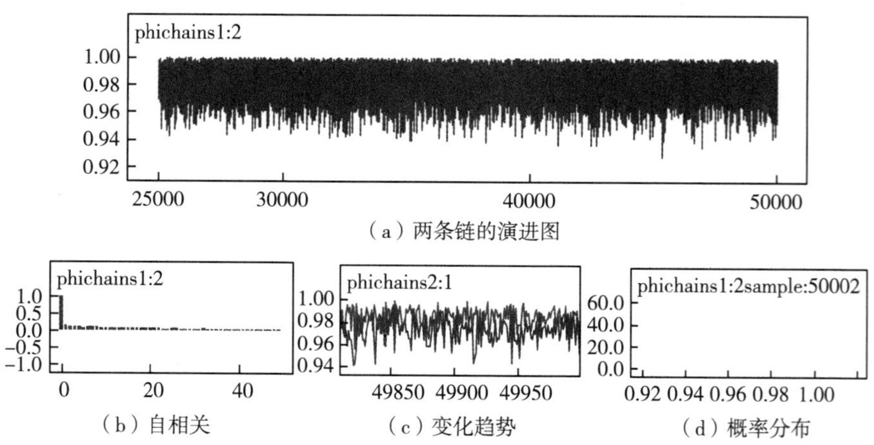

图 3 - 23 参数 φ 估计值的收敛情况、概率分布及自相关

2. 标准残差序列的 EVT 建模

由参数估计结果得到标准残差序列 Z_t，其基本统计特征（见表 3－29）表明两标准残差序列均是独立的、稳定的，不存在自相关性，由此说明 POT 方法应用于 Z_t 的 VaR 计算是合适的。

表 3－29　　标准残差项的统计特征及检验

指数	偏度	峰度	J－B	ADF	Q（20）	Q^2（20）
沪深 300 指数	－0.092	5.381	205.7***	－67.8***	20.85***	185.74***
恒生指数	－0.286	4.596	48.29***	－40.13***	14.31**	22.057***

注：*** 表示在 1% 显著性水平下显著，** 表示在 5% 显著性水平下显著。

在估计超限分布的参数之前，先要确定门限值 u，根据上文介绍的方法，采用超额平均函数法来确定超限值。从图 3－24（a）中看出，当 $u_1>1.75$ 时，经验平均超额函数图呈现出近似线性的正斜率，为此确定沪深 300 指数标准残差的阈值 $u_1=1.75$。再通过极大似然估计法得标准残差尾部 *GPD* 分布的参数值为：$\beta_1=0.7865$，$\xi_1=0.2561$。同理可得，恒生指数标准残差的阈值为 $u_2=2.19$，$\beta_2=0.3896$，$\xi_2=0.1479$。

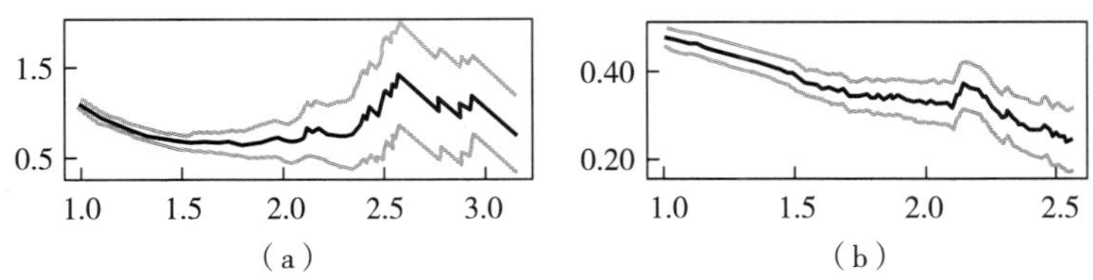

图 3－24　沪深 300 指数（a）和恒生指数（b）的标准残差项的经验平均超额函数

3. 模型的检验

POT 方法对 SV 模型做的 VaR 分析是否合理，需要对参数估计结果做检验。图 3－25 给出沪深 300 指数（a）和恒生指数（b）的标准残差 Z_t 尾部分布拟合结果诊断的概率图（PP 图）、分位数图（QQ 图）、回报水平图（RLP 图）和密度函数图（DP 图）。由图 3－25（a）可以得到，除个别点外概率图和分位数图基本上在同一条线上，重现水平图中的经验估计点都在置信区间内，密度函数的估计与经验图也拟合得比较好，由此说明，POT 方法对沪深 300 指数尾部拟合是合适的，同理由图 3-25（b）可以得出，POT 方法对恒生指数尾部拟合也是可行的。因此可以初步判断模型的选取是合适的，参数的估计是较为精确的。

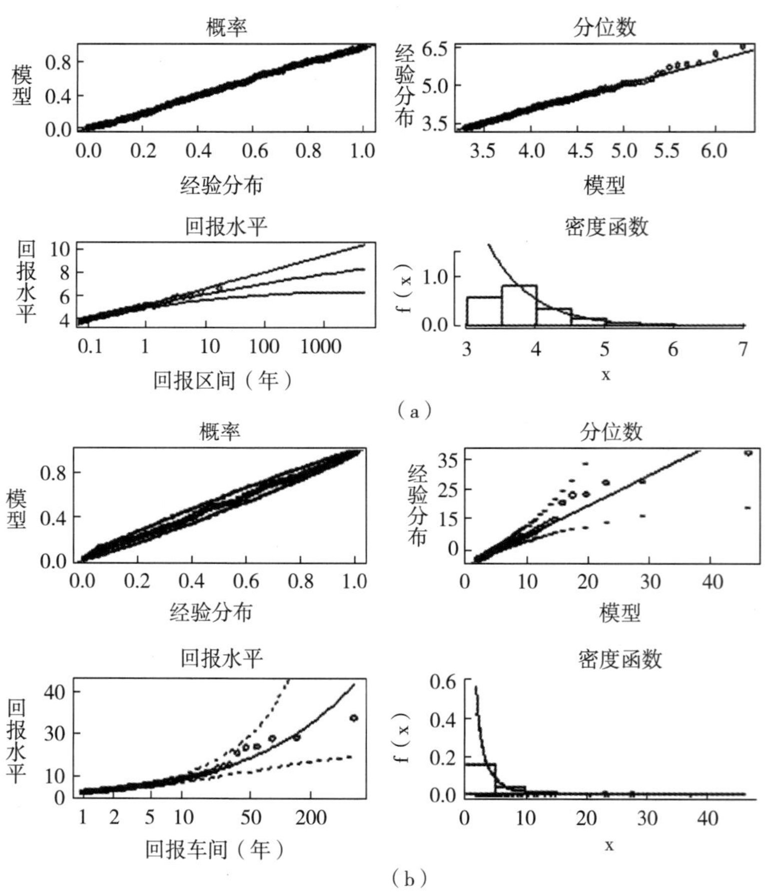

图 3-25　沪深 300 指数（a）和恒生指数（b）标准残差尾部分布的拟合效果

为了进一步检验 POT 拟合方法的有效性，我们这里采用 Choulakian 等提出的拟合优度检验。基本原理为：根据 POT 模拟方法估计的参数，计算 Cramer - von 统计量 W^2 和 Anderson - Darling 统计量 A^2，进而求出相应的 P 值，当 W^2 和 A^2 对应的 P 值都大于 0.1 的时候，说明尾部数据对应的阈值选取是合理的，POT 方法对尾部的拟合是有效的，模型的选取是合适的。依据我们上面估计的参数，计算拟合优度检验相应的统计量（见表 3 - 30）。

表 3 - 30　　POT 方法的拟合优度检验统计量

指数＼统计量	W^2	A^2
沪深 300 指数	0.0763 *	0.5279 *
恒生指数	0.0535 *	0.3826 *

注：* 表示统计量对应的 P 值大于 0.10。

由表 3 - 30 可见，沪深 300 指数的拟合优度统计量 W^2 为 0.0763，A^2 为 0.5279，两个统计量相对应的 p 值都大于 0.1，根据 Choulakian 等提出尾部数据的选取标准，说明 POT 模型对尾部数据的拟合是合理的。同理对恒生指数尾部数据的拟合也是合理的。因此总的来说，阈值的选取是合适的，用 POT 模型拟合尾部数据是可行的，基于 POT 方法对 SV 模型做 VaR 分析是合理的。

4. 模型结果的后验分析

为了检验模型的动态 VaR 预测精度，Kupiec 提出 VaR 失败率的似然比（LR）检验法，采用 Kupiec 的失败频率检验法来进行准确性检验，计算沪深 300 指数 2010 年 11 月 2 日到 2011 年 11 月 18 日和恒生指数 2010 年 11 月 10 日到 2011 年 11 月 18 日共 250 个交易日的每日 VaR，将每日实际损失超过 VaR 的估计记为失败天数，把实际损失低于 VaR 的估计记为成功。Kupiec 给出了这种检验方法的置信域，在置信域内失败次数越低，模型的预测效果越好，但失败次数过低，却意味着模型过于保守。依次选择置信度为 0.95、0.99，分别用基于 EVT - SV - GED 的动态 VaR 模型、SV - NORMAL 的 VaR 模型以及 EVT - SV 的 VaR 模型预测沪深 300 指数和恒生指数数据样本的 VaR 值，然后与实际 VaR 值对比做后验测试，检验结果见表 3 - 31。

由表 3 – 31 看出，置信度越高，各模型通过检验的失败次数越少。针对沪深 300 指数，在相同的置信度下，基于 EVT – SV – GED 的动态 VaR 模型相比 SV – NORMAL 的 VaR 模型具有更少的失败次数，对 VaR 的预测效果更好。同时，根据 Kupiec 检验法，尽管基于 EVT – SV 的静态 VaR 模型具有更少的失败次数，但由于失败次数太少而造成了对 VaR 的估计过于保守，从而使风险高估。显然，基于 EVT – SV – GED 的动态 VaR 测度模型对沪深 300 指数的风险度量更加合理而准确。同理，EVT – SV – GED 的动态 VaR 测试模型对恒生指数的风险度量也是合理的，和沪深300 指数风险度量的差别主要体现在失败次数。因此，总的来说无论是针对新兴资本市场还是成熟资本市场，基于 EVT – SV – GED 的动态 VaR 测度模型都是合理有效的。

表 3 – 31　　模型返回式检验（T = 250）

VaR 模型	p	置信度	不拒绝域	理论值	失败数	
					沪深 300 指数	恒生指数
EVT – SV – GED	1%	99%	N < 7	2.5	2	4
SV – NORMAL					5	6
EVT – SV					1	2
EVT – SV – GED	5%	95%	6 < N < 21	13	12	14
SV – NORMAL					20	22
EVT – SV					8	10

第四节　小结

本章主要运用 SWARCH – GED、ARMA – GJR、Beta – Skew – t – EGARCH – POT、QR – GARCH – POT、POT – CAViaR、SV – GED 等金融波动模型刻画资产收益序列的“典型事实”特征，通过与极值理论相结合，构造符合 EVT 建模条件的独立同分布特征的标准残差序列，然后通过选取合适的阈值对极大标准残差进行建模，并结合随机波动过程构建动态 VaR 测度模型，进而运用模型对上证综合指数、沪深 300

指数以及恒生指数的风险进行测度，运用后验检验的方法进行验证模型的有效性。总的来说，模型的预测效果还是可以的，但是我们本节仅仅是从一元金融资产收益率进行测度，而现实生活中，投资者面对的都是投资组合，因此，接下来，我们就在本章研究的基础上，尝试运用金融波动模型和极值理论对投资组合的极值风险进行测度。

第四章　基于 Copula 理论的极值风险相关性测度研究

金融市场是一个复杂的系统，市场与市场之间以及市场内部各风险因素之间都存在着或多或少的联系，一个风险因素的波动变化会导致另外一个或多个风险因素的波动变化，甚至扩散放大而导致局部的或全球性的金融危机，如 1997 年的亚洲金融危机和 2008 年美国次贷危机，就是由一国经济或一个风险因素的波动而引发的金融危机。金融市场的剧烈波动和危机的频繁出现促使人们需要关注风险以及管理规避风险，研究风险因素之间的互相联系、互相影响的程度和特征。随着经济的发展，贸易全球化进程的加快，影响金融市场的因素越来越多，各种风险因素之间的关系日趋复杂和紧密，以致基于线性相关金融风险分析模型已不能满足风险分析管理的需要。寻找现代风险管理分析的理论工具和方法，是风险分析管理的迫切需要。Copula 理论的出现并引入金融风险管理领域，使金融风险管理步入了一个新阶段。

鉴于此，引入 Copula 理论来构造多个随机变量的联合分布函数就显得非常重要。运用 Copula 理论，可以将变量的边缘分布与其联合分布分开来研究，并且不要求联合分布中各个变量的边缘分布服从同一分布类型，可以更加灵活地解决实际问题。

第一节　Copula 理论及方法介绍

Copula 函数最早是由 Sklar（1959）提出的，他指出，可以将一个联合分布分解为 k 个边缘分布和一个 Copula 函数，这个 Copula 函数描述了变量间的相关性，但是在早期的研究领域主要局限在传统的统计学理论框架范围内，直到 1999 年才开始在金融领域应用，由于其良好的统计特性，Copula 函数在金融领域应用范围逐渐拓宽，使用频率也逐渐升高。

一　Copula 函数的定义及性质

（一）Copula 函数的定义

Nelsen（1999）对 Copula 函数进行了严格的定义：Copula 函数时把随机变量 X_1，X_2，…，X_n 的联合分布函数 F（X_1，X_2，…，X_N）与各自的边缘分布函数 F_{X_1}（X_1），…，F_{X_N}（X_N）相连接的连接函数，即函数 C（u_1，u_2，…，u_N），使

$$F(x_1, x_2, \cdots, x_N) = C[F_{X_1}(X_1), F_{X_2}(X_2), \cdots, F_{X_N}(X_N)] \tag{4-1}$$

具体来说，N 元 Copula 函数是指满足以下性质的函数 C（u_1，u_2，…，u_N）：

1. $C(u_1, u_2, \cdots, u_N)$的定义域为$[0, 1]^N$；

2. $C(u_1, u_2, \cdots, u_N)$有零基面(grounded)且是 N 维递增的；

3. $C(u_1, u_2, \cdots, u_N)$有边缘分布函数 $C_i(u_i)(i=1, 2, \cdots, N)$，且满足

$$C_I(u_i) = C(1, \cdots, 1, u_i, 1, \cdots, 1) = u_i \tag{4-2}$$

其中 $u_i \in [0, 1](i=1, 2, \cdots, N)$

（二）Sklar 定理

令 $F(x_1, x_2, \cdots, x_N)$为具有边缘分布 $F_{X_1}(X_1)$，…，$F_{X_N}(X_N)$的 N 元联合分布函数，则存在一个 Copula 函数 $C(u_1, u_2, \cdots, u_N)$，满足：

$$F(x_1, x_2, \cdots, x_N) = C[F_{X_1}(X_1), F_{X_2}(X_2), \cdots, F_{X_N}(X_N)] \tag{4-3}$$

若 $F(x_1, x_2, \cdots, x_N)$是连接函数，则 $C(u_1, u_2, \cdots, u_N)$是唯一确定；反之，若 $F(x_1, x_2, \cdots, x_N)$为一元分布函数，$C(u_1, u_2, \cdots, u_N)$是一个 Copula 函数，则有式(4-3)确定的 $F(x_1, x_2, \cdots, x_N)$是具有边缘分布 $F_{X_1}(X_1)$，…，$F_{X_N}(X_N)$的 N 元分布函数。

（三）Copula 函数性质

根据 Copula 函数的基本形式，可以推导出 Copula 函数的基本性质：

1. $C(u_1, u_2, \cdots, u_N)$关于任意一个变量都是非减的，即保持一个变量不变，Copula 函数值将随着另一变量的增大而增大（或不变）。

2. $C(u_1, u_2, \cdots, 0, \cdots, u_N)=0$，$C(1, 1, \cdots, u_i, 1, \cdots, 1)=u_i$，即只要有一个变量的取值为 0，相应的 Copula 函数值就为 0；若只有一个变量的取值为 1，则 Copula 函数的值完全由这个值的量决定。

3. 对于任意的 u_i，$v_i \in [0, 1](i=1, 2, \cdots, N)$，有

$$|C(u_1,u_2,\cdots,u_N) - C(v_1,v_2,\cdots,v_N)| \leqslant \sum_{t=1}^{N} |u_i - v_i| \quad (4-4)$$

4. 令 $C^-(u_1,u_2,\cdots u_N) = \max(\sum_{i=1}^{N} u_i - N + 1, 0), C^+(u_1,u_2,\cdots,u_N) = \min(u_1,u_2,\cdots,u_N)$，则对于任意的 $u_i, v_i \in [0,1](i = 1,2,\cdots,N)$，有

$$C^-(u_1, u_2, \cdots, u_N) < C(u_1, u_2, \cdots, u_N) < C^+(u_1, u_2, \cdots, u_N) \quad (4-5)$$

记为 $C^- < C < C^+$，称 C^- 和 C^+ 分别为 Frenchet 下界和上界，当$N \geqslant 2$ 时，C^+ 是一个 N 元 Copula 函数，但是当 $N > 2$ 时，C^- 并不是一个 Copula 函数。

5. 若 $U_i \sim U(0,1)(i = 1,2,\cdots,N)$ 相互独立，则 $C(u_1,u_2,\cdots,u_N) = \prod_{i=1}^{N} u_i$。

Copula 函数还具有一些优良的性质。一是在随机变量 X_1，…，X_N 的递增变换下 Copula 函数不变，因此，可以将 Copula 函数看成 X 的相依结构；二是由 Copula 函数导出的一致性和相关性测度，对于严格单调变换不变性（包括非线性变换），因此应用范围和实用型更广；还有用 Copula 来处理尾部相关性非常方便，与传统的正态分布假设相比，Copula 函数能更准确地刻画风险的联合分布。

二　Copula 函数类型

目前，金融相关性分析中常用的 Copula 函数主要有椭球 Copula 类和阿基米德 Copula 类。其中，由于椭球 Copula 可以由椭球分布得到，很容易从二元情形推广到多元情形，而且模拟很容易实现。而阿基米德 Copula 类函数能够刻画风险的非对称性，比较接近实际情况，对资产的

边际分布具体形式没有约束，建模方式比较灵活，当生成元函数满足一定条件时，多元阿基米德 Copula 函数可由相应的生成元得到。另外，极值 Copula 函数和混合 Copula 函数是理论研究和应用研究中的常用 Copula 函数，我们这里只介绍几种常用的。

（一）椭圆 Copula 类函数

这类函数由椭圆形分布函数推导而来，其图形绘制呈椭圆分布，拥有与多元正态分布类似的性质。当用于描述极端事件时，这类 Copula 函数也可以构造出非正态极值关系，它是研究金融资产相关结构的基本模型，主要有正态 Copula 函数和 t－Copula 函数。其中 N 元正态 Copula 分布函数和密度函数的表达式分别为：

$$C(u_1, u_2, \cdots, u_n) = \phi_R[\phi^{-1}(u_1), \phi^{-1}(u_2), \cdots, \phi^{-1}(u_n)] \tag{4-6}$$

$$\begin{aligned} c(u_1, u_2, \cdots, u_N; \rho) &= \frac{\partial^N c(u_1, u_2, \cdots, u_N; \rho)}{\partial u_1 \partial u_2 \cdots \partial u_N} \\ &= |\rho|^{\frac{1}{2}} \exp\left[-\frac{1}{2}\zeta'(\rho^{-1} - I)\zeta\right] \end{aligned} \tag{4-7}$$

ρ 为对角线上的元素全为 1 的 N 阶对称正定矩阵，$|\rho|$ 表示方阵 ρ 的行列式；ϕ_p 表示相关系数矩阵为 ρ 的 N 元标准正态分布的分布函数，它的边缘分布均为标准正态分布的分布，ϕ^{-1} 表示标准正态分布的分布函数的逆函数；$\zeta' = [\phi^{-1}(u_1), \phi^{-1}(u_2), \cdots, \phi^{-1}(u_n)]$；$I$ 为单位矩阵。

正态 Copula 函数的一个性质是它具有对称性，不存在尾部依赖性，因此无法捕捉到金融市场中的非对称相关关系。

相比于正态 Copula，t－Copula 能捕捉到序列间的尾部相关性，对极值情形的描述能力更强。多元 t－Copula 分布函数和密度函数的表达式为：

$$C(u_1, u_2, \cdots, u_n; \rho, v) = T_{\rho,v}[t_v^{-1}(u_1), t_v^{-1}(u_2), \cdots, t_v^{-1}(u_n)] \tag{4-8}$$

$$c(u_1, u_2, \cdots, u_N; \rho, v) = |\rho|^{-\frac{1}{2}} \frac{\Gamma\left(\frac{v+N}{2}\right)\left[\frac{v}{2}\right]^{N-1}}{\left[\Gamma\left(\frac{v+N}{2}\right)\right]^N} - \frac{\left(1 + \frac{1}{v}\zeta^{-1}\zeta\right)^{\frac{v+N}{2}}}{\prod_{i=1}^{N}\left(1 + \frac{\zeta_i^2}{v}\right)^{\frac{v+1}{2}}} \tag{4-9}$$

ρ 为对角线上的元素全为 1 的 N 阶对称正定矩阵，$|\rho|$ 表示方阵 ρ 的行列式；$T_{\rho,v}$ 为相关矩阵为 ρ，自由度为 v 的 n 维标准 t 分布函数，t_k^{-1} 表示自由度为 v 的一元 t 分布函数的逆函数；$\zeta' = [t_v^{-1}(u_1), t_v^{-1}(u_2), \cdots, t_v^{-1}(u_N)]$。

t - Copula 函数的重要性质是具有尾部相关性，且其尾部相关系数是关于 ρ 的增函、关于 v 的减函数，当 $\rho<1$ 且 $v\to\infty$ 时，上尾相关系数 $\lambda_U \to 0$。

（二）阿基米德类 Copula（Archimedean Copula）函数

相对于椭圆类 Copula 函数，阿基米德类 Copula 是基于 PM 空间理论产生，它源于阿基米德 Copula 函数的母函数，而不是 Sklar 定理确定的多元分布函数，其构造和计算相对简单，且具有对称性、可结合性等很多良好的性质，在金融领域的实际应用更为广泛。Archimedean Copula 函数类有一个共同的性质，即它们都可以由一个严格单调递减的凸函数 $\phi(u)$ 产生，具体表达式为：

$$C(u_1, u_2, \cdots, u_n) = \varphi^{-1}[\varphi(u_1)+\varphi(u_2)+\cdots+\varphi(u_n)], \quad u_i \in [0, 1] \tag{4-10}$$

其中 φ 为 Copula 函数的生成函数，满足 $\varphi(1)=0$，且对于 $u\in(0, 1)$，$\varphi'(u)<0$，$\varphi''(u)\geqslant 0$，即 φ 是连续递减凸函数。Archimedean Copula 函数是由其生成函数唯一确定，若 φ 为其生成函数，则对任意非零常数 k，$k\varphi$ 也是其生成函数。Archimedean Copula 函数簇有很多具体的函数类型，下面介绍几种代表性的单参数阿基米德 Copula 函数：

1. Gumbel Copula 函数

若给定生成函数 $\varphi(u)=[-\ln(u)]^\theta$，则 $\varphi^{-1}(t)=\exp(-t^{\frac{1}{\theta}})$，可以得到 n 元 Gumbel Copula 函数的分布函数形式如下：

$$C_{Gu}^{\theta}(u_1,u_2,\cdots,u_n) = \exp\left\{-\left[\sum_{i=1}^{n}(-\ln u_i)^\theta\right]^{1/\theta}\right\} \tag{4-11}$$

其中，u_i 为 [0, 1] 上的均匀分布变量。Gumbel Copula 函数也是一个极值 Copula，该函数的密度函数具有非对称性，呈现上尾高下尾低的“J”形分布，因此能够对有效刻画出两种金融资产的上尾相依性，能够快速捕捉到上尾相关的变化，但对下尾的相关性变化不太敏感。$\theta\in[1, +\infty)$，为描述两个变量间相依性关系的参数，$\theta=1$ 时，随机

变量 u_i 独立；$\theta \to +\infty$ 时，随机变量 u_i 趋向于完全相关，其上尾相关系数为 $2-2^{-\theta}$。

2. Clayton Copula 函数

若给定生成函数 $\varphi(u)=\frac{1}{\theta}(u^{-\theta}-1)$，$\theta>0$ 则 $\varphi^{-1}(t)=(1+\theta t)^{-\frac{1}{\theta}}$，可以得到 Clayton n－Copula 函数形式为：

$$C_{Cla}^{\theta}(u_1,u_2,\cdots,u_n)=\sum_{i=1}^{n}(u_i^{-\theta}-n+1)^{-\frac{1}{\theta}},\theta>0 \tag{4-12}$$

对以上分布函数进行扩展，使其包含负参数，可以得到 Clayton Copula 的扩展分布函数：

$$C_{Cla}^{\theta}(u_1,\ u_2,\ \cdots,\ u_n)=\max\left[\sum_{i=1}^{n}(u_i^{-\theta}-n+1)^{-\frac{1}{\theta}},0\right],\ \theta\in[-1,\ 0)\cup(0,\ \infty) \tag{4-13}$$

扩展型 Clayton 分布函数能够捕捉到负的相依性，其密度函数呈现出上尾低下尾高的“L”形分布。此类函数对分布在下尾处的变化非常敏感，比较适用于描述具有下尾相依性的金融市场间的相关关系，例如熊市时股票市场相依性增强，或当金融市场收益率序列为负的极值时，金融市场间相关性增强。

3. Frank Copula 函数

若生成函数给定为 $\varphi(u)=-\ln\left[\frac{\exp(\theta u)-1}{\exp(-\theta)-1}\right]$，$\theta\in(-\infty,\ 0)\cup(0,\ \infty)$，则

$\varphi^{-1}(t)=-\frac{1}{\theta}\ln[1+e^{t}(e^{-\theta}-1)]$，这样可以得到 Frank n－Copula 函数形式为：

$$C_{Fra}^{\theta}(u_1,\ u_2,\ \cdots,\ u_n)=-\frac{1}{\theta}\ln\left[1+\frac{\prod_{i=1}^{n}(e^{-\theta u}-1)}{(e^{-\theta}-1)^{n-1}}\right],\ n\geqslant 3 \tag{4-14}$$

Frank Copula 函数的结构具有对称性，其密度函数呈现“U”形分布，因此适用于描述具有对称相关结构的金融市场间的相依性，只要金融市场收益率的绝对值相等，收益率间的相依性就相等。由于无法捕捉到非对称相依关系，因此，不存在尾部相依关系，并且，与 Gumbel

Copula、Clayton Copula 函数相比，Frank Copula 函数还可以描述变量间的负相关关系。

4. Joe Copula

当生成函数 $\varphi(t) = -\ln[1-(1-t)^{\theta}]$时，所得的 Copula 函数为 Joe Copula，其形式为：

$$C(u, v) = 1 - [(1-u)^{\theta} + (1-v)^{\theta} - (1-u)^{\theta}(1-v)^{\theta}]^{1/\theta}, \ \theta > 1 \tag{4-15}$$

5. Symmetrized Joe – Clayton Copula

$$C_{JC} = (u, v \mid \tau_U, \tau_L) = 1 - (\{[1-(1-u)^{k}]^{-\gamma} + [1-(1-v)]^{-\gamma} - 1\}^{-\frac{1}{\gamma}})^{\frac{1}{k}} \tag{4-16}$$

其中，$k = 1/\log_2^{(2-\tau_U)}$，$\gamma = 1/\log_2^{(\tau_L)}$，$\tau_U$，$\tau_L \in (0, 1)$。

该 Copula 有两个参数τ_U，τ_L：

$$C_{SJC}(u, v \mid \tau_U, \tau_L) = 0.5C_{JC}(u, v \mid \tau_U, \tau_L) + 0.5C_{JC}(1-u, 1-v \mid \tau_U, \tau_L) + u + v - 1 \tag{4-17}$$

三 Copula 函数的参数估计

从统计的角度，Copula 函数是多变量模型的简单表达。对于大部分多元统计模型，大量的传统统计推断理论都是不适用的。仅有渐进的最大似然估计（MLE）理论具有适用性。此外，有一些特殊的估计方法被用于精确的极大似然估计，以克服计算上的困难。这些方法也交织混合于非参数统计推断和模拟仿真技术。总的来说，估计 Copula 函数参数的方法主要有极大似然方法（Maximum likelihood）、边缘推断法（Inference for margins method）和半参数法（Semi – parametric method）三种方法，下面对三种估计方法进行简单介绍。

（一）极大似然估计法

设随机向量 $X = (X_1, X_2, \cdots, X_t)$为随机变量抽样矩阵，假定用 Copula 表示联合分布函数和密度函数分别为：$F(X; \theta_1, \theta_2, \cdots, \theta_t, \delta) = C[F_1(x_1; \theta_1), \cdots, F_n(x_n; \theta_n); \delta_c]$

$$f(X; \theta_1, \theta_2, \cdots, \theta_t, \delta_c) = c[F_1(x_1; \theta_1), \cdots, F_n(x_n\theta_n); \delta_c] \prod_{j=1}^{n} f_j(x_j; \theta_j)$$

其中，$F_j(x_j;\ \theta_j)$表示 x_j 的连续分布函数，有密度函数f_j，C 表示参数为 δ_c 的 Copula 函数。假定 C 的密度函数为：$c(u_1,\ u_2,\ \cdots,\ u_t;\ \delta) = \dfrac{\partial^t C(u_1,\ \cdots,\ u_t;\ \delta)}{\partial u_1 \cdots \partial u_t}$，$(u_1,\ \cdots,\ u_t) \in [0,\ 1]^t$，则对数似然函数为：

$$l(\theta_1,\ \cdots,\ \theta_t,\ \delta;\ X) = \sum_{i=1}^{n} \log c[F_1(x_{1i};\theta_1),\cdots,F_t(x_{ti};\theta_t)] + \sum_{i=1}^{n}\sum_{j=1}^{t} \log f_j(x_{ji};\theta_j) \qquad (4-18)$$

由上式可以同时估计边缘参数 θ_1，…，θ_t 和 Copula 函数的参数 δ。因此，给定确定的边缘分布密度函数以及一个 Copula 函数，那么它的对数似然函数就可得到。

（二）IFM 方法

IFM 又可称为两步 ML 方法，具体步骤如下：

首先，估计单变量边缘分布中的参数，其边缘对数似然函数：

$$l_j(\theta_j;x_j) = \sum_{i=1}^{T} \ln f_j(x_{jt};\theta_j),j = 1,\cdots,n$$

其极大似然估计为：

$$\hat{\theta}_j = Arg\mathrm{Max}_{\theta_j} \sum_{i=1}^{T} l_j(\theta_j;x_j),j = 1,\cdots,n$$

然后，给定$\hat{\theta}_j$，$j=1$，…，n，估计相依参数 δ_c，其极大似然估计为：

$$\hat{\delta}_c = Arg\mathrm{Max}_{\theta_c} \sum_{i=1}^{T} \ln c[F_1(x_{1t};\hat{\theta}_1),\cdots,F_n(x_{nt};\hat{\theta}_n);\delta_c] \qquad (4-19)$$

（三）半参数法

半参数法采用类似于 IFM 的两步法，但其边缘分布是通过对样本经验分布的非参数估计得到的。半参数方法以 CML（Canonical Maximum Likehood Method）法最为常用，CML 方法与 IFM 方法的最大的不同就在于，对边际分布的参数形式不做任何假定，CML 的估计步骤也是分两步：

首先，应用经验分布将原始数据 $X_t = (X_{1t},\ X_{2t},\ \cdots,\ X_{nt})$ 转化为单变量均匀分布，即令$(\hat{u}_{1t},\ \hat{u}_{2t},\ \cdots,\ \hat{u}_{nt}) = [\hat{F}_1(X_{1t}),\ \hat{F}_2(X_{2t}),\ \cdots,$

$\hat{F}_n(X_{nt})$]，然后应用极大似然法进行估计，得到：

$$\hat{\delta}_c = ArgMax_{\theta_c} \sum_{i=1}^{n} \ln c(\hat{u}_1, \hat{u}_2, \cdots, \hat{u}_n; \delta_c) \quad (4-20)$$

四　Copula 函数的选择

在对 Copula 函数的参数进行估计后，需要从待选的多个 Copula 函数中选择出拟合度最好、最能刻画随机变量相依结构的 Copula 函数。这就需要对边缘分布函数和 Copula 函数进行拟合优度检验，通过比较不同 Copula 函数与经验 Copula 函数之间的拟合优度，选择最优 Copula 函数。

为了选择最优 Copula 函数，需要一些量化的数值解析方法，最后用拟合优度检验进行判定。检验方法包括：$K-S$ 检验，$A-D$ 检验，χ^2 检验，AIC、BIC 信息准则判定，最小距离法等，本书主要采用的是$K-S$ 检验和 AIC、BIC 信息准则方法。

$K-S$ 检验是一种非参数检验，比较适合小样本数据的检测，它揭示了观测值与理论分布函数值之间的偏差。检验的统计量为：$T_{KS} = \mathrm{Max} \mid \hat{F}(x_i) - F(x_i) \mid$，它表示累计经验分布于理论分布函数之间的最大距离，距离越小，拟合度越好，由此可以得到相应的 P 值，P 值越大拟合效果越好。$K-S$ 检验强调样本整体的拟合情况，尤其对于分布函数的中部拟合比较敏感。

Akaike 信息准则（AIC）适用于极大似然估计的参数估计，AIC 信息准则的定义为：$AIC = -2\ln f(x_i;\hat{\theta}_m) + 2m$，这里，$f(x_i;\hat{\theta}_m)$ 为极大似然函数，m 为独立参数个数，若模型中仅包括一个待定参数，则 $m=0$。AIC 值反映的信息包括了模型和参数估计值对数据的适应度，值越小，则模型的拟合效果越好。AIC 信息准则判定效果比较准确，但其收敛性较差。同样 BIC 信息准则和 AIC 信息准则的形式比较类似，AIC 信息准则的定义：$AIC = -2\ln f(x_i;\hat{\theta}_m) + 2\log(n)$，其中 n 为样本数，k 为模型中的待估参数，和 AIC 信息准则一样，BIC 的值越小，说明的模型拟合效果越好。

第二节　基于 Copula 函数的金融风险相关性测度指标

一　相关性测度指标

一般相关性测度（Nelson，1999）是度量变量间或变量的分布函数间的整体相关性，衡量的指标通常包括 Kendall 秩相关系数τ、Spearman 秩相关系数ρ、Gini 系数γ。

（一）Kendall 秩相关系数τ

设（x_1，y_1），（x_2，y_2）是独立同分布的随机向量，x_1，$x_2 \in x$，y_1，$y_2 \in \boldsymbol{v}$，则：

$\tau = p[(x_1 - x_2)(y_1 - y_2) > 0] - p[(x_1 - x_2)(y_1 - y_2) < 0]$，并且可得：

$\tau = 2p[(x_1 - x_2)(y_1 - y_2) > 0] - 1$，由此，在已有观测样本的情况下，可以根据以下公式估计 Kendall τ，

$$\hat{\tau} = \binom{n}{2}^{-1} \sum_{1 \leqslant i \leqslant j \leqslant n} \operatorname{sign}[(x_i - x_j)(y_i - y_j)] \tag{4-21}$$

根据上式可得：若$\hat{\tau} = 1$，表示 x 与 y 正相关；若$\hat{\tau} = -1$，表示 x 与 y 负相关；若$\hat{\tau} = 0$，则 x 与 y 不能确定是否相关。

（二）Spearman 秩相关系数ρ

设(x, y)有联合分布 $H(x, y)$，它们相应的边缘分布是 $F(x)$ 和 $G(y)$，$x_0 \in X$，$y_0 \in Y$，且 x_0，y_0 独立。假定(x, y)与(x_0, y_0)也独立，令

$$\rho = 3\{p[(x - x_0)(y - y_0) > 0] - p[(x - x_0)(y - y_0) < 0]\} \tag{4-22}$$

由于 x 与 x_0，y 与 y_0 都是独立同分布的，因此可得：$(x - x_0)(y - y_0) > 0$，显然，它对严格单调增变换是不变的，因而它可以用 Copula 函数表示。假定 $u = F(x)$，$v = G(y)$，$C(u, v)$为(x, y)的 Copula 函数。Schwettzer 和 Wolff（1981）证明了ρ可由相应的 Copula 函数给出：

$$\rho = 12\int_0^1\int_0^1 uv\,dC(u, v) - 3 \tag{4-23}$$

其中，U、V分别表示均匀分布函数 $F(x)$，$G(y)$，ρ 为 $F(x)$ 与 $G(y)$ 的线性相关系数。

（三）Gini 系数 γ

Gini 关联系数 γ 可以作为衡量 X 和 Y 变化大小、次序不一致程度的指标，由于 Kendall 秩相关系数τ、Spearman 秩相关系数 ρ 只涉及变化的符号，增大为正，减小为负，只考虑正负号一致的程度，则 Gini 关联系数 γ 能更细致地体现它们顺序的一致性和不一致性，其表达式为：

$$\gamma(X,Y) = \gamma_C = 2\iint_{I^2}(|u+v-1| - |u-v|)dC(u,v) \qquad (4-24)$$

二 尾部相关性测度指标

尾部相关是指多维分布中尾部数据的相关，它是一个与极值理论联系在一起的概念。在金融领域的研究中，更有意义的是对随机变量的尾部相关性进行分析，采用 Copula 函数来分析变量之间的尾部相关性非常方便。设 X，Y 是两个随机变量，则两变量间的尾部相关性是指当随机变量 X 大幅增加或者大幅减少时，随机变量 Y 也发生大幅增加或者大幅减少的概率。令变量 X 与 Y 的分布函数形式分别为 $F(t)$ 和 $G(t)$，则 X 与 Y 的上尾相关性与下尾相关性可分别定义为：

$$\lambda_{上尾} = \lim_{t\to 1^-} p[Y > G^{-1}(t) \mid X > F^{-1}(t)] \qquad (4-25)$$

$$\lambda_{下尾} = \lim_{t\to 1^+} p[Y \leqslant G^{-1}(t) \mid X \leqslant F^{-1}(t)] \qquad (4-26)$$

其中，$F^{-1}(t) = \inf(x \mid X > t)$，$G^{-1}(t) = \inf(y \mid Y > t)$。如果 $\lambda_{上尾}$或 $\lambda_{下尾}$存在且 $\lambda_{上尾} \in (0,1]$ 或 $\lambda_{下尾} \in (0,1]$，那么 X 与 Y 具有渐近上或下尾相关性；如果 $\lambda_{上尾}=0$ 或 $\lambda_{下尾}=0$，X 与 Y 在上或下尾独立。结合尾部相关系数的定义和 Copula 函数的定义，得到尾部相关系数的 Copula 表示形式：

$$\lambda_{上尾} = \lim_{t\to 1^-} \frac{1-2t+C(t,t)}{1-t} \qquad (4-27)$$

$$\lambda_{下尾} = \lim_{t\to 0^+} \frac{C(t,t)}{t} \qquad (4-28)$$

Copula 函数描述了随机变量间的相依结构，运用 Copula 函数分析金融资产风险相依性有很多优点。Copula 函数在金融风险领域的应用弥补了传统风险相关性变量分布假设的不足，通过连接随机变量的边缘分布和联合分布，构造多元分布函数，用以描述金融资产收益率的真实分布和相依结构。在构建联合分布函数时，Copula 函数非常灵活，它不限制边缘分布的选择，可以选择不同的边缘分布和 Copula 族函数，以期得到最好的拟合效果。

表 4－1　常见 Copula 对应尾部相关系数

Copula	λ_L	λ_U	参数范围
Gaussian	0	0	—
t－Copula	$2\left\|1+t_{v+1}\sqrt{(v+1)(1-R)/(1+R)}\right\|$	λ_L	$\in(2,\infty]$，$-1<R<1$
Gumble	0	$2-2^{-a}$	$[1,\infty)$
Clayton	$2^{-\frac{1}{a}}$	0	$a\geqslant 0$
Frank	0	0	—

相比线性相关系数，由 Copula 函数导出的一致性和相依性测度更加可靠，当对变量进行严格单调变换时，对应的相依结构不会随之改变。通过 Copula 函数，可以捕捉到变量间非线性、非对称的相依关系，尤其是尾部的相关关系，因此 Copula 的实用性更强、适用性更广。

此外，通过 Copula 建模，我们可以全面地描述出随机变量间的相关关系，不仅可以得到度量相依性的相关参数，还可以得到描述相关结构的 Copula 函数。前文提到的几种重要的一致性和相依性测度系数与 Copula 函数的参数往往具有对应关系，这使得不同 Copula 函数间具有可比性。我们在 Copula 金融建模时，可以对变量的边缘分布和相依结构分开进行研究，这大大简化了建模过程。

第三节　基于 Copula－EVT 模型的极值风险相关性分析

当前，广泛应用的风险相关性测度方法存在明显不足：对金融变量间的非线性、非对称性和尾部相关等特征刻画较弱，尤其是对金融变量相关性的时变特征认识不足。因而有必要引进一种更好的相关性分析方法来弥补传统方法的不足。由于 Copula 模型能有效地捕捉风险相关性的非线性特征和动态特征，因此 Copula 模型在刻画风险相关性方面有广泛的应用前景。Copula 函数能把随机变量的边缘分布与联合分布连接起来，并且不需要边缘分布具有相同的分布形式，从而能构造更为灵活实用的多元分布。Copula 函数及其导出的一系列相关性指标，可以准确地捕捉到变量间的非线性相关关系，特别是容易捕捉到分布尾部的相关关系，在研究金融市场之间的联动性及波动溢出方面，Copula 方法与其他计量分析方法相比存在明显的优势。目前，利用 Copula 函数计算金融资产相关性大多采用常相关模式，由于金融变量间相关性会随市场波动而发生变化，特别是在市场发生重大冲击时，用固定相关模式来描述并不正确，而时变 Copula 能有效地捕捉金融资产间的非线性相依性和尾部相依行为，并且能更好地描述金融资产间的动态结构变化。

Copula 函数采用把多维随机变量的联合分布函数用其一维边缘分布函数连接起来，所以在度量风险相关性时，边际分布函数的确定也是一个十分关键的问题，边缘分布函数对单个金融资产刻画的好坏程度将会直接影响到金融资产间相关性的准确性。由于金融资产的收益率序列大多具有尖峰、厚尾及波动的异方差性等特征，传统的正态分布在刻画单个金融资产的收益率特征时就会产生一系列问题。特别是当极端事件发生时，正态分布假设下计算尾部相关性会存在很大误差。对于金融时间序列的刻画目前应用较为广泛的是自回归条件异方差（GARCH）类模型和随机波动（SV）类模型，国内也较多地采用 Copula 理论与 GARCH 结合对金融资产相关性进行分析，有研究表明，SV 类模型对金融数据的刻画能力优于 ARCH 类模型。战雪丽等通过实证分析了基于 Copula－SV 模型研究表明，边缘分布的选择对变量的联合分布具有重要作用，并认为 Copula－SV 模型比 Copula－GARCH 模型在刻画投资组合风险方面具有优越性。

尽管 SV 类模型被用来刻画 Copula 函数的边际分布与实际情况更为相近，但其对极值金融事件（主要表现为尾部数据异常）的描述却显得无能为力。而极值理论仅考虑尾部的分布而不用考虑整体的分布，从而减少了整体分布对整个模型的不必要的影响，使用样本观察值的极值值来对损失分布的尾部行为进行建模，这样可以进行样本外推，具有超越样本的能力，比常用方法具有更大的优越性，能更有效地处理厚尾现象。在实际应用中发现运用 EVT 法对极值分布进行统计推断，可以得到很好的效果，被越来越多地应用到极值风险的刻画当中。

一　数据来源及样本描述性统计特征

本章主要研究中国内地股市和香港股市的相关性，选取沪深 300 指数代表中国内地股市，恒生指数代表香港股市。具体选取沪深 300 指数和恒生指数的每日收盘价为研究对象，研究内地股市和香港股市市场间的相关性变化规律。考虑到沪深 300 指数 2005 年 1 月 4 日才开始公布数据，选取样本的时间段为：2005 年 1 月 4 日到 2012 年 4 月 11 日，排除具有单一交易日的样本，有效样本总数为 1714，定义收益率形式为：

$$X_t = 100(\ln p_t - \ln p_{t-1}) \tag{4-29}$$

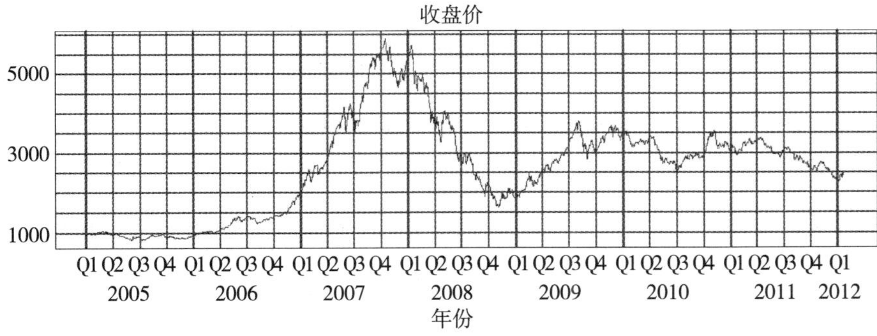

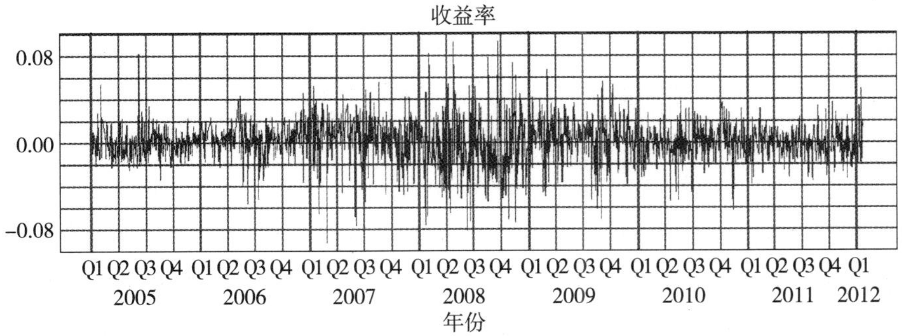

图 4-1　CSI300 收盘价及收益率

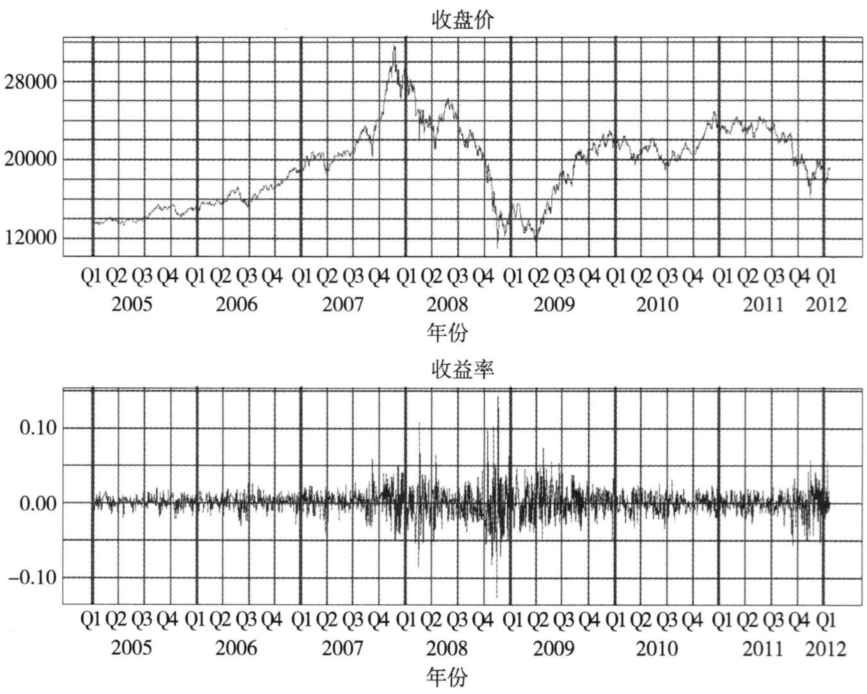

图 4－2　HSI 收盘价及收益率

表 4－2　　CSI300 和恒生指数的描述性统计

指数	均值	标准差	偏度	峰度	$J-B$	Q（20）	Q^2（20）	ADF
沪深 300	0. 0239	0. 8715	－0. 3270	5. 3630	429. 0 ***	32. 86 ***	458. 3 ***	－40. 51 ***
恒生指数	0. 0091	0. 0339	－0. 0520	11. 50	5157 ***	29. 11 ***	2093 ***	－42. 85 ***

注：*** 表示在 1% 水平上显著。

从表 4－2 中可以看到，沪深 300 指数和恒生指数的波动幅度和波动特征有很大差别，但是两种指数收益都不服从正态分布假设（J－B 非常显著），其中均呈左偏形态（偏度 <0），且均具有尖峰厚尾特征（峰度 >3）；另外，由表中 Ljung－Box 统计量 Q（k）可以看出，在较长的时间范围内，都拒绝两种指数收益率序列不存在自相关的原假设，即收益序列中存在序列相关，Q^2（k）检验表明两序列具有条件异方差性。还有表中根据最小 AIC 准则确定最优检验滞后阶数的 Augmented Dickey－Fuller 单位根检验结果表明，两序列都显著拒绝了存在单位根的原假设，因此，两个序列都是平稳（Stationary）时间序列，进而可以直接作下一步的分析和计量建模。

现在来讨论股票收益率的相依程度。其线性相关系数 $\rho = 0.829$，秩相关系数 $\rho_s = 0.819$，Kendall $\tau = 0.618$，说明中国内地股票市场和香港股票市场存在着较强的线性相关性，且 ρ_s 和 τ 比经典的线性相关系数要小。比较这两种收益率的散点图和根据这两种收益率的均值和协方差构造的二元正态分布的模拟图 4－3，很容易看出，在两个分布数据的尾部，差别却相当明显，说明利用二元正态分布来描述这两种股票收益率的分布显然是不准确的，表明使用经典的线性相关系数来度量相依性是不够的。

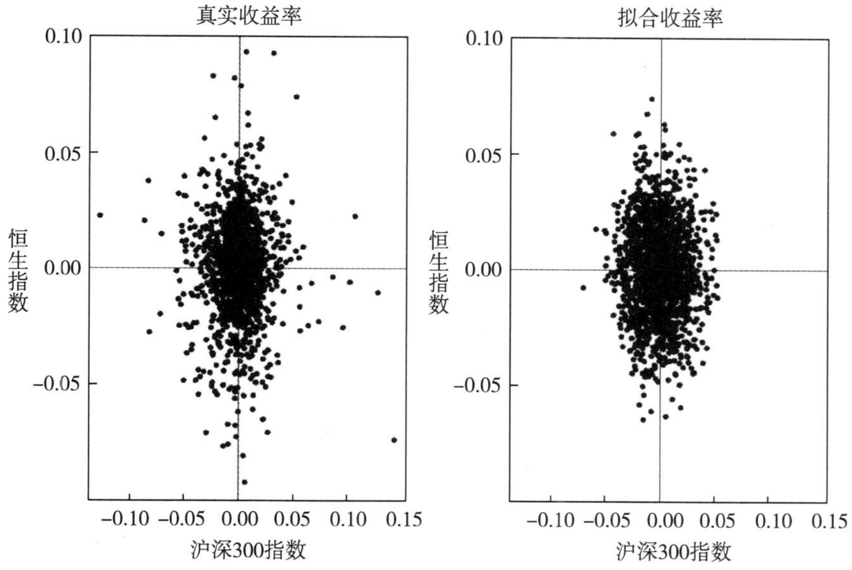

图 4－3　来自二元正态 Copula 的沪深 300 指数和恒生指数的真实收益率和拟合收益率

二　基于 Copula 函数的金融极值风险相关性研究

（一）边缘分布模型

考虑金融时间序列数据存在厚尾等特征，采用极值理论中的广义帕累托分布（GPD）对 Copula 中的边缘分布函数的尾部分布进行拟合。

设 X_1，…，X_N 是独立同分布的随机变量序列，根据 Balkema、de Haan 和 Pickands 定理，对于条件超额对充分大的阈值 u，分布函数 F_u（y）收敛于 $G_{\xi,\beta}$（y），则超额量近似服从广义帕累托分布（GPD），其模型如下：

$$F_u(y) \approx G_{\xi,\beta}(y) = \begin{cases} 1-(1+\xi y/\beta)^{-1/\xi}, & \xi \neq 0 \\ 1-\exp(-y/\beta), & \xi = 0 \end{cases} \tag{4-30}$$

分布函数 $G_{\xi,\beta}$（y）即为 GPD，形状参数 ξ 和尺度参数 β 决定着 GPD 分布情形，ξ 决定着尾部消失的速度，ξ 越大则尾部越厚。当 $\beta=1$ 时，$\xi>0$ 时，此即为厚尾 GPD 分布；当 $\xi<0$ 时，即为薄尾 GPD 型分布，此时 $y \in [0, -\beta/\xi]$，$1/\xi$ 为尾部指数；当 $\xi=0$ 时，则对应为正常尾部的指数分布。

（二）参数估计

金融收益序列多具有厚尾、非对称和尾部极值相关性，而极值理论的优势在于不考虑整个收益率的分布而只关注于超阈值的渐进值分布，因此考虑将金融数据的实际分布和正态分布进行对比，采用广义帕累托分布（GPD）对随机变量 Z_t 的超阈值的样本进行参数估计，运用高斯核平滑方法（经验累计分布函数，CDF）对边缘分布的中间部分进行非参数估计，在综合了参数估计和非参数估计优点的基础上，从而得到半参数模型：

$$F(Z) = \begin{cases} \dfrac{N_u^L}{N}\left[1+\xi^L\dfrac{(u^L-z)}{\beta^L}\right]^{-\frac{1}{\xi^L}}, & z<u^L \\ CDF\Phi(z), & u^L \leqslant z \leqslant u^R \\ 1-\dfrac{N_U^R}{N}\left[1+\xi^R\dfrac{(z-u^R)}{\beta^L}\right]^{-\frac{1}{\xi^R}}, & z>u^R \end{cases} \tag{4-31}$$

其中，u^R 和 u^L 分别表示为随机扰动项的上下尾阈值，相应地，ξ^R 和 ξ^L 为上下尾的形状参数，β^R 和 β^L 为上下尾的尺度参数。N_u^L 为 Z 中低于下尾阈值的样本数，N_u^R 为 Z 中高于上尾阈值的样本数，N 为随机扰动项的样本数。

极值方法实质上是对超阈值 u 的数据次序量进行观测，因而选择合理的阈值 u 至关重要。若选取阈值过高，虽然满足了极值方法的特点，但由于超限值过少易使参数估计产生较大方差；若选择阈值过低，则难以确保超阈值分布的收敛性，易产生有偏估计。通常估计阈值 u 的方法有 3 种：①超额平均函数法；②将阈值设定为标准残差序列的 90% 分位数；③峰度法。考虑到阈值的选取对参数估计精确度的影响，我们先选择峰度法，然后在与超额平均函数法对比，进而确定阈值，然后通过极大似然估计法得出标准残差尾部 GPD 分布的参数值。

表 4 -3　　参数的估计结果

指数	尾部	阈值	超阈值比例	峰度系数	形状参数 ξ		尺度参数 β		K - S 检验	
					ξ 值	标准误	β 值	标准误	KS 统计量	p 值
CSI300	上尾	1.4209	8.406%	2.9978	-0.0252	1.0231	0.5393	8.0030	0.0152	0.9891
	下尾	-1.3560	8.056%	2.9954	-0.0536	-2.4784	0.7045	8.8133		
HSI	上尾	1.3420	8.262%	2.9961	0.0586	2.0232	0.5412	5.3293	0.0222	0.7932
	下尾	-1.3025	9.90%	2.9964	-0.1154	0.6612	0.6463	10.7053		

（三）拟合检验

为了验证 EVT 模型的有效性，把估计的广义 Pareto 分布与经验的超额分布图、上尾分布图、残差散点图和残差 QQ 图进行比较。

从图 4 -4 中超额分布图和尾部分布图可以看出，除个别点外，整体拟合的效果较好，从残差散点图和残差 QQ 图可以看出，拟合曲线均穿过散点密集区，散点紧密围绕直线分布，表明 POT 模型拟合尾部极值状态较好，因此，这里认为模型的选取是合适的，参数的估计是较为精确的。另外，其他尾部的模型有效性可类似得到验证。

（四）Copula 函数选取

考虑 Copula 函数的种类众多，大量文献采用难以同时刻画上下尾的单参数 Copula 来描述两变量的相关性，因此，本节同时采用单参数和双参数的 Copula 函数来拟合两指数的非对称和厚尾特征，具体的 Copula 函数来自 3 类，分别为 EV Copulas、Archimedean Copulas 以及 Archimax Copulas。本节对 Copula 函数的参数估计采用两阶段方法（IFM）。该方法是将边缘分布函数中的参数与 Copula 中的参数分别用极大似然法（ML）进行估计。IFM 和 ML 的效率是非常接近的，但计算却简单得多。如果边缘分布和 Copula 中有太多的参数，直接用 ML 方法估计，精

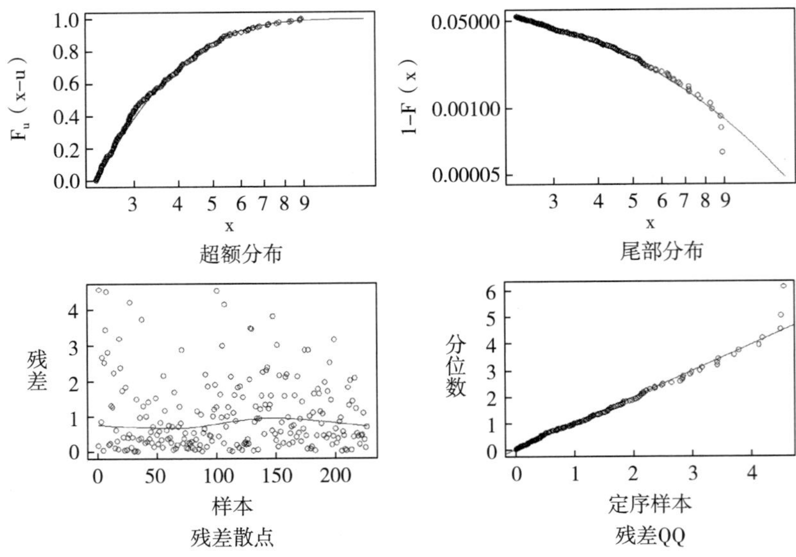

图 4 - 4 CSI300 收益率上尾 EVT 模型拟合

确的数值计算非常困难。运用 IFM 方法估计 Copula 中的参数及检验结果见表 4 - 4。

表 4 - 4 相关 Copula 函数的参数估计和检验

Copula 名称	似然值	*AIC*	*BIC*	δ	θ
Gumbel	1410. 85	-3019. 69	-3013. 10	1. 7769	—
Clayton	1510. 05	-3018. 10	-3011. 52	1. 3658	—
Frank	1489. 98	-2977. 59	-2971. 38	1. 6352	—
BB1	1532. 52	-3028. 45	-2999. 86	3. 1089	0. 8570
BB2	—	—	—	—	—
BB3	1601. 13	-3183. 42	-3156. 71	0. 9001	1. 3827
BB4	1577. 49	-3150. 99	-3137. 29	2. 6967	0. 9158
BB5	1410. 35	-2863. 15	-2816. 22	0. 8837	2. 6781
BB6	1500. 34	-2998. 91	-2968. 57	1. 0000	3. 8561
BB7	1583. 29	-3086. 39	-3053. 26	5. 1114	4. 4024

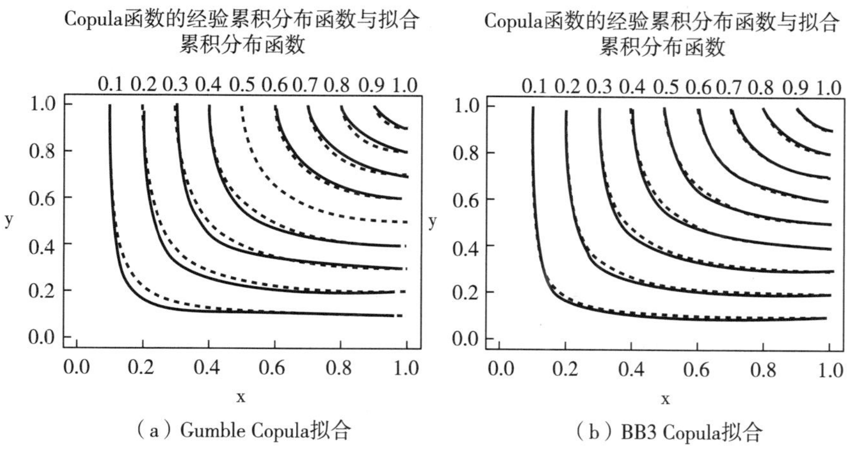

（a）Gumble Copula拟合　　（b）BB3 Copula拟合

图 4-5　沪深 300 指数和恒生指数的相关结构拟合效果

从表 4-4 可得知，双参数结构的 Copula 拟合度普遍高于单参数结构的 Copula，但也有例外，如双参数 BB5 Copula 是所有拟合度较低的，表明 Copula 的选取跟其参数的个数无关，而是取决于样本自身的结构。在单参数 Copula 函数中，用 AIC、BIC 最小原则应选取 Gumbel Copula。Gumbel Copula 的尾部只是上尾相关的。在给出的所有单参数和双参数 Copula 函数中，BB3 Copula 的 AIC、BIC 都是最小的，比较图 4-5 中的（a）Gumbel Copula 拟合图和（b）BB3 Copula 的拟合图，BB3Copula 的拟合效果好于 Gumbel Copula。因此选取 BB3 Copula 来模拟沪深 300 指数和恒生指数的相关结构比较合适，其对应的参数 $\delta = 0.9001$，$\theta = 1.3827$。尾部相关系数常用条件分布函数法，但它不能准确估计尾部的渐近独立性，而联合生成函数法扩展了条件分布函数的应用范围，且更能细致地刻画尾部的相关性，因此本节采用联合生成函数法求尾部相关系数。

对于选取的 BB3 Copula 函数，其上尾部相关系数和缓慢变化函数分别为 $\eta_U = 1$，$s_U(u) = 2 - 2^{1/\theta} = 0.3491$、下尾部相关系数和缓慢变化函数分别为 $\eta_L = s_L(u) = 1$。由此可知，上尾部渐近相关，下尾部完全正相关，表明沪深 300 指数和恒生指数在低迷时期的相关性明显高于其活跃时期的相关性，这与真实的沪深 300 指数和恒生指数的波动规律是一致的。

用 Copula 方法模拟两变量的相关性时，如果仅考虑单参数或双参数 Copula 函数结构，可能会得出错误的结论，而应该同时考虑单参数和双参数的 Copula 函数对变量间的相依结构进行合理刻画。然而以上我们仅仅是从静态角度研究中国内地股市与香港股市的相关性，但事实情况是中国内地股市和香港股市的相关性随时随地都在发生变化，因此，接下来一节，我们从动态的角度，结合时变 Copula 函数研究中国内地股市和香港股市的动态相关性。

三 基于时变 Copula 函数的金融极值风险相关性研究

（一）边缘分布模型

边缘分布的恰当选择是利用 Copula 函数估计金融资产相关性的前提，考虑到资产收益序列的尖峰厚尾和异方差性等特征，首先采用 SV - t 模型刻画单个资产收益波动，度量资产收益的条件方差，过滤后得到独立的随机扰动项，再运用极值理论的 EVT 模型对随机扰动项的上下尾部进行建模，以此得到 SV - EVT 模型，即描述资产组合收益的边缘分布模型。

1. SV - t 模型及参数估计

SV - t 模型是基本 SV 模型的扩展，它体现了资产收益的厚尾性，与实际情况更加接近，对资产收益波动的描述能力更强，因此我们采用 SV - t 模型刻画单个资产收益波动，其具体形式如下：

$$\begin{cases} y_t = exp(\theta_t/2)\varepsilon_t, \ \varepsilon_t \sim i.i.d\ t(0, 1, \upsilon) \\ \theta_t = \mu + \phi(\theta_{t-1} - \mu) + \eta_t, \ \eta_t \sim i.i.d\ N(0, \tau^2), \ t = 1, 2, \cdots, n \end{cases} \tag{4-32}$$

式（4 - 32）中：残差项 ε_t 和 η_t 互不相关；ϕ 为持续性参数，反映了当前波动对未来波动的影响，$|\varphi| < 1$ 时，SV - t 模型是协方差平稳的。SV - t 模型与基本的 SV 模型相比在于 ε_t 服从自由度为 υ 的 t 分布，而非标准正态分布。

SV - t 模型的待估参数为 μ、φ、τ、υ，常用的参数估计主要有伪极大似然法（QML）及广义矩法（GMM）等，但以上方法由于其对样本条件的限制等常会使参数估计值偏误较大。基于 MCMC（Markov Chain Monte Carlo）方法的贝叶斯推断被认为能较好地解决上述问题，尽管其计算相对复杂得多，但对参数的估计较为准确。MCMC 方法不需要知道后验密度的解析表达式，而是提供一种从后验分布对参数向量抽样的一种途径。MCMC 方法对每个变量设置一条马尔科夫链，让它的平稳分布与后验密度相同，当马尔科夫链收敛时，就认为模拟值是从后验分布获得样本。由此，本节采用 Gibbs 抽样的 MCMC 方法对 SV－t 模型进行参数估计，并借助 BUGS 软件来实现，同时参照 Kim 等的经验选取以下分布作为先验分布：

$\mu \sim i.i.N(0,\ 10)$，$\frac{1+\phi}{2} \sim Beta(20,\ 1.5)$，$\tau^2 \sim IGamma(2.5,\ 0.025)$，$\upsilon \sim \chi^2$

2. 极值理论和 SV－EVT 边缘分布模型

极值理论（EVT）是度量风险相关性的一种方法，它可以准确地描述资产收益分布尾部的分位数，利用风险相关性，能实现更高的精确度。极值理论中 POT 模型对样本中超过某一充分大的阈值的样本进行建模，对损失分布直接进行数理分析，克服了其他度量方法在解决尾部分布上的缺陷，近年来得到了广泛的应用。

通过前面应用 SV－t 模型对资产收益的刻画，过滤后可以得到随机扰动项 Z_t。对扰动项 Z_t，用正态分布拟合时会低估尾部风险，因此考虑应用基于极值理论的广义 Pareto 分布。设随机扰动项 Z_t 的分布函数 $F(Z)=P(Z\leqslant z)$，随机变量 Z 超过某个阈值 u 的分布 F_u，其中 F 为 Z 的分布函数。通常，分布函数 F_u 叫作条件极值损失分布函数，表示为：

$$F_u(y)=p(Z-u\leqslant y\mid Z>u) \tag{4-33}$$

其中：$0\leqslant y\leqslant z_F-u$；$z_F\leqslant\infty$ 是分布的右端点，因此 F_u 可表示为：

$$F_u(y)=\frac{F(u+y)-F(u)}{1-F(u)}=\frac{F(z)-F(u)}{1-F(u)} \tag{4-34}$$

上式中 $F_u(y)$ 被称为超阈值分布，并且对于充分大的阈值 u，存在一个 $G_{\xi,\beta}(y)$ 使得：

$$F_u(y)\approx G_{\xi,\beta}(y)=\begin{cases}1-\left(1+\xi\dfrac{y}{\beta}\right)^{-\frac{1}{\xi}}, & \xi\neq 0\\ 1-e^{-\frac{y}{\beta}}, & \xi=0\end{cases} \tag{4-35}$$

上式中 ξ 为形状参数，β 为尺度参数。当 $\xi\geqslant 0$ 时，$y\in$

$[x_F, -\sigma/\xi]$；当 $\xi<0$ 时，$y\in[0, -\beta/\xi]$。分布函数 $G_{\xi,\beta}(y)$ 被称为广义帕累托分布函数（GPD），广义帕累托分布（GPD）能对资产收益序列的尾部进行很好的拟合，弥补了其他分布对资产收益序列刻画的不足。基于此，对随机扰动项 Z_t，采用极值理论估计其的上下尾分布，而对于处于上下尾阈值之间的随机扰动项采用基于累计经验分布函数来拟合，从而得到金融资产收益率随机扰动项 z 的边缘分布，即资产组合的 SV－EVT 边缘分布模型：

$$F(Z)=\begin{cases}\dfrac{N_u^L}{N}\left(1+\xi^L\dfrac{u^L-z}{\beta^L}\right)^{-1/\xi^L}, & z<u^L\\ \Phi(z), & u^L\leqslant z\leqslant u^U\\ 1-\dfrac{N_u^U}{N}\left(1+\xi^U\dfrac{z-u^U}{\beta^U}\right)^{-1/\xi^U}, & z>u^U\end{cases}\tag{4-36}$$

其中 ξ^L 为下尾的形状参数，β^L 为下尾的尺度参数，u^L 为下尾阈值，N_u^L 为 z 中低于下尾阈值的样本数；ξ^U 为上尾的形状参数，β^U 为上尾的尺度参数，u^U 为上尾阈值，N_u^U 为 z 中高于上尾阈值的样本数。

（二）时变 Copula 理论

1. Copula 函数基本理论

Copula 理论为复杂得多变量建模提供了一个简单的方法。Copula 在研究的过程中，可将随机变量的边缘分布和它们之间的相关结构分开来研究，其中相关结构可由 Copula 函数描述，这使建模问题大大简化，同时也有助于我们对很多金融问题的分析和理解。Copula 函数可看成一个多维分布函数 C：$[0, 1]^n\rightarrow[0, 1]$，其边缘分布 F_1，…，F_n 为区间 $[0, 1]$ 上的均匀分布，最早由 Sklar（1959）提出。Sklar 定义了一个联合分布分解为它的 K 个边缘分布和一个 Copula 函数，其中 Copula 函数描述了变量间的相关结构。具体表述为：

令 F 为具有 n 维边缘分布 $F(x_1)$，$F(x_2)$，…，$F(x_n)$ 的联合分布函数，则存在一个 Copula 函数 C，满足：$F(x_1, x_2, \cdots, x_n)=C[F(x_1), F(x_2), \cdots, F(x_n)]$。若 $F(x_1)$，$F(x_2)$，…，$F(x_n)$ 连续，则 Copula 函数是唯一确定的；反之，如果 C 是 n 维 Copula 函数，F_1，F_2，…，F_n 是分布函数，则由上面定义的函数 F 是边际分布为 F_1，F_2，…，F_n 的 n 维随机变量的联合分布函数。

2. 时变 Copula 函数

传统的多维变量间的相关系数常由线性相关性来描述，其计算方便意义直观而被普遍应用。而 Embrechts 等指出了线性相关系数对相依关系的描述具有局限性，认为其限制条件不易满足而会导致错误的相关性结论。由于相关性会随着市场的波动性而发生变化，具有条件时变特性，尤其是在市场发生重大危机和异常波动时，更要采用可以描述尾部相关的时变相关模式。尾部相关性描述一个金融市场（金融资产）大的波动后，是否会引起另一个市场（资产）的大的波动。Copula 函数可以很简捷地处理金融市场之间的尾部相关性，如果存在 Copula 函数 $C(u, v)$，则下尾相关系数和上尾相关系数分别为：

$$\tau^L = \lim_{u \to 0} \frac{C(u, u)}{u}, \quad \tau^U = \lim_{u \to 1} \frac{1 - 2u + C(u, u)}{1 - u} \tag{4-37}$$

对于存在显性表达形式的 Copula 函数，我们可以直接求得其尾部相关系数。但是不同的 Copula 函数在描述金融资产相关性的时候存在各自特点，例如，在常见的 Copula 函数中，正态 Copula 和 t - Copula 无法捕捉金融资产间的非对称相依性，Gumbel Copula 无法捕捉下尾相依性，Clayton Copula 无法捕捉上尾相依性，Frank Copula 对上尾相依性和下尾相依性均无法捕捉，而对尾部描述比较好的 JC Copula 与常见的 Copula 具有显著的优点，它可以同时描述上尾相依性和下尾相依性，但是它仍有一个不足：当描述上下尾相依系数相同的联合分布时，JC Copula 函数是非对称的。为了克服上述缺点，Patton 提出了 SJC Copula 函数来刻画资产间的相依性，SJC Copula 函数由于良好的特性，被广泛应用于金融市场或金融资产间的相关性分析中。SJC Copula 函数的形式如下：

$$C_{SJC}(u, v \mid \tau^U, \tau^L) = 0.5[C_{JC}(u, v \mid \tau^U, \tau^L) + C_{JC}(1-u, 1-v \mid \tau^U, \tau^L) + u + v - 1] \tag{4-38}$$

在应用 Copula 函数研究金融时间序列的一般尾部相关性时，为了简单、明了地描述序列间的相关性，一般假定尾部相关参数 τ^U、τ^L 为常数，事实上金融市场是一个不断波动变化的环境，外部环境的不断变化，使序列间的相关关系随时间发生波动。为了研究变量间尾部的相关关系不断变化的特性，分别用一个类似于 ARMA（1，10）的过程来描述 SJC - Copula 函数的上下尾相关系数：

$$\begin{cases} \tau_t^L = \Lambda\left(\omega_L + \beta_L \tau_{t-1}^L + \alpha_L \frac{1}{10}\sum_{j=1}^{10} |u_{t-j} - \nu_{t-j}|\right) \\ \tau_t^U = \Lambda\left(\omega_U + \beta_L \tau_{t-1}^U + \alpha_U \frac{1}{10}\sum_{j=1}^{10} |u_{t-j} - \nu_{t-j}|\right) \end{cases} \quad (4-39)$$

其中，$\Lambda(x) = (1 - e^x)/(1 + e^x)$ 是为了确保 τ^U、τ^L 始终处于 $(-1, 1)$ 的区间内。SJC－Copula 函数的两个参数：τ^U、τ^L 是测量尾部动态结构的条件时变参数，这样 SJC－Copula 函数就具有时变特征，时变 SJC－Copula 函数的参数和尾部相关系数具有一一对应的关系，可以很好地描述非对称相关、尾部特征以及市场剧烈波动时候的相关性。因此，本节就选择时变 SJC－Copula 函数作为连接函数，另外为了比较分析，同时还选择时变正态 Copula 函数一起分析。

3. 时变 Copula 函数估计

经常采用的时变 Copula 函数估计方法有两种：极大似然估计（MLE）和分步估计（IFM），考虑到 MLE 估计在参数估计比较多的情况下不利于寻优，而且时变 Copula 函数的特点使时变 Copula 模型非常适合采用多阶段估计法。因此本节采用 IFM 对时变 Copula 函数进行估计。

设 t 时两随机变量的边缘密度函数为 f_i，对应累积分布函数为 F_i，分布函数的参数为 θ_i，SJC Copula 的时变参数为 θ_{ct}，则其联合表达式可表示为：

$$f(x_{1t}, x_{2t}, \cdots; \theta_1, \theta_2, \cdots, \theta_{ct}) = c[F_1(x_{1t}; \theta_1), F_2(x_{2t}; \theta_2), \cdots, F_N(x_{Nt}; \theta_2), \theta_{ct}] \prod_{i=1}^{N} f_i(x_{it}; \theta_i) \quad (4-40)$$

式（4－40）对应的对数似然函数为：

$$\ln L(x_1, x_2, \cdots, x_N; \theta) = \sum_{t=1}^{T}\sum_{i=1}^{N} \{\ln f_n(x_{it}; \theta_i) + \ln c[F_1(x_{1t}; \theta_1), c(F_2(x_{2t}; \theta_2), \cdots, F_N(x_{Nt}; \theta_N); \theta_{ct}]\} \quad (4-41)$$

接下来对时变 SJC－Copula 函数进行两阶段估计，第一步，通过对边缘分布函数进行对数极大似然估计求出相应的 θ_i：

$$\theta_i = \operatorname{argmax} l^c(\theta_i) = \operatorname{argmax} \sum_{t=1}^{T} \ln f_{it}(x_i, \theta_i) \quad (4-42)$$

第二步，将求出的 θ_i 代入式（4－42）进行极大似然估计，求出参数 θ_{ct}：

$$\theta_{ct} = \arg\max l^{c}(\theta_{ct}) = \arg\max \sum_{t=1}^{T} \ln c\{F_1[F_1(x_{1t},\theta_1),\cdots,F_N(x_{nt},\theta_n);\theta_{ct}]\} \tag{4-43}$$

（三）实证分析

1. 边缘分布估计

边缘分布模型有两部组成：SV－t模型和EVT模型。估计的顺序为，首先对SV－t模型进行估计，在估计出参数的基础上求得标准残差序列，进而应用EVT模型拟合标准残差的尾部数据，具体的估计结果如表4－5所示。

表4－5　　边际分布估计结果

	沪深300	恒生指数			沪深300	恒生指数
μ	－0.9963	－1.359	β^U		0.5393	0.5412
φ	0.9916	0.9853	ξ^U		－0.0252	0.0586
τ	0.09456	0.1202	u^L		－1.3560	－1.3025
υ（t分布自由度）	9.32	15.95	u^U		1.4209	1.3420
β^L	0.7045	0.6463	K－S检验	统计量	0.0152	0.0222
ξ^L	－0.0536	－0.1154		概率值	0.9891	0.7932

由表4－5可以看出，μ表示两市场指数的波动水平，从绝对值上看，香港股市比中国内地股市略高，ϕ值都接近于1表示两市场都有很强的波动持续性，只是中国内地股市波动持续性更强一些，模型的精度参数τ反映了两市场的波动噪声，υ反映了两市场的收益率明显不同于正态分布，具有显著的尖峰后尾性，并且香港股市比中国内地股市更明显。EVT模型的尾部参数估计显示，中国内地股市和香港股市下尾的形状参数ξ分别为－0.0536、－0.1154，中国内地股市的下尾更厚一点，上尾的形状参数ξ分别为－0.0252、0.0586，香港股市的上尾更厚一点。另外，从表4－5中给出的$K-S$的相伴概率可以发现，原序列做概率积分变换后的序列服从［0，1］的均匀分布。另外对各序列的自相关检验还发现，变换后的各序列均不存在自相关，认为变换后的序列均是独立的。$K-S$检验和自相关检验表明根据SV－EVT模型可以较

好地描述沪深 300 指数和恒生指数的边缘分布。为了进一步验证 EVT 尾部估计，图 4 -6 给出了沪深 300 指数（左图）和恒生指数（右图）收益率随机扰动项的上尾溢出数据 GPD 分布的拟合效果图，可以看到除个别点外 GPD 模型对溢出的数据拟合得比较好。因此，认为以 SV - EVT 模型作为边缘分布模型的选择是合理的。

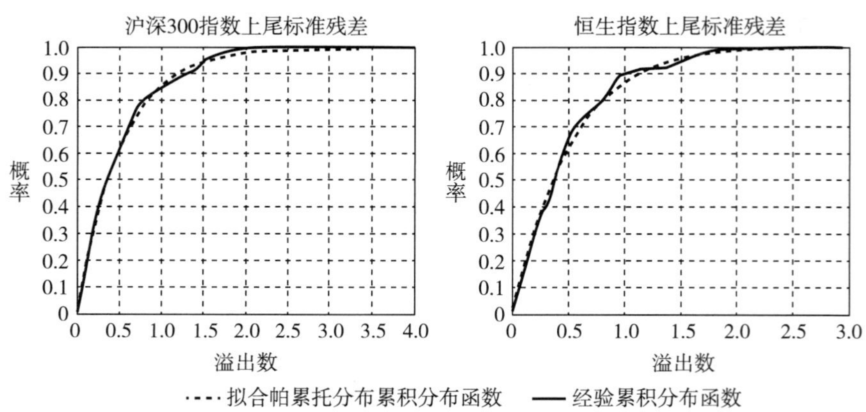

图 4 -6　沪深 300 指数和恒生指数上尾溢出数据 GPD 分布的拟合效果

2. 时变 Copula 函数估计

在边际分布估计的基础上，利用上文提到的时变 SJC - Copula 模型和估计方法对沪深 300 指数和恒生指数的风险相关性进行分析，同时为了体现时变 SJC - Copula 模型动态性和对比分析，本节同时对常相关正态 Copula 模型、时变正态 Copula 模型以及常相关 SJC - Copula 模型也进行估计，具体结果如表 4 -6 所示。

由表 4 -6 可以看到，沪深 300 指数和恒生指数尾部存在正的相关性。在沪深 300 指数和恒生指数在常相关的尾部的相关性分析中，其正态 Copula 尾部相关性测度为 0. 4287，显著异于尾部的线性相关系数 (0. 4520)，相比下降了 5. 4%，这表明基于正态分布假设前提下，线性相关是有偏的。在常相关 SJC Copula 尾部相关性测度中，上尾的相依性为 0. 1725，下尾的相依性为 0. 2842，这暗示熊市中的尾部相关性高于牛市。另外，不管是根据极大似然值还是按照 AIC 值或 BIC 值进行拟合优度的排序，时变正态 Copula、时变 SJC Copula 对尾部相关性的拟合

表 4-6　相关 Copula 模型参数估计结果

	δ	ω	α	β	τ^U	τ^L	ω^U	α^U	β^U	ω^L	α^L	β^L	对数似然值	AIC	BIC
正态 Copula	0.4287	—	—	—	—	—	—	—	—	—	—	—	-173.8973	-347.7862	-347.7830
时变正态 Copula	—	0.0051	0.1041	2.0468	—	—	—	—	—	—	—	—	-182.5944	-365.1853	-365.1758
SJC Copula	—	—	—	—	0.1725	0.2842	—	—	—	—	—	—	-173.1515	-346.3007	-346.2943
时变 SJC Copula	—	—	—	—	—	—	2.2202	-12.1143	-4.9450	-1.5583	-1.7649	3.6743	-187.1148	-374.2226	-374.2036

注：δ 为正态 Copula 的参数，τ^U、τ^L 为 SJC Copula 的上尾和下尾参数，ω 为常相关系数，α、β 为时变 SJC Copula 的相关系数，AIC、BIC 为信息准则。

度优于对应的常相关 Copula，说明动态 Copula 更能描述变量间的相关性，更进一步地说，根据 AIC、BIC 最小原则，时变 SJC Copula 拟合两股票市场的尾部相依结构较佳，因此，可以初步得出结论，时变 SJC Copula 对两股票市场的尾部相关性的度量是有效的。

3. 结果的进一步分析

为了进一步揭示中国内地股市和香港股市的动态相关性，图 4－7、图 4－8 分别给出了正态 Copula、SJC Copula 的时变相关系数变化趋势。图 4－7 是采用正态 Copula 函数拟合得到的中国内地股市和香港股市的尾部之间相关参数的常数图和时变图。中国内地股市和香港股市的尾部呈现正相关关系，但相关的程度较弱并且波动比较大。从投资组合的角度看，选择资产相关性小的资产进行组合，可以降低投资风险，中国内地股市和香港股市收益率序列之间静态的相关关系分析表明，通过组合中国内地股市和香港股市的方式可以较好地降低投资风险。图 4－7 中动态 Copula 的时变相关系数介于 0.1438 和 0.6314。可见相关系数变动范围比较大，从总体值大小方面来说，动态 Copula 的时变相关系数的值有大于常相关系数的也有小于常相关系数的，但最大也仅仅是 0.6314，并且，从图中可以看出，随着时间的推移，两市场的相关性有增大的趋势。

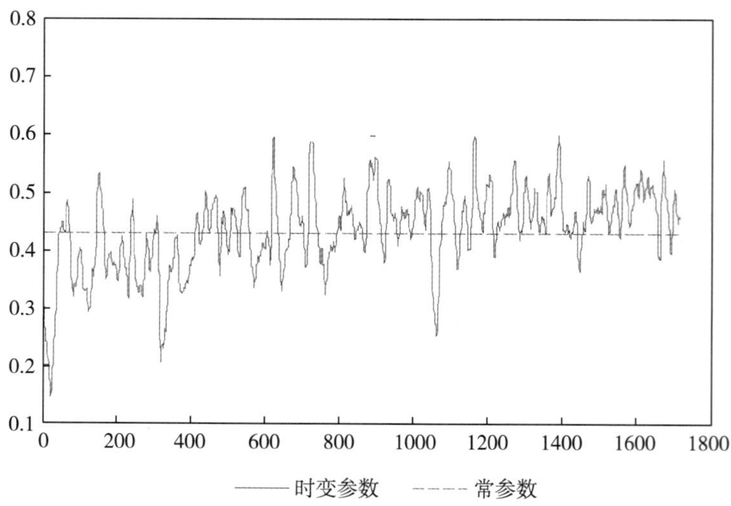

图 4－7　正态 Copula 的相关性趋势

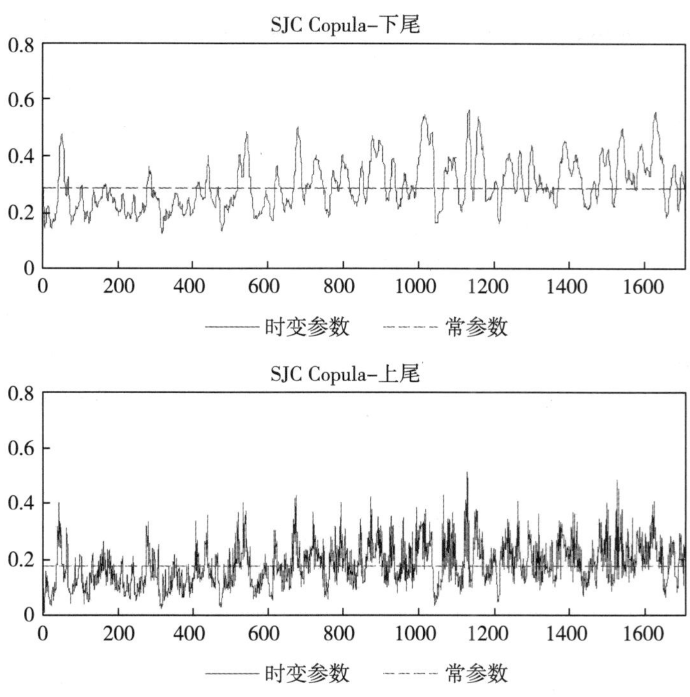

图 4 -8　SJC Copula 的相关性趋势

图 4 -8 为 SJC Copula 函数拟合得到的中国内地股市和香港股市的尾部相关参数的常数图和时变图。通过图 4 -8 上下两个图的对比明显可见，中国内地股市和香港股市在下尾的相关性比起上尾来说要强一些，两市场的非对称性相关规律比较明显。在上尾，两个市场的相关系数基本上在 0.1825 左右浮动，而且在中国资本市场开放过程中相对稳定，并没有表现出上升趋势，这表明中国内地股市和香港股市同时大涨的概率也不大。而在下尾，也就是在两个市场都处于低迷的状态的时候，其相关系数在 0.3 左右浮动，两个市场的相互影响显得要明显得多。2005 年的汇率改革和 2006 年 QDII 制度推出之后中国股市和香港股市之间的下尾相依系数出现较大幅度上升，并且在开放进程中中国内地股市与香港股市下尾相依性表现较大的时变性最大值达到了 0.5786，充分说明时变 SJC Copula 可以更好地捕捉中国内地股市和香港股市之间的相依的动态变化，这跟极大似然值、AIC、BIC 比较的结果一致，充分说明在市场低迷的时候，两个市场的投资者相对来说更加在意另一个市场的涨跌情况，

跟风的趋势相对要强。也从另一个侧面说明，随着中国资本市场开放进程的加快，中国内地股市和香港股市之间的风险联动表现越来越明显，中国内地股市和香港股市同时出现极值下跌的可能性越来越大。

总体来说，不管是常相关还是时变相关的 Copula，考虑尾部相关的 SJC Copula 比正态 Copula 的拟合效果都要好得多，这说明中国内地股市和香港股市的相关性确实具有明显的非对称性。这种非对称相关性的原因从投资者角度可以认为：人们对利空消息的敏感程度要远远大于利好消息的敏感程度。当一个市场出现暴跌情形时，人们会感到很紧张，就会立即采取行动；相反，当一个市场出现上涨趋势时，人们关心的程度并不像下跌情形时那样立刻跟进。

第四节　小结

金融资产相关结构的研究是金融市场风险分析的重要内容之一。过去对风险分析的研究主要集中在金融资产收益的分布上，而忽略了市场风险与个股风险的不同作用。近几年对资产间相关结构的研究引起了人们的广泛重视。本章主要从静态相关性和动态相关性两个方面，结合极值理论和 Copula 函数对金融市场风险相关性进行研究。首先，根据经典的线性相关系数度量金融风险相关性的不足，我们引进极值理论，再结合 Copula 函数，研究发现，用 Copula 方法模拟两变量的相关性时，如果仅考虑单参数或双参数 Copula 函数结构，可能会得出错误的结论，而应该同时考虑单参数和双参数的 Copula 函数对变量间的相依结构进行合理刻画。其次，运用时变 Copula 技术讨论了金融市场的相关模式问题，具体就是通过把随机波动模型和极值理论结合起来构建 SV - EVT 模型作为边缘分布来拟合收益序列的典型事实特征，在此基础上通过构建四种 Copula 模型实证研究中国内地股市和香港股市相关性。研究表明，SJC Copula 比正态 Copula 好，动态 Copula 模型比静态的要好；中国内地股市和香港股市确实存在非对称的相关变化规律，且下尾相关性明显高于上尾，熊市效应显著；也说明传统意义下的高斯相关结构确实不能较全面地反映金融资产间的相关关系，尤其是在刻画尾部相关性上还不够。

第五章　基于 Copula 理论的投资组合极值风险测度研究

对于持有多种相异金融资产的风险管理者来说，金融市场间的关系日趋复杂，更多地呈现出非线性、非对称和厚尾的特性，这为组合资产投资者的风险管理能力提出了挑战。单个资产的风险度量可以根据 VaR 的定义直接得到，而投资组合风险度量需要刻画金融资产收益的联合分布。有实证研究表明金融时间序列数据具有“尖峰厚尾”的特征，并且在很多情况下，资产收益序列间存在着非线性相关关系，如果简单地假设投资组合中的单个资产间为线性相关性假设，则会对风险度量的结果产生较大的偏差，因而有必要引进一种更好的相关性分析方法来弥补传统多元统计假设的不足。

Copula 技术为解决这一问题提供了新的思路，Copula 函数是把多维随机变量的联合分布用其一维边缘分布连接起来的函数，通过 Copula 理论则能构造出灵活的多元分布，可以选择各种边缘分布，然后通过合适的 Copula 函数连接起来，就可以得到一个更贴近现实分布的联合分布，同时 Copula 函数不但描述了变量之间的相关程度，更进一步描述了变量间的相依结构，这些都使 Copula 模型成为具有更强地刻画现实金融序列分布的动态模型。Copula 函数为求取联合分布函数提供了一条便捷、准确的通道，可以解决非正态假设下求解投资组合的联合分布的问题，从而克服了传统正态分布假定的很多不足之处。毫无疑问，作为一种新兴的金融工具，Copula 函数在投资组合理论中的应用前景非常广阔。

Copula 函数采用把多维随机变量的联合分布函数用其一维边际分布

函数连接起来，所以在度量风险价值时，边际分布函数的确定也是一个十分关键的问题，边际分布函数对单个金融资产刻画的好坏程度将会直接影响到投资组合风险价值计算上的准确性。由于金融资产的收益率序列大多具有尖峰、厚尾及波动的异方差性等特征，传统的正态分布在刻画单个金融资产的收益率特征时就会产生一系列问题。特别是当极端事件发生时，正态分布假设下计算得到的投资组合的风险价值会低估风险。尽管 SV 类模型被用来刻画 Copula 函数的边际分布与实际情况更为相近，但其对极值金融事件（主要表现为尾部数据异常）的描述却显得无能为力。极值理论不研究序列的整体分布情况，只关心序列的极值分布情况，在极值条件下，用极值理论方法得到的 VaR 估计值与经验分布非常接近，提供了超越样本的预测能力，比常用方法具有更大的优越性，能更有效地处理厚尾现象。在实际应用中发现运用 POT 法与其他模型（GARCH 族、SV 族）或函数（Copula 函数）相结合对极值分布进行统计推断，可以得到很好的效果，被越来越多地应用到极值风险的刻画当中，但是还没有文献把随机波动模型与极值理论和 Copula 理论结合起来研究金融风险的。

鉴于以上分析，为对资产组合进行更为精确的风险度量，需要建立一种能恰当反映各资产收益率实际分布和投资组合收益相关性的资产组合模型。本章将 Copula 理论运用于多元投资组合的风险管理，首次运用随机波动模型与极值理论结合刻画资产收益的边缘分布，再结合 Copula 理论来构建金融时间序列的相依关系，实现从单一资产到组合资产的过渡，并通过 Monte Carlo 模拟计算投资组合的 VaR，最后通过实证分析该资产组合对风险测度的有效性。

值得提到的是在对 Copula 进行选择时，本节并没有直接利用某一种 Copula 函数，而是通过对两种 Copula 函数的拟合优度进行比较，最后选择 t - Copula 来刻画资产组合的相关结构，这样我们得到的联合分布就能作为现实依据，得到的风险估计也就更加准确。

第一节　基于投资组合极值风险测度模型构建

极值理论是针对数据尾部进行建模的理论，可以很好地捕捉到极端事件发生的概率，因此能更好地用于度量极值市场下的风险。Copula 函数是一种能把多变量的联合分布和多变量的边缘分布连接在一起的函数，其可以把求多变量的联合分布函数问题转化成求多个一元边缘分布和这个连接函数——Copula 函数的过程，使得对多元投资组合的研究变为可能。此外，Copula 函数可以捕获随机变量间非线性的相关关系和尾部相关关系，因此本节将结合这两个模型同时捕捉投资组合的数据信息。

一　基于 Copula 函数投资组合极值风险测度模型构建

对资产组合中的边缘分布即单个资产收益率分布的恰当估计是利用 Copula 函数正确估计多元资产收益风险的前提。考虑到资产收益序列的尖峰厚尾和异方差性等特征，本节采用 SV－t 模型刻画单个资产收益波动，度量资产收益的条件方差，过滤后得到独立的随机扰动项，再运用极值理论的 POT 模型对随机扰动项的上下尾部进行建模，以此得到 SV－t－EVT 模型，即描述资产组合收益的边缘分布模型，应用 SV－t 模型对资产收益进行刻画，过滤后得到随机扰动项 Z_t。对扰动项 Z_t，用正态分布拟合时会低估尾部风险，因此考虑应用基于极值理论的广义 Pareto 分布。设随机扰动项 Z_t 的分布函数 $F(Z)=P\ (Z\leqslant z)$，随机变量 Z 超过某个阈值 u 的分布 F_u，其中 F 为 Z 的分布函数。并对随机扰动项 Z_t，采用极值理论估计其的上下尾分布，而对于处于上下尾阈值之间的随机扰动项采用基于累计经验分布函数来拟合，从而得到金融资产收益率随机扰动项 z 的边缘分布，即资产组合的 SV－EVT 边缘分布模型。

$$F(Z)=\begin{cases}\dfrac{N_u^L}{N}\left(1+\xi^L\dfrac{u^L-z}{\beta^L}\right)^{-1/\xi^L}, & z<u^L\\ \Phi(z), & u^L\leqslant z\leqslant u^R\\ 1-\dfrac{N_u^R}{N}\left(1+\xi^R\dfrac{z-u^R}{\beta^R}\right)^{-1/\xi^R}, & z>u^R\end{cases}\tag{5-1}$$

其中 ξ^L 为左尾的形状参数，β^L 为左尾的尺度参数，u^L 为左尾阈值，N_u^L 为 z 中低于左尾阈值的样本数；ξ^R 为右尾的形状参数，β^R 为右尾的尺度参数，u^R 为右尾阈值，N_u^R 为 z 中高于右尾阈值的样本数。另外，选择合理的阈值参数 u，是正确估计参数 ξ 和 β，进而精确计算 VaR 的前提，阈值 u 的估计通常采用平均超额函数法。

最后通过构建的 SV - t - EVT 边缘分布模型与 Copula 函数结合组建 Copula - SV - t - EVT 极值风险测度模型：

$$
\begin{cases}
y_t = \exp(\theta_t/2)\varepsilon_t, \ \varepsilon_t \sim i.i.d\ t(0, 1, \upsilon) \\
\theta_t = \mu + \phi(\theta_{t-1} - \mu) + \eta_t, \ \eta_t \sim i.i.d\ \mathrm{N}(0, \tau^2), \ t = 1, 2, \cdots, n \\
(z_{1t}, \cdots, z_{Nt}) \mid I_{t-1} \sim C[F_1(z_{1t}), \cdots, F_N(z_{Nt}) \mid I_{t-1}] \\
F(Z) = \begin{cases} \dfrac{N_u^L}{N}\left(1 + \xi^L \dfrac{u^L - z}{\beta^L}\right)^{-1/\xi^L}, & z < u^L \\ \Phi(z), & u^L \leqslant z \leqslant u^R \\ 1 - \dfrac{N_u^R}{N}\left(1 + \xi^R \dfrac{z - u^R}{\beta^R}\right)^{-1/\xi^R}, & z > u^R \end{cases}
\end{cases}
\tag{5-2}
$$

同时，为了比较分析，我们同时构建 Copula - GARCH - t - EVT 模型：

$$
\begin{cases}
y_t = \mu + \varepsilon_t \\
\varepsilon_t = h_t^{1/2}\xi_t \\
h_t = a_0 + a\varepsilon_{t-1}^2 + \beta h_{t-1}^2 \\
\xi_t \sim N(0, 1) \\
\sqrt{\dfrac{\nu_n}{(\nu_n - 2)}} \cdot \xi_t \mid I_{t-1} \sim t(\upsilon_n) \\
(z_{1t}, \cdots, z_{Nt}) \mid I_{t-1} \sim C[F_1(z_{1t}), \cdots, F_N(z_{Nt}) \mid I_{t-1}] \\
F(Z) = \begin{cases} \dfrac{N_u^L}{N}\left(1 + \xi^L \dfrac{u^L - z}{\beta^L}\right)^{-1/\xi^L}, & z < u^L \\ \Phi(z), & u^L \leqslant z \leqslant u^R \\ 1 - \dfrac{N_u^R}{N}\left(1 + \xi^R \dfrac{z - u^R}{\beta^R}\right)^{-1/\xi^R}, & z > u^R \end{cases}
\end{cases}
\tag{5-3}
$$

二 基于 Copula 函数的投资组合 VaR 计算

通过 Copula 函数可以构造灵活的多元分布函数，能较好地衡量资产组合内各金融资产收益的相关关系。因此，在边缘分布模型确定后，需要依据Copula理论来构建反映金融资产收益率相关性的联合分布函数，在通过选择最优Copula函数，进而求出投资组合的VaR值。

（一）Copula函数与投资组合VaR表达式

Copula函数可看成一个多维分布函数C：$[0, 1]^n \to [0, 1]$，其边缘分布F_1，…，F_n为区间［0，1］上的均匀分布，最早由Sklar（1959）提出。Sklar定义了一个联合分布分解为它的K个边缘分布和一个Copula函数，其中Copula函数描述了变量间的相关结构。具体表述为：

令F为具有n维边缘分布$F(x_1)$，$F(x_2)$，…，$F(x_n)$的联合分布函数，则存在一个Copula函数C，满足：$F(x_1, x_2, \cdots, x_n) = C[F(x_1), F(x_2), \cdots, F(x_n)]$。若$F(x_1)$，$F(x_2)$，…，$F(x_n)$连续，则Copula函数是唯一确定的；反之，如果$C$是$n$维Copula函数，$F_1$，$F_2$，…，$F_n$是分布函数，则由上面定义的函数$F$是边际分布为$F_1$，$F_2$，…，$F_n$的$n$维随机变量的联合分布函数。

根据Sklar定理，可将Copula函数表述为边际分布为［0，1］均匀分布的n维变量的联合分布函数，其中n为不等于0的整数。用Copula理论建立金融模型时，可以将随机变量的边缘分布和它们之间的相关结构分开来研究。假定随机变量X和Y分别代表两种金融资产的损失，它们的边缘分布分别为$F(x)$和$G(y)$，具有Copula函数$C[F(x), G(y)]$，则投资组合的VaR可表示为：

$$P[\delta X + (1-\delta) Y > \gamma] = \int \mathrm{d}C[F(x), G(y)] \tag{5-4}$$

其中δ代表资产X在投资组合中的权重，γ为限定值，与置信水平α有对应关系。Copula技术是对整个联合分布建模，并且很容易推广到条件分布的情形。

（二）Copula函数的相关性分析

传统的多维变量间的相关系数常由线性相关性来描述，其计算方便意义直观而被普遍应用。而Embrechts（1997）等指出了线性相关系数对相依关系的描述具有局限性，认为其限制条件不易满足而会导致错误的相关性结论。由 Copula 函数导出的秩相关系数作为描述随机变量间相依关系的统计量正在逐渐为人们所重视。秩相关性由随机变量间的联合分布关系得到，而无须考虑边缘分布的相依性度量方法，适用于任何分布，并且，秩相关性反映的是变量间的单调相依性，其在非线性单调变换下保持不变，具有良好的统计特性，应用性也更为广泛。另外，秩相关性的测度如 Kendall 的τ、Spearman 的 ρ 系数等还与 Copula 函数中的参数有一一对应关系，因而更有利于 Copula 函数的参数估计。本节选取多元正态 Copula 和 t－Copula 描述变量间的相关关系。按照 Copula 理论，N 元正态 Copula：

$$C(u_1, \cdots, u_N; \rho) = \Phi_\rho[\Phi^{-1}(u_1), \cdots, \Phi^{-1}(u_N)] \tag{5-5}$$

其中 ρ 表示多元正态分布函数的相关系数矩阵，Φ_ρ 为相关系数矩阵 $\sum$ 的 N 维正态分布函数；Φ^{-1}为标准正态分布函数的反函数。

N 元 t－Copula 为：

$$C(u_1, \cdots, u_N; \rho, v) = T_{\rho,v}[t_v^{-1}(u_1), \cdots, t_v^{-1}(u_N)] \tag{5-6}$$

其中 ρ 表示多元正态分布函数的相关系数矩阵，$T_{\rho,v}$表示相关系数为 ρ，自由度为 v 的自由度，t_v^{-1} 为 t 分布的反函数。

（三）投资组合的 Monte Carlo 模拟及 VaR 值的计算

确定最优 Copula 函数之后，即可度量资产组合收益率的风险。在运用 Copula 模型计算投资组合的 VaR 时，VaR 的解析式一般不容易求出，因此常常运用 Monte Carlo 模拟法来进行计算，通过模拟得到与真实分布更接近的联合分布，从而可以建立更为有效的风险管理模型。Monte Carlo 模拟法首先根据其历史数据得到未来概率分布的参数，然后利用随机模拟来产生未来资产收益的可能情景集，再根据置信水平得到 VaR 值，具体方法如下：

考虑 n 个资产收益序列，假设资产 i 的等间隔收益率观测样本为 $\{r_{i1}, r_{i2}, \cdots, r_{iT}\}$，$i=1, \cdots, N$，利用其历史数据估计 Copula 模型的参数，包括边缘分布参数和 Copula 函数的参数。由此可以确定各资产收益的概率分布 $F_1, \cdots, F_n$ 和描述资产间相关结构的 Copula 函数 $C(u_1, \cdots, u_n)$，其中 $u_1 = F_1(x), \cdots, u_n = F_n(x)$。显然，$u_1, \cdots, u_n$ 均服从［0，1］上的均匀分布。然后，利用 Copula 和 Monte Carlo 模

拟计算投资组合的 VaR 值：

①生成［0，1］上已求得类型 Copula 函数 $C(u_1, \cdots, u_n)$ 的均匀分布的随机数 $u_1, \cdots, u_n$。

②根据各资产收益率的分布函数 $F_1, \cdots, F_n$，计算与 $u_1, \cdots, u_n$ 对应的资产收益 $x_1, \cdots, x_n$ 的值：$x_1 = F_1^{-1}(u_1), \cdots, x_n = F_n^{-1}(u_n)$。

③给定资产 i 在投资组合中的权重 λ_i，计算投资组合的收益率 z 的值：$z = \sum_{i=1}^{n} \lambda_i x_i$，由此得到投资组合未来收益率的一个可能情景。

④重复①—③多次，模拟得到投资组合未来收益的多个可能情景，并由此得到投资组合未来收益的经验分布。给定置信水平 α，便可得到投资组合损失率的 VaR 值，即 $P\{L > VaR\} = \alpha$。

第二节　投资组合极值风险测度实证研究

一　样本的选择及描述性统计

（一）样本的来源

本节选取 2011 年基金行业表现最好的东方策略成长基金（400007）的前 10 只股票作为观测样本，根据东方策略成长 2011 年年底的报告，选取期末按公允价值占基金净值比例大小排序的前十名股票投资作为金融资产组合，样本的区间为：2008 年 6 月 3 日至 2011 年 12 月 30 日，剔除因某股票停盘的日期共 815 个交易日的原始数据（数据来源于大智慧软件）。首先将价格序列转换为对数收益率序列，然后对其统计特征进行分析。

需要说明的是，由 10 只股票指数构成的投资组合可能存在这样的情况，即某些时间点上，某只股票没交易数据，而其他股票有交易数据。比如某只股票遇重大事项停牌期间没有交易数据，而其他股票照常交易，导致样本数据组在某些天的数据不完整。在对边缘分布进行估计的时候，由于只涉及每只股票指数自身的样本，没有交易记录的可以当作节假日去除掉，所以股票的停牌并不影响估计结果。但是在进行 Copula 函数估计时就要保证每一组样本数据中各股票的数据都要完整。若某个交易日，10 种指数中如果有任何一只股票没有交易，则把当天所有的观测数据去除。尽管处理后的观测向量时间间隔不相同，但由于假定相关结构不随时间变化，所以并不影响对 Copula 函数的估计。经过处理后，用于估计 Copula 函数的收益率有效观测样本数目为 815 个。

表 5 - 1　　东方策略成长基金前十大重仓股投资组合比例

序号	股票名称	代码	相对比例（%）	绝对比例（%）
1	中国平安	601318	5. 01	0. 145852
2	招商银行	600036	4. 50	0. 131004
3	南京银行	601009	3. 87	0. 112664
4	民生银行	600016	3. 73	0. 108588
5	五粮液	000858	3. 53	0. 102766
6	保利地产	600048	3. 04	0. 088501
7	上海机场	600009	2. 79	0. 081223
8	浦发银行	600000	2. 68	0. 07802
9	中国太保	601601	2. 67	0. 077729
10	太商股份	600694	2. 53	0. 073654

（二）样本的描述性统计

偏度系数 s 用来刻画数据分布的对称性，当 $s>0$ 时称右偏，当 $s<0$ 时称左偏，当 s 接近于零时，可以认为分布是对称的。峰度系数 k 反映了分布曲线的陡缓程度，正态分布的峰度为 3，若 $k>3$ 则表明数据分布有较厚的尾部。从表 5 - 2 可以看出这十只股票的收益率序列均具有左偏厚尾特征。从 J - B 统计量的值可以看出这 10 只股票的对数收益率都拒绝了正态分布的原假设，因此我们需要寻找合适的模型来刻画收益率序列。另外，ADF 统计量均小于 1% 显著水平的临界值，这说明这些序列拒绝有单位根的原假设，即为平稳序列。

表 5-2　　样本的描述性统计

股票代码	均值	标准差	偏度	峰度	J-B 统计量	ADF
601318	-0.00026	0.0124	-0.0756	4.6824	96.78	-27.9158***
600036	-0.0004	0.0121	-0.6718	9.1204	1331.70	-28.1181***
601009	-0.0002	0.0119	-0.3567	6.8602	522.69	-29.844***
600016	-9.16e-05	0.0108	-0.6722	9.6775	1573.64	-28.944***
000858	-0.0003	0.0113	-0.0619	4.6807	96.33	-28.227***
600048	-0.0003	0.0158	-1.2068	11.7394	2778.11	-27.979***
600009	-0.000302	0.0110	-0.2262	5.0571	150.47	-27.677***
600000	-0.000596	0.0147	-2.8351	30.62.7	2696.66	-28.889***
601601	-0.000105	0.0125	-0.1165	4.1163	44.10	-28.769***
600694	1.65e-05	0.0127	-0.0925	4.8693	115.71	-25.301***

注：*** 表示在 1% 显著水平下显著。

然后我们以中国平安为例对这十只股票的对数收益率进行自相关分析和偏相关分析。自相关衡量的是随着时间的变动，同一个序列的观测值与其滞后项之间的相互关联程度。进一步，如果序列数据存在一阶自相关，就必须进行二阶自相关系数的检验，这时需要做偏自相关检验。换句话说，偏自相关检验是在消除低阶自相关影响之后的相关性检验。自相关和偏自相关的检验对建立时间序列模型是十分重要的前提步骤。因此，在建立模型之前，我们采用 Matlab 软件对这些基金的收益率进行自相关与偏自相关检验。图 5-1 为中国平安的收益平方自相关性和偏相关性检验结果，明显发现中国平安收益的平方有明显的序列相关。其余 9 只股票收益率检验结果也是如此。

二　边缘分布的估计及检验

我们用 GARCH-t 模型和 SV-t 模型来反映资产收益率的动态变化，用极值理论中的 GPD 分布函数对收益率的随机扰动项的上下尾部分布进行建模，得到其厚尾的经验分布函数，从而估计出这十只股票的模型参数，结果如表 5-3 所示。

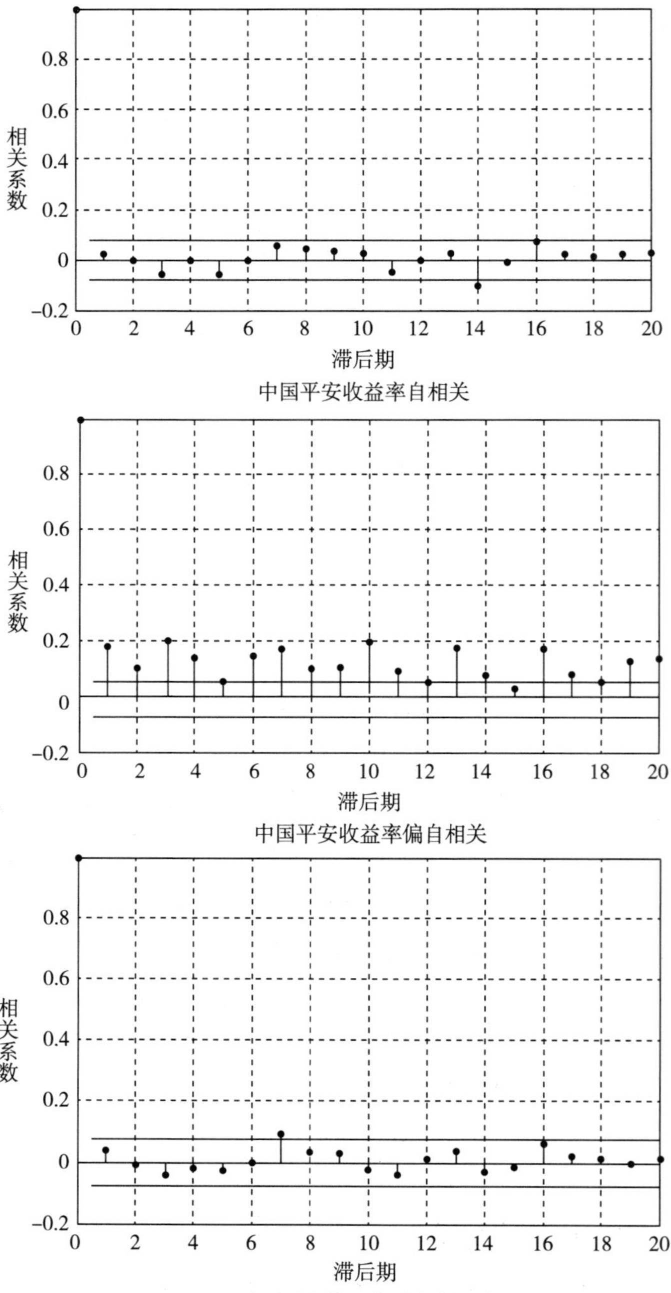
0.8
0.6
0.4
0.2
0
−0.2
相关系数
0 2 4 6 8 10 12 14 16 18 20
滞后期
中国平安收益率自相关
0.8
0.6
0.4
0.2
0
−0.2
相关系数
0 2 4 6 8 10 12 14 16 18 20
滞后期
中国平安收益率偏自相关
0.8
0.6
0.4
0.2
0
−0.2
相关系数
0 2 4 6 8 10 12 14 16 18 20
滞后期
中国平安收益率平方自相关

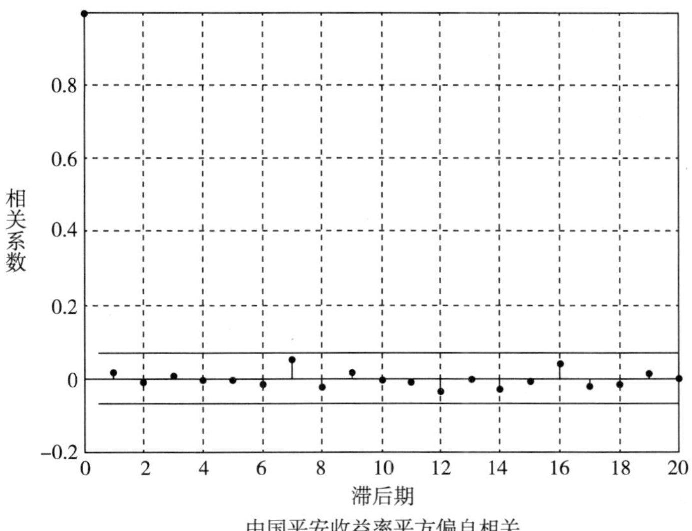

图5-1　中国平安收益率ARCH效应检验

表5-3　GARCH-t、SV-t模型估计结果

股票代码	GARCH-t模型参数			SV-t模型参数			
	υ	α	β	μ	φ	τ	ν
601318	6.7124	0.0298	0.9667	-6.453	0.9786	0.1106	23.3
600036	5.1059	0.0237	0.9716	-7.648	0.9845	0.1099	17.82
601009	4.4610	0.1995	0.9777	-7.175	0.9488	0.1134	19.78
600016	4.7517	0.0489	0.9444	-8.386	0.9834	0.1115	15.76
000858	12.5000	0.0457	0.9475	-4.936	0.8907	0.0985	24.27
600048	4.4472	0.0103	0.9907	-6.875	0.9685	0.1263	17.72
600009	6.2980	0.0443	0.9443	-6.232	0.9816	0.1128	24.87
600000	3.8074	0.0342	0.9814	-6.415	0.9546	0.08268	21.27
601601	8.1656	0.0282	0.9685	-5.35	0.9522	0.08762	25.57
600694	5.3026	0.0266	0.9714	-8.723	0.9477	0.1711	13.55

接着我们根据拟合所得的边缘分布，对原序列做概率积分变换，再运用K－S检验方法，检验变换后的序列是否服从（0，1）均匀分布，结果如表5－4所示。

表5－4　　GARCH－t模型的K－S检验结果

	1	2	3	4	5	6	7	8	9	10
K－S统计量	0.0237	0.0382	0.0341	0.0163	0.0105	0.0291	0.0382	0.0160	0.0186	0.0153
K－S概率值	0.6743	0.1253	0.8637	0.9264	0.8314	0.7631	0.6847	0.8164	0.9373	0.7962

表5－5　　SV－t模型的K－S检验结果

	1	2	3	4	5	6	7	8	9	10
K－S统计量	0.0231	0.0379	0.0356	0.0163	0.0162	0.0283	0.0375	0.0153	0.0175	0.0153
K－S概率值	0.6971	0.1537	0.8916	0.9240	0.7320	0.7524	0.6862	0.7962	0.8951	0.7954

其中0.95置信水平下的$K-S$临界值为0.0420，将其与上述两表中的$K-S$统计量比较可以看出，各统计量均不超过该临界值，说明各序列均没有充分的理由拒绝原假设："变换后的序列服从（0，1）均匀分布"。另外，对变换后的各序列做自相关检验还发现，变换后的各序列均不存在自相关，因此，可以认为变换后的序列均是独立的，从而可以说变换后得到的序列均服从$i.i.d$（0，1）均匀分布，说明这两个模型都可以较好地描述各序列的边缘分布，且$K-S$统计量的概率值越高，说明样本对模型的接受概率越高。

下面我们来检验边缘分布SV－t－EVT模型的拟合效果，其中两尾是用广义帕累托分布拟合的，中间段是用高斯核函数拟合的。通过选取合适的阈值，对10只股票的上尾溢出数据进行拟合，其结果表明GPD模型对溢出的数据拟合得非常好，具体结果如图5－2所示。

为了更为直观地对拟合效果进行判断，下面给出了各只股票的上尾溢出数据的经验分布和GPD分布的拟合图。图5－3检验了广义Pareto分布是否比较理想地拟合了所有股票收益率残差的两尾，从图中可以看出，GPD分布能够很好地拟合收益残差两尾的分布，每只股票的尾部

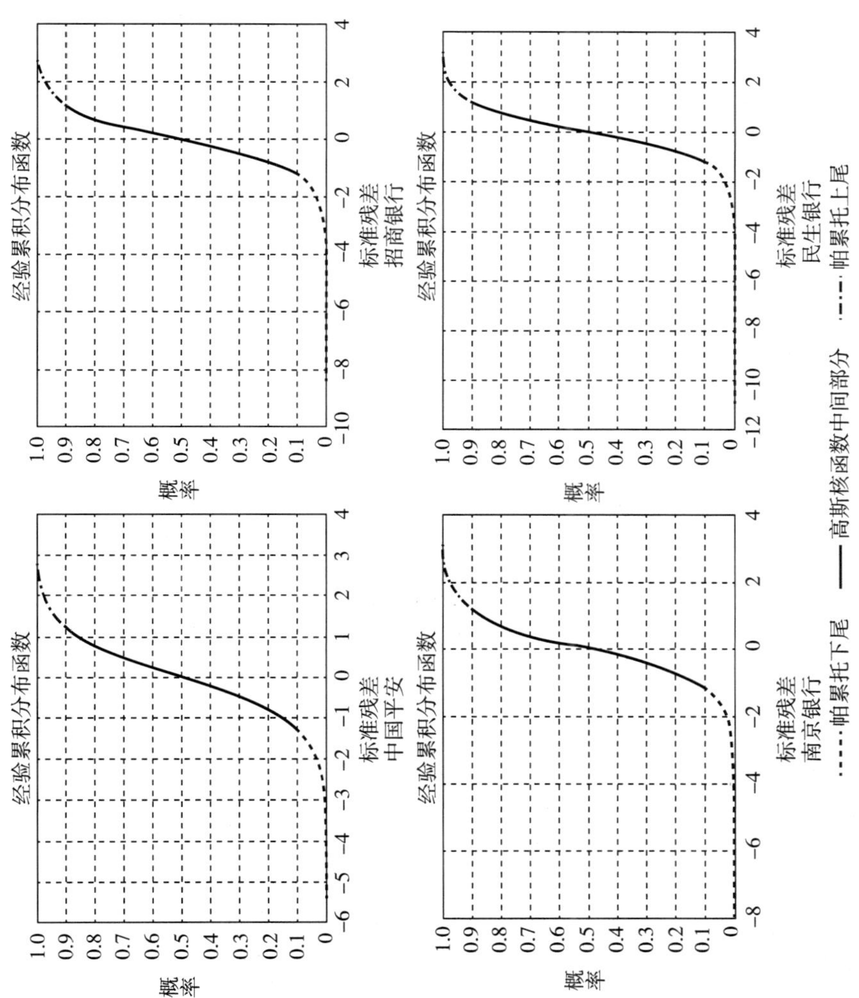
经验累积分布函数
概率
标准残差
中国平安
经验累积分布函数
概率
标准残差
招商银行
经验累积分布函数
概率
标准残差
南京银行
经验累积分布函数
概率
标准残差
民生银行
帕累托下尾
高斯核函数中间部分
帕累托上尾

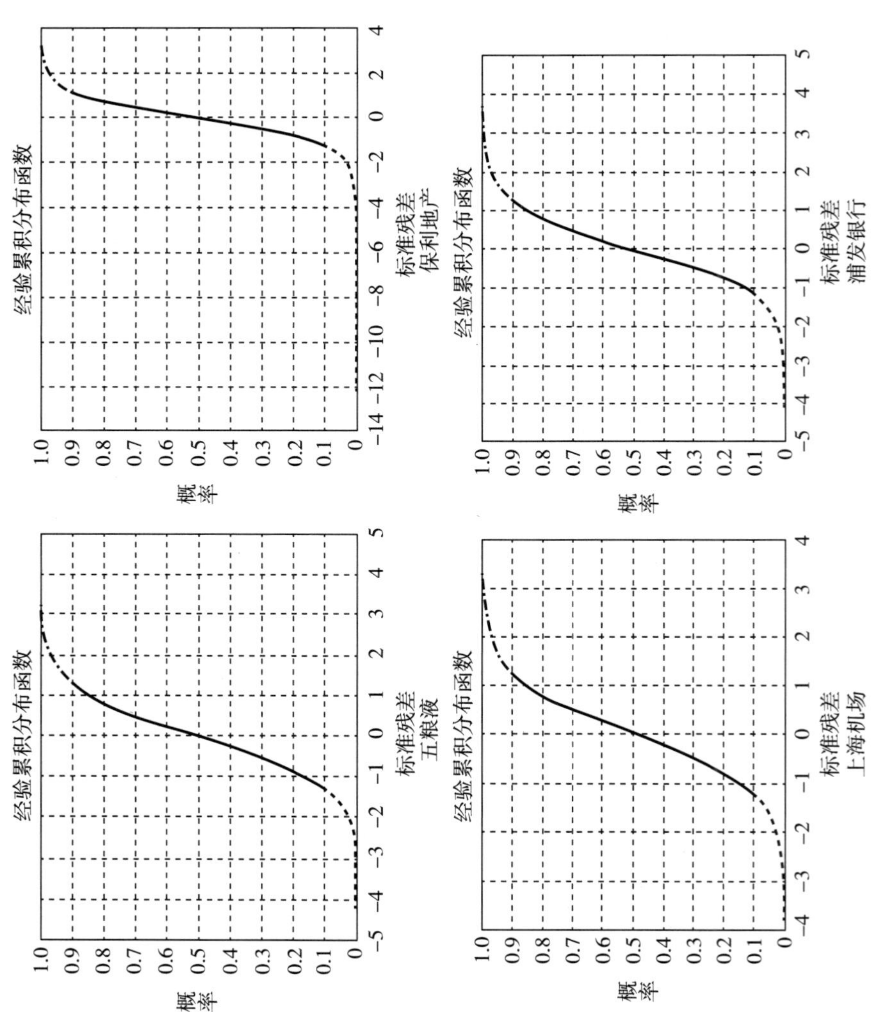
经验累积分布函数
概率
标准残差
保利地产
经验累积分布函数
概率
标准残差
浦发银行
经验累积分布函数
概率
标准残差
五粮液
经验累积分布函数
概率
标准残差
上海机场

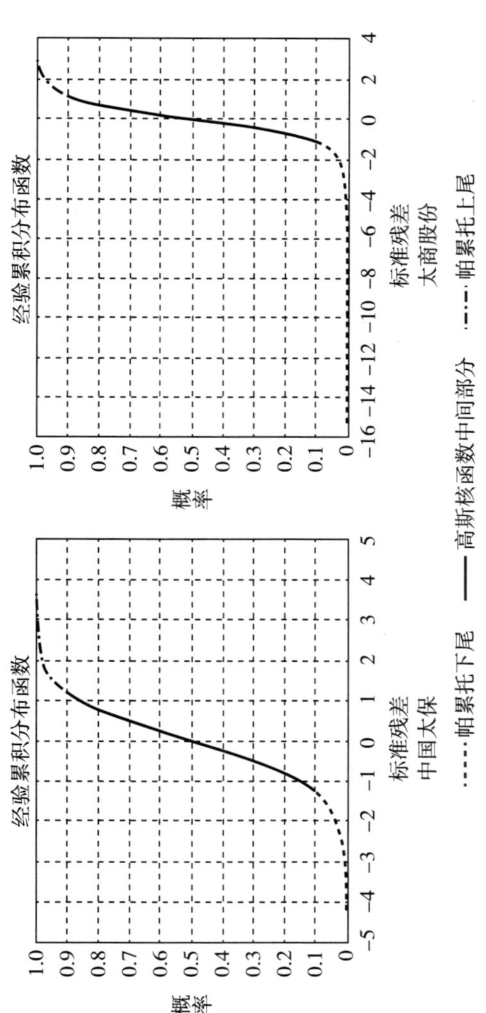

图 5-2 样本的经验累积分布

拟合程度都非常好，说明 SV - t - EVT 模型既可以较好地描述资产收益率边际分布的波动聚集性，又能够细致地刻画各个资产收益边际分布的尾部情况。

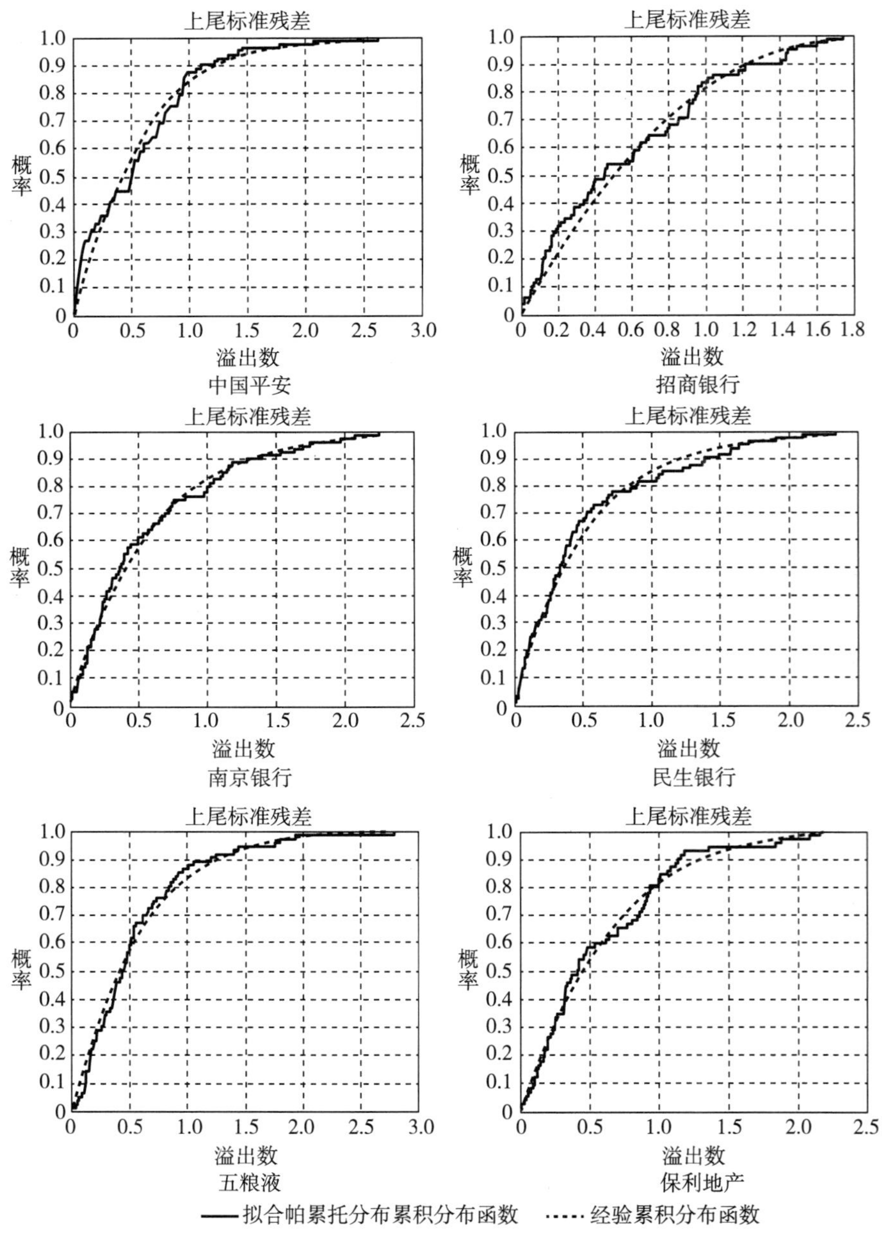

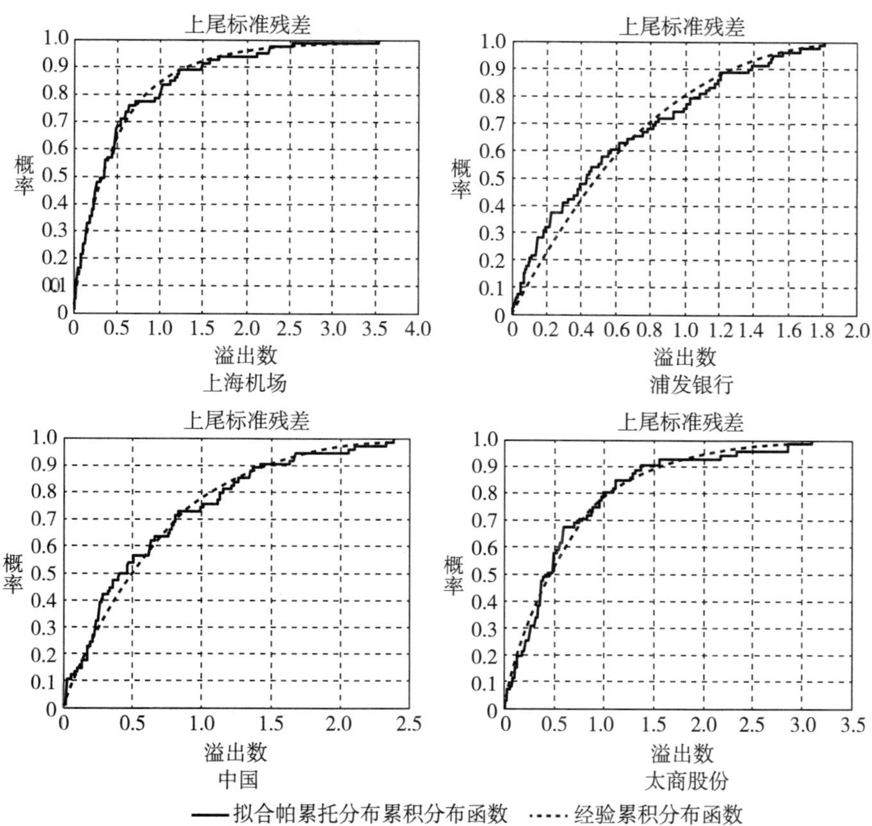

图5-3 样本的GPD分布函数与经验分布拟合检验

三 Copula函数的估计

得到各个样本收益率序列的边缘分布的参数估计结果之后，我们利用Copula函数刻画各个样本之间的相关结构。本节我们采用正态Copula和t-Copula作为备选的Copula函数进行参数估计，接下来我们将通过拟合度检验在这两种Copula函数中选择最为贴合样本数据的Copula函数作为下一阶段风险的估计以及最优资产组合策略选择的基础。

首先，我们对正态Copula函数进行估计，具体步骤如下：

①用经验分布将原始数据 $Z_t=(Z_{1,t},\ Z_{2,t},\ \cdots,\ Z_{n,t})$，转化为均匀分布 $\{\hat{u}_{i,t_k}\}$，$i=1,\ 2,\ \cdots,\ n$，$k=1,\ 2,\ \cdots,\ T$。

②根据正态 Copula 密度函数的式（4－7），得到对数似然方程为：

$$l(R) = -\frac{T}{2}\ln|R| - \frac{1}{2}\sum_{k=1}^{T}\zeta'_{t_k}(R^{-1} - I)\zeta_{t_k} \quad (5-7)$$

其中 $\zeta_{t_k} = [\Phi^{-1}(u_{1,t_k}), \Phi^{-1}(u_{2,t_k}) \cdots \Phi^{-1}(u_{n,t_k})]$ 得到使 $l(R)$ 值最大的$\hat{R}$：

$$\hat{R} = \arg\max\left\{-\frac{T}{2}\ln|R| - \frac{1}{2}\sum_{k=1}^{T}\zeta'_{t_k}(R^{-1} - I)\zeta_{t_k}\right\} \quad (5-8)$$

即

$$\frac{\partial l(R)}{\partial R^{-1}} = 0 \quad (5-9)$$

得到

$$\frac{T}{2}\ln R - \frac{1}{2}\sum_{k=1}^{T}\zeta'_{t_k}\zeta_{t_k} = 0 \quad (5-10)$$

所以

$$\hat{R} = \frac{1}{T}\sum_{k=1}^{T}\zeta'_{t_k}\zeta_{t_k} \quad (5-11)$$

根据上述步骤，计算 GARCH－t－EVT 模型和 SV－t－EVT 模型的正态 Copula 相关系数矩阵。

表 5－6　GARCH－t－EVT 模型的正态 Copula 函数相关系数矩阵

	1	2	3	4	5	6	7	8	9	10
1	1.0000	0.3412	0.3433	0.1646	0.0325	0.2058	0.2233	0.1957	0.1715	0.1017
2	0.3412	1.0000	0.4721	0.1719	0.0518	0.2723	0.1900	0.1986	0.0807	0.0518
3	0.3433	0.4721	1.0000	0.0875	0.0871	0.3572	0.3033	0.2638	0.2452	0.0703
4	0.1646	0.1719	0.0875	1.0000	0.1225	0.1209	0.1426	0.4143	0.3492	0.1215
5	0.0325	0.0518	0.0871	0.1225	1.0000	0.0514	0.0251	0.0879	0.0736	0.0376
6	0.2058	0.2723	0.3572	0.1209	0.0514	1.0000	0.2148	0.2068	0.2065	0.1451
7	0.2233	0.1900	0.3033	0.1426	0.0251	0.2148	1.0000	0.1508	0.1061	0.2095
8	0.1957	0.1986	0.2638	0.4143	0.0879	0.2068	0.1508	1.0000	0.3381	0.1675
9	0.1715	0.0807	0.2452	0.3492	0.0736	0.2065	0.1061	0.3381	1.0000	0.2678
10	0.1017	0.0518	0.0703	0.1215	0.0376	0.1451	0.2095	0.1675	0.2678	1.0000

表 5－7　　SV－t－EVT 模型的正态 Copula 函数相关系数矩阵

	1	2	3	4	5	6	7	8	9	10
1	1.0000	0.3414	0.3434	0.1646	0.0322	0.2071	0.2233	0.1961	0.1713	0.1017
2	0.3414	1.0000	0.4732	0.1721	0.0515	0.2733	0.1905	0.1995	0.0807	0.0520
3	0.3434	0.4732	1.0000	0.0874	0.0862	0.3590	0.3030	0.2651	0.2449	0.0702
4	0.1646	0.1721	0.0874	1.0000	0.1230	0.1218	0.1430	0.4160	0.3487	0.1216
5	0.0322	0.0515	0.0862	0.1230	1.0000	0.0519	0.0249	0.0879	0.0732	0.0375
6	0.2071	0.2733	0.3590	0.1218	0.0519	1.0000	0.2156	0.2086	0.2074	0.1456
7	0.2233	0.1905	0.3030	0.1430	0.0249	0.2156	1.0000	0.1515	0.1058	0.2091
8	0.1961	0.1995	0.2651	0.4160	0.0879	0.2086	0.1515	1.0000	0.3398	0.1686
9	0.1713	0.0807	0.2449	0.3487	0.0732	0.2074	0.1058	0.3398	1.0000	0.2677
10	0.1017	0.0520	0.0702	0.1216	0.0375	0.1456	0.2091	0.1686	0.2677	1.0000

对 t－Copula 函数的参数估计需要估计自由度 υ 和线性相关系数矩阵 R，估计步骤如下：

①先用经验分布将原始数据转化为均匀分布 $\{\hat{u}_{i,t_k}\}$，$i=1$，2，…，n，$k=1$，2，…，T。

②对所有给定时间 t_k，$k-1$，2，…，T，令 $\zeta_{t_k}=[\hat{t}_v^{-1}(u_{1,t_k}),\hat{t}_v^{-1}(u_{2,t_k}),\cdots,\hat{t}_v^{-1}(u_{n,t_k})]$。

③应用和估计正态 Copula 函数相关系数矩阵相同的方法估计矩阵 $\hat{R}$，此时令 $R_0=\hat{R}$；

④已知 $R_{v,m}$，按照下式求出 $R_{v,m+1}$，

$$R_{v,m+1}=\frac{v+n}{Tv}\sum_{k=1}^{T}\frac{\zeta'_{t_k}\zeta_{t_k}}{1+\frac{\zeta'_{t_k}R_{v,m}\zeta_{t_k}}{v}} \tag{5-12}$$

⑤对上述矩阵进行单位化，使其对角线元素为 1。

⑥重复④—⑤的过程，直到 $\hat{R}_{v.m+1}=R_{v,m}$，令 $\hat{R}_v=R_{v,m}$

$$(R_{v,m+1})_{i,j}=\frac{(R_{v,m+1})_{i,j}}{\sqrt{(R_{v,m+1})_{i,j}(R_{v,m+1})_{i,j}}} \tag{5-13}$$

⑦最大化 t－Copula 密度函数的对数似然方程对自由度 ν 进行估计：

$$\nu=\arg\max\sum_{k=1}^{T}\ln c(\hat{u}_{1,t},\hat{u}_{2,t},\cdots,\hat{u}_{n,t};\hat{u}_v,\upsilon) \tag{5-14}$$

根据上述步骤，计算 GARCH – t – EVT 模型和 SV – t – EVT 模型的 t – Copula 函数的相关系数矩阵。

表 5 – 8　GARCH – t – EVT 模型的 t – Copula 函数相关系数矩阵
（自由度 ν = 12.3058）

	1	2	3	4	5	6	7	8	9	10
1	1.0000	0.2257	0.3685	0.1128	0.2160	0.3328	0.3669	0.1206	0.4631	0.0183
2	0.2257	1.0000	0.4431	0.1063	0.0196	0.1806	0.1837	0.1980	0.0921	0.0208
3	0.3685	0.4431	1.0000	0.0605	0.0583	0.3816	0.2961	0.2381	0.3082	0.0126
4	0.1128	0.1063	0.0605	1.0000	0.2032	0.0875	0.0296	0.2801	0.0267	0.1204
5	0.2160	0.0196	0.0583	0.2032	1.0000	0.0972	0.1050	0.0602	0.1267	0.0634
6	0.3328	0.1806	0.3816	0.0375	0.0875	1.0000	0.2931	0.1804	0.2706	0.0631
7	0.3669	0.1837	0.2961	0.0296	0.1050	0.2931	1.0000	0.1264	0.2084	0.0909
8	0.1206	0.1980	0.2381	0.2801	0.0602	0.1804	0.1264	1.0000	0.2831	0.1261
9	0.4631	0.0921	0.3082	0.0267	0.1267	0.2706	0.2084	0.2831	1.0000	0.0931
10	0.0183	0.0208	0.0126	0.1204	0.0634	0.0631	0.0909	0.1261	0.0931	1.0000

表 5 – 9　SV – t – EVT 模型的 t – Copula 函数相关系数矩阵
（自由度 ν = 10.2637）

	1	2	3	4	6	7	8	9	10
1	1.0000	0.2916	0.4720	0.1756	0.3831	0.3995	0.1415	0.4552	0.0242
2	0.2916	1.0000	0.4627	0.1316	0.2737	0.1975	0.2044	0.1021	0.0414
3	0.4720	0.4627	1.0000	0.0715	0.4415	0.3918	0.2563	0.3814	0.0133
4	0.1756	0.1316	0.0715	1.0000	0.0469	0.0368	0.3801	0.0428	0.1712
5	0.2448	0.0217	0.0679	0.2736	0.0972	0.1250	0.0808	0.1480	0.0949
6	0.3831	0.2737	0.4415	0.0469	1.0000	0.3184	0.2039	0.3536	0.0805
7	0.3995	0.1975	0.3918	0.0368	0.3184	1.0000	0.1496	0.2749	0.1367
8	0.1415	0.2044	0.2563	0.3801	0.2039	0.1496	1.0000	0.3003	0.1778
9	0.4552	0.1021	0.3814	0.0428	0.3536	0.2749	0.3003	1.0000	0.1460
10	0.0242	0.0414	0.0133	0.1712	0.0805	0.1367	0.1778	0.1460	1.0000

得到 Copula 函数的参数估计结果之后，我们有必要比较一下两种

Copula 函数的连接效果，因此，通过拟合优度的 K－S 检验，我们发现，两个函数获得的 K－S 值都通过了检验，并且正态 Copula 函数的 K－S对应的 P 值小于 t－Copula 函数的 K－S 对应的 P 值，说明 t－Copula 函数的连接效果较好。

四　投资组合的 VaR 测度及检验

（一）投资组合的 VaR 测度

在得到投资组合的边缘分布模型参数及样本间的相关系数矩阵后，即可应用 Monte Carlo 模拟方法对投资组合的 VaR 进行计算。组合中各资产的投资比例参考表 5－1，对每种股票进行 1000 次的情景模拟，并选取三种不同的置信度进行 VaR 计算，具体结果如表 5－10 所示：

表 5－10　　　　不同模型下风险值计算

	VaR		
c =	90%	95%	99%
N－Copula－GARCH－t－EVT	0. 1523	0. 2531	0. 4348
t－Copula－GARCH－t－EVT	0. 1278	0. 1894	0. 2507
n－Copula－SV－t－EVT	0. 0552	0. 0704	0. 1029
t－Copula－SV－t－EVT	0. 0425	0. 0542	0. 0631

从表 5－10 可以看出，在相同边缘分布情况下，t－Copula 函数求出的组合风险值较小（这和我们上文通过拟合优度检验选出的 Copula 函数一致），在相同 Copula 函数情况下，边缘分布 SV－t－EVT 条件下求出的投资组合风险较小，而就 4 个模型而言，t－Copula－SV－t－EVT 求出的投资组合风险值最小，这说明两个问题，第一个，边缘分布的选择对投资组合的风险有影响；第二个，Copula 函数的选取也影响投资组合风险的精度。接下来，我们就以 t－Copula－SV－t－EVT 模型为例，检验下该方法的精度问题。首先我们计算出单个资产的 VaR 值，如表 5－11 所示：

表 5 - 11　　单个资产的 VaR 值

样本	VaR（90%）	VaR（95%）	VaR（99%）
601318	0.0701	0.0884	0.0920
600036	0.0584	0.0687	0.0863
601009	0.0310	0.0446	0.0556
600016	0.0450	0.0575	0.0696
000858	0.0519	0.0635	0.0667
600048	0.0481	0.0562	0.0789
600009	0.0484	0.0591	0.0622
600000	0.0463	0.0575	0.0645
601601	0.0418	0.0554	0.0664
600694	0.0120	0.0271	0.0338
VaR 均值	0.0453	0.0578	0.0676
投资组合 VaR 值	0.0425	0.0542	0.0631
VaR 差值	0.0028	0.0036	0.0045

从表 5 - 11 可以看出，在投资额一定的情况下，投资组合风险要小于单个资产的风险（这和理论上相一致），由此可见，可以根据各个股票之间的相关关系来选择投资组合，从而降低投资风险。另外，由 VaR 差值可以看出，置信水平越高，投资组合降低风险的程度就越大。同时，我们这里选取基于 t - Copula - GARCH - t、t - Copula - SV - t 模型的风险度量方法，同样运用东方策略成长基金的前十大重仓股构成的投资组合为样本，与 t - Copula - SV - t - EVT 模型进行对比，结果如表5 - 12所示：

表 5 - 12　　三种模型计算的投资组合的 VaR 值

模型类型	VaR 值	标准差	VaR 值/标准差
t - Copula - GARCH - t	0.1361	0.0672	3.9274
t - Copula - SV - t	0.0681	0.0183	4.1780
t - Copula - SV - t - EVT	0.0542	0.0157	3.4522

注：选取 95% 的置信水平。

从表 5 - 12 可以看出，由三种模型估计的 VaR 值差别不大，主要是由于三者的连接函数都选择 t - Copula 函数形式，但由 t - Copula -

SV－t－EVT模型估计出的VaR值稍小，其与标准差比值大，差别主要是由于边缘分布SV－t－EVT模型比GARCH－t、SV－t模型对市场波动的尾部刻画更为细致，得到组合风险VaR值较小，说明边缘分布的选择对构建联合分布具有重要作用，从而说明t－Copula－SV－t－EVT模型对资产组合风险的计算精度相对较高。

（二）投资组合的VaR的返回式检验

上面的研究我们可以得出初步的结论，t－Copula－SV－t－EVT模型对投资组合的风险度量精度是比较高的，接下来我们应用返回式检验对t－Copula－SV－t－EVT模型的有效性进行检验。我们将整个检测样本区间的东方策略成长的VaR预测下限，并将VaR值与实际的基金收益率进行了比较，如图5－4所示。

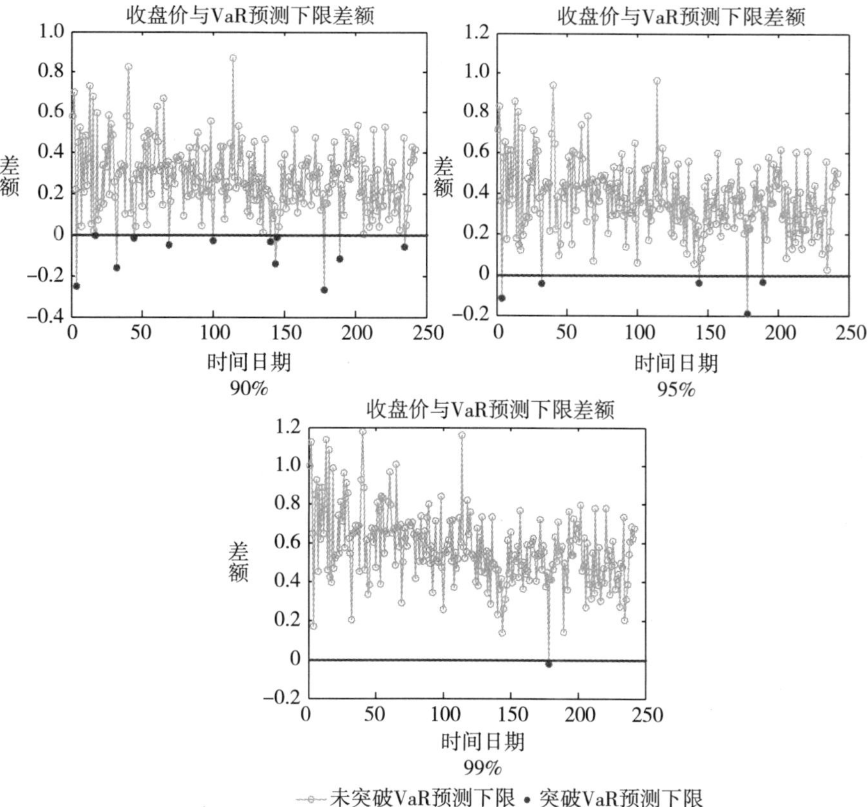

图5－4 不同置信水平下投资组合的返回式检验

从图5－4可以看出，在90%、95%、99%置信度下由10只股票构成的基金组合的VaR值返回检验显示，分别失败次数为12、5、1，失败比率分别仅有4.8%、2%、0.4%，远远低于1－α，这说明，应用t－Copula－SV－t－EVT模型对投资组合模型进行风险测度是有效合理的，尤其是置信水平越高，精度越高。

第三节　小结

本节考虑了金融资产收益的“尖峰厚尾”及波动的异方差性等特征，采用波动模型的建模理论与极值理论相结合描述单个资产收益的分布特征，同时应用Copula函数的基本理论与性质，并结合Monte Carlo模拟对投资组合进行风险测度。从对东方策略成长基金风险的实证检验结果可以看出，边缘分布的选择与Copula函数的选择均会对投资组合的风险产生影响，通过与正态Copula风险度量模型以及相同Copula模型下不同边缘分布的模型对比，我们发现t－Copula－SV－t－EVT模型具有优越性；同时，置信度越高，投资组合降低风险的程度越大。另外，通过对投资组合的返回式检验，结果表明t－Copula－SV－t－EVT模型对风险的度量是合理而有效的。

第六章　基于 CoVaR 模型的金融风险测度研究

尽管 VaR 模型概念简单，但是对其进行精确的估计仍然是一个有挑战性的难题。到目前为止，已经开发了各种方法来预测 VaR，因为典型的投资组合的分布随着时间推移变化，没有一个方法给出令人满意的解决方案。最广泛使用的方法是使用完全参数时间系列模型如 ARCH 或 GARCH 模型来捕获残差项的动态波动性。这种方法的主要弱点是对要提前假定收益率残差的分布。最开始都假定 GARCH 和 ARCH 模型为正态分布，后来由于考虑到金融收益序列的尖峰厚尾特征，用如 Student－t 分布来替代，并被广泛认为是有效的。然而，迄今为止仍然没有统一的答案到底选择何种分布拟合残差项是最优的。关于非参数化方法，最具人气的方法是历史模拟法。使用这种方法可以把历史回报的经验分位数作为 VaR 的估计。尽管该方法容易处理，但其 VaR 估计可能不稳定。

另外，由 Adrian 和 Brunnermeier 提出条件风险价值，简称 CoVaR，这可能是各种测度方法中最受金融机构欢迎和广泛使用的系统风险度量方法。CoVaR 的一般思想可以表示为一个随机变量 X_j 关于随机变量 X_i 的条件分布，$CoVaR^{ij}$ 就定义为资产 i 在风险中的条件 VaR，该定义允许衡量一个资产对整个系统（或资产）的风险贡献可以通过对处于正常状态资产的 CoVaR 和风险状态资产 CoVaR 之间的差异获得。CoVaR 模型弥补了传统的就单一资产来衡量本身风险的不足，更能完全地反映单一资产对整体系统性风险的影响程度。

第一节 基于 Copula - POT - CoVaR 模型风险溢出效应测度

本节内容主要探讨原油市场和大宗商品市场之间的风险溢出效应，通过 Copula 函数和条件风险价值（CoVaR）结合，基于 Beta - Skew - t - EGARCH - POT 模型，测度国内原油市场和国际国内大宗商品市场间的风险溢出水平。

一 问题提出

石油作为当今国民经济发展必不可少能源之一，为我国经济社会的发展做出了巨大贡献。作为世界上进口石油的大国，从石油的开采、冶炼，再到石油的销售整个供应链形成价值超过 6.5 万亿元的石油市场体系。随着我国原油市场化进程加快，中国原油市场与国际原油市场之间的市场关联效应越发显著。一方面，中国的原油价格受到国际价格波动的影响很大，基本上与国际油价波动保持一致；另一方面，自 2008 年金融危机以来，OECD（经济合作与发展组织）国家经济出现严重的经济衰退和原油需求疲软，而中国原油需求高企，是世界原油增量需求的主要贡献者，是国际原油市场价格主要影响者之一，同时也给中国原油市场发展带来了新机遇。

原油作为全球重要的工业基础品，是大宗商品的“领头羊”，原油市场与其他大宗商品市场也以一系列方式有着千丝万缕的联系。首先，生物乙醇和生物柴油等液体生物燃料的发展加剧了原油市场与农业市场的价格联动。譬如，原油价格的飞涨可能导致生产成本增加的推动效应进而影响农产品市场价格。其次，在炼油过程中，原油价格的波动也可以通过上下游供应链影响金属价格。最后，世界经济一体化的发展和全球电子交易系统促使交易者采用投资策略来降低市场风险，特别是商品市场的金融化加速了这一进程，使原油市场与其他商品市场之间的联系得到了更多学界和业界的关注。我国自 2003 年以来，商品期货市场在能源、农产品、金属等各个领域得到了巨大的发展，中国商品市场与国际商品市场之间的信息传播及相互影响越发紧密。然而，中国原油市场与和国际商品市场关系的研究仍然有限，需要进一步验证其间信息传播的实际影响效应。因此，研究中国原油市场与国际商品市场之间的信息传播对于完善中国市场体系和对国际经济规则的了解至关重要。

原油市场与其他大宗商品市场的内在关系研究，国外学者关注由来已久。Pindyck 和 Rotemberg（1990）研究表明大宗商品市场价格之间具有联动性。John Baffes（2007）研究了原油价格与其他大宗商品价格的溢出效应，指出原油价格是其他大宗商品价格的风向标，具有导向作用。Sieczka 和 Holyst（2009）运用广义脉冲的方法分析了大宗商品市场的依赖关系，研究指出尽管相关性的增长在所有样本中分布不均匀，但样本期间市场的关联度不断上升。Harri 等（2009）运用协整检验的方法探讨了初级农产品、汇率和油价的协整关系。Nazlioglu（2011）基于 Toda－Yamamoto 的线性因果关系方法和 Diks－Panchenko 的非参数因果关系方法，探讨了世界原油和农产品价格之间日益紧密协调关系，研究表明，原油与农产品价格之间存在非线性反馈，从油价向玉米和大豆价格出现持续的单向非线性因果关系。Reboredo（2013）提供了原油和黄金价格平均依赖和尾部独立性的证据，提出黄金是对极端原油价格走势有用的避险资产。Reboredo 和 Ugolini（2016）利用 Copula 来刻画原油和金属价格回报之间的依赖关系，通过计算无条件和有条件的风险价值量化溢出效应，研究发现，原油价格走势对金属价格产生双向溢出效应。此外，许多研究人员也分析了原油价格和农产品价格溢出与信息传递。他们所采用的方法主要集中在经典计量方法和数学模型，包括 GARCH 型模型、面板协整、广义预测误差方差分解和小波方法。大多数研究结果证实了原油与其他商品市场之间的密切联系。

然而，国内外学者鲜有研究关于中国原油市场与国内、国际商品市场相互作用，现有的文献主要集中在国内和国际原油市场之间。譬如，焦建玲等（2004）实证检验中国原油价格和国际原油价格的因果关系。潘慧峰等（2005）、董秀良和张屹山（2006）、潘慧峰等（2007）、马超群等（2009）、林伯强和李江龙（2012）、王雪标（2012）等对利用 GARCH 类模型对中国原油市场的溢出效应进行检验。Chen 等（2009）认为，虽然中国已经成为全球重要经济体，但它还没有相应地成为世界原油市场的原油定价权。吕金营等（2012）利用 VaR 模型研究国内国际油价的价格传导问题，发现国内油价对国际油价短期内影响不显著。Liu 等（2013）运用非线性相关度测度方法研究中国原油市场和四大原油市场的关系，发现中国和国际油价之间的价格共同作用在长期比短期更强。Wu 和 Li（2013）利用 BEKK－MVGARCH 模型研究了中国原油、玉米和燃料乙醇市场的波动溢出。何启志（2015）等通过构建基于 DGC－MSV 多元随机波动模型实证检验了中国、美国、英国现货石油和期货石油间的波动溢出效应。张程等（2017）基于原油的金融属性视角，借助脉冲响应与方差分解探讨了货币流动性与原油价格的关系。

综上所述，现有的研究大多局限于直接利用国外已有的模型探讨某一国或者某两国的原油价格之间的关系，少量涉及原油市场对相关市场的风险溢出效应，而针对中国原油市场与其他商品市场的风险溢出效应，尤其是针对原油市场极端情况下的风险溢出效应研究，现有研究还不多。鉴于此，本节考虑原油市场的金融属性，通过改进 GARCH 模型，应用 Beta－Skew－t－EGARCH 模型和 POT 模型拟合其波动特征，并在此基础上，引入 Copula 模型刻画中国原油市场与国内国际商品市场的非线性相依结构，构建基于 Copula－Beta－Skew－t－EGARCH－POT－CoVaR 模型的极值风险溢出效应测度模型，进而量化原油市场与商品市场的极值风险溢出水平。

二　模型构建

（一）CoVaR

回顾 VaR 定义，给定金融机构 i 在收益率 r_t^i、置信水平 1－q 下，则 VaR_q^i 可以表示为：

$$Pr(r_t^i \leqslant VaR_q^i) = q \tag{6-1}$$

注意通常 VaR_q^i 是负值，但是在实际应用中，VaR_q^i 通常用正值表示。

VaR 是对单一的金融资产进行风险评估，不能反映金融资产间的风险溢出程度，于是 Adrian 和 Brunnermeier（2008）在 VaR 的基础上提出了 CoVaR 概念，表示当金融资产 j 处于风险水平时，金融资产 i 所面临的风险值，因此，$CoVaR_q^{ij}$ 是一种反映金融资产 i 对金融资产 j 的条件风险，用公式可以表示为：

$$\Pr(r_t^i \leqslant \text{CoVaR}_q^{ij} \mid r_t^i = \text{VaR}_q^j) = q \tag{6-2}$$

由式（6－2）可以看出，CoVaR_q^{ij} 实质是一种条件 VaR，衡量的是金融资产 i 面临的总风险程度，具体包含 i 自身的风险价值和 j 的风险溢出效应。CoVaR 反映的是条件风险、传染风险，其主要针对衡量尾部极端概率下极端事件风险，并且具有条件性的概念，可以用来捕捉风险传染的效果。为了评估金融资产 j 对金融资产 i 的风险溢出效应，下面定义 $\Delta CoVaR_q^{ij}$ 如下：

$$\Delta CoVaR_q^{ij} = CoVaR_q^{ij} - VaR_q^i \tag{6-3}$$

考虑不同金融资产自身 VaR 差异比较大，$\Delta CoVaR_q^{ij}$ 仅能表示风险溢出效应的大小，为了反映金融资产溢出效应强度，对 $\Delta CoVaR_q^{ij}$ 进行标准化：

$$\%CoVaR_q^{ij} = \frac{\Delta CoVaR_q^{ij}}{VaR_q^i} \times 100\% \tag{6-4}$$

（二）边缘分布选取及估计

极值模型有两类，BMM 模型和 POT 模型。考虑到 POT 模型不用对尾部的分布进行假设，近年来应用比较广泛，本节这里也选择 POT 模型。在上文 Beta－Skew－t－EGARCH 模型建模的基础上，为了进一步刻画金融时间序列的尾部特征，引入极值理论的 POT 模型，最终构建基于 Beta－Skew－t－EGARCH－POT 的边缘分布模型。具体过程如下：

首先，利用 Beta－Skew－t－EGARCH 模型分离出金融资产收益的残差序列 r_t；然后，对其进行标准化处理得到标准残差序列 z_t：

$$(Z_{t-n+1}, \cdots, Z_t) = \left(\frac{r_{t-n+1} - \hat{\mu}_{t-n+1}}{\hat{\sigma}_{t-n+1}}, \cdots, \frac{r_t - \hat{\mu}_t}{\hat{\sigma}_t}\right) \tag{6-5}$$

其中，μ_t 为残差序列的条件均值，σ_t 为残差序列的条件方差。对 POT 模型建模关键是确定阈值 u，通常确定阈值的方法有超额期望函数图、Hill 图和 Du Mouchel 10% 原则，由于前两者主观性太强，最后一种又不够稳健，本节综合运用这三种方法确定阈值。假设标准残差序列 z_t 的分布函数为 $F_u(y)$，那么：

$$F_u(y) = P(r - u \leqslant y \mid r > u) = \frac{F(u+y) - F(u)}{1 - F(u)} \tag{6-6}$$

当阈值足够大时，依据极值理论，存在 $F_u(y) \approx G_{\xi,\beta}(y)$：

$$F_u(y) \approx G_{\xi,\beta}(y) = \begin{cases} 1-\left(1-\dfrac{y\xi}{\beta}\right)^{-\frac{1}{\xi}}, & \xi \neq 0 \\ 1-e^{-\frac{y}{\beta}}, & \xi \neq 0 \end{cases} \tag{6-7}$$

$G_{\xi,\beta}$（y）函数为 GPD 分布，其中 β 和 ξ 分别表示尺度参数和形状参数，ξ 越大表示尾部越厚，运用极大似然估计可以得到 β 和 ξ 的值，然后令 $x=y-u$，结合式（6-6）和式（6-7）可以得到：

$$F(x) = F(u) + G_{\xi,\beta}(y-u)[1-F(u)] \tag{6-8}$$

为了得到样本收益率上下尾分布函数，用 N 表示样本总数，n 表示超阈值个数，阈值分布函数 $F(u)$用（$N-n$）/N 表示，那么样本收益率边缘分布函数为：

$$F(x) = \begin{cases} 1-\dfrac{n_{uR}}{n}\left[1+\xi\dfrac{(x-u)}{\beta}\right]^{-\frac{1}{\xi}}, & x > u_R \\ Ecdf(x), & u_L \leqslant x \leqslant u_R \\ \dfrac{n_{uL}}{n}\left[1-\xi\dfrac{(x-u)}{\beta}\right], & x < u_L \end{cases} \tag{6-9}$$

其中，u_R、u_L 分别为下尾和上尾阈值，$Ecdf$（x）为中间部分的经验分布函数，那么把式（6-7）、式（6-8）和式（6-9）代入式（6-1）可得：

$$VaR_q^z = u - \frac{\beta}{\xi}\left\{1-\left[\frac{N}{n}(1-q)\right]^{-\xi}\right\} \tag{6-10}$$

（三）Copula 函数选取

Copula 函数是一种连接函数，由 Sklar（1959）提出，其实质是联合分布的另一种转换形式。以二元 Copula 函数为例，传统的双变量联合分布函数是 F（x，y），当 x、y 根据其分布函数概率积分转换成 u 和 v 后，原来的函数 F 就变成 u 和 v 的函数 C，这个函数 C 就是 Copula 函数。由于 Copula 函数不用假设边缘分布的具体形式，并且能够拟合变量间的相关结构，因此，近年来在金融领域得到广泛应用。根据 Sklar 定理，在边缘分布函数 F_1，…，F_N 连续时，存在唯一 Copula 函数：

$$F(x_1, x_2, \cdots, x_N) = C[F_1(x_1), F_2(x_2), \cdots, F_N(x_N)] \tag{6-11}$$

再根据 Sklar 定理，由式（6-11）得到联合分布函数的密度函数：

$$f(x_1,\cdots,x_n,\cdots,x_N) = c[F_1(x_1),\cdots,F_n(x_n),\cdots,F_N(x_N)]\prod_{n=1}^{N}f_n(x_n) \tag{6-12}$$

其中 $c[F_1(x_1),\cdots,F_n(x_n),\cdots,F_N(x_N)]$ 和 $f_n(x_n)$ 分别为 Copula 函数和边缘分布函数的密度函数。考虑到本节是对溢出效应进行研究，主要应用二元 Copula 函数，数据维度不高，因此可以应用极大似然估计方法估计 Copula 函数。另外，Copula 函数族种类繁多，通常分为椭圆 Copula 族、阿基米德 Copula 族、极值 Copula 族以及 Archimax Copula 族四类共计 16 种，本节应用最大似然值和 AIC 值、BIC 值以及 HQ 值最小原则选择最优 Copula 函数。

（四）基于 Copula – Beta – skew – t – EGARCH – POT 模型的 CoVaR 计算

在明确边缘分布和选取最优 Copula 函数后，接下来根据 CoVaR 的定义计算金融资产的溢出效应。具体过程如下：

首先，存在 $(U, V) \sim C$，这里 C 是 Copula 函数 $F_{i,j}(x^i, x^j)$ 代表联合分布的分布函数，U 表示金融资产 x^i 的边缘分布函数 $F_i(x^i)$，V 表示金融资产 x^j 的边缘分布函数 $F_j(x^j)$，其对应的密度函数分别为 $f_{i,j}(x^i, x^j)$、$f_i(x^i)$ 以及 $f_j(x^j)$，那么根据文献 Gropp（2009）的定义，金融资产 x^i 的条件分布密度函数的形式如下：

$$f_{i|j}(x^i \mid x^j) = \frac{f_{i,j}(x^i, x^j)}{f_j(x^j)} \tag{6-13}$$

结合式（6 – 12）、式（6 – 13）推导出：

$$f_{i|j}(x^i \mid x^j) = c[F_i(x^i), F_j(x^j)]f_i(x^i) \tag{6-14}$$

式（6 – 14）的分布函数为：

$$F_{i|j}(x^i \mid x^j) = \int_{-\infty}^{x_i} c[F_i(x_i),F_j(x_j)]f_i(x^i)\,\mathrm{d}x^i \tag{6-15}$$

式（6 – 15）中边缘分布函数 $F_i(x^i)$、$F_j(x^j)$ 通过上文的 Beta – skew – t – EGARCH – POT 模型获得，密度函数 $f_i(x^i)$ 即为边缘分布函数 $F_i(x^i)$ 的导数，$c(\cdot)$ 为上文选取的最优 Copula 函数的密度函数，那么根据 Mainik 和 Schaanning（2014）的方法，$CoVaR_q^{ij}$ 可表示为：

$$CoVaR_q^{ij} = F_{ij}^{-1}(q \mid VaR_q^j) \tag{6-16}$$

式（6－16）中 F_{ij}^{-1}（·）为 F_{ij}（·）反函数，并且其解析式通常不易求出，因此，通常把式（6－16）转化为如下表达式求解：

$$\int_{-\infty}^{x} c[F_i(x^i), F_j(x^j)] f_i(x^i) \mathrm{d}x^i = q \tag{6-17}$$

那么式（6－17）的解 x_i 即为 $CoVaR_q^{ij}$。

三 实证研究

（一）数据来源及描述性统计

选择中国和国际期货市场代表性指数进行分析。考虑数据可获得性，由于国内原油期货还在筹备，因此本节选择大庆原油现货价格指数（CCO）替代，国内商品市场选择南华商品期货价格指数（NFI），国际商品市场选择 CRB 期货指数（RJ/CRB）。为避免非同步交易影响，所有数据经过整理，根据数据可用性，所有数据都是来源于 Wind 数据库 2004 年 6 月 1 日至 2017 年 7 月 20 日的每日收盘价①。定义对数收益率：$r_t = 100 \times \log\ (p_t/p_{t-1})$。

从表 6－1 可以看出，样本序列都是左偏形态（偏度 <0），且具有尖峰厚尾特征（峰度 >3），并且有 J－B 检验可以在 1% 显著性水平下，各样本序列显著异于正态分布。为进一步检验样本序列分布特征，本节画出各样本序列的分位数分布图（见图 6－1），以最上边的 CRB 为例，CRB 序列的上尾和下尾明显偏离正态分布，呈厚尾特征，据此可以得出结论样本序列呈现典型的“尖峰厚尾”特征。再结合图 6－2，三个样本序列波动趋势基本一致，呈现出非对称分布，表现一定的爆发和集

表 6－1 样本描述性统计

	最小值	最大值	均值	标准差	偏度	峰度	JB 检验	Q（12）	Q^2（12）	ARCH	ADF
CRB	－16. 3115	5. 7462	－0. 0153	1. 2080	－0. 9218	13. 1294	22257 *	23. 382	299. 88 *	199. 13 *	－39. 0408 *
NFI	－4. 5086	3. 6855	0. 0100	0. 9694	－0. 2361	3. 8634	468 *	47. 236 *	928. 08 *	363. 54 *	－37. 8271 *
CCO	－17. 4061	20. 4234	0. 0047	2. 4173	－0. 0662	5. 7923	4252 *	25. 956	873. 37 *	366. 63 *	－37. 6852 *

注：* 表示 1% 显著水平。

① 对于数据选取，例如 CRB 对 NFI 收益率序列，如果 t 日只有 CRB 的数据或只有 NFI 的数据，则将 t 日对应的 CRB 和 NFI 数据全部删除。由于没有考虑节假日的差异，可能会删除掉部分有用数据，但不影响分析结果，最后剩余的样本总数 3036。

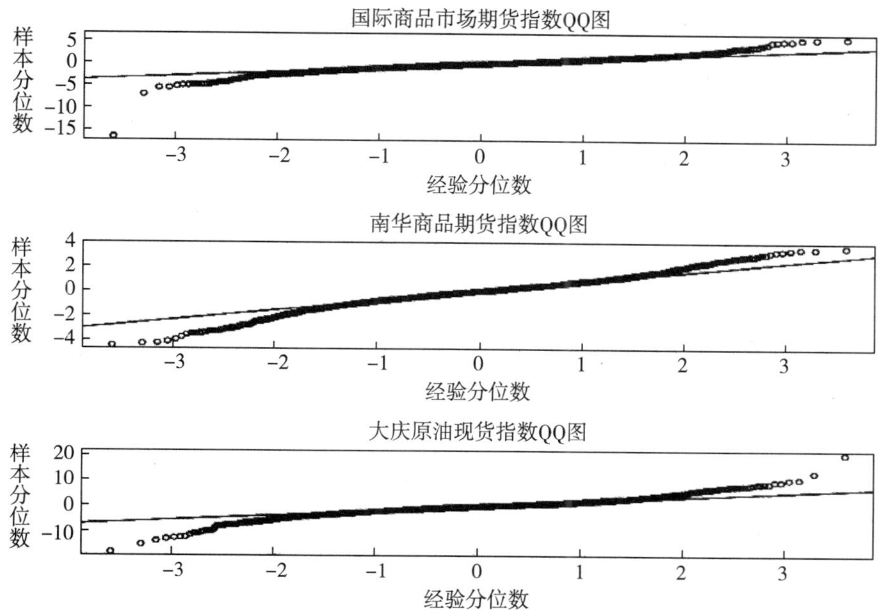

图 6－1　样本序列的分位数分布

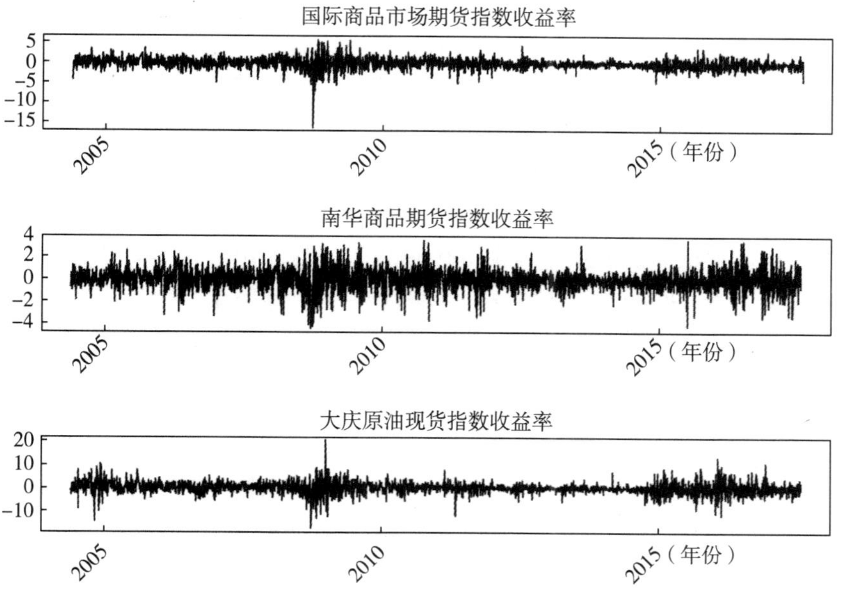

图 6－2　样本的收益率曲线

聚特征。Ljung - Box 检验表明，在 1% 显著性水平下，三个序列收益率均不存在序列相关，ARCH 检验表明三个收益率都存在 ARCH 效应，ADF 检验表明三个收益率均是平稳的，因此，可以运用 Beta - Skew - t - EGARCH - POT 模型建模。

（二）Copula - Beta - Skew - t - EGARCH - POT 模型估计

1. Beta - Skew - t - EGARCH 模型估计

考虑到 Beta - Skew - t - EGARCH 模型的优良特性，本节利用上文的 Beta - Skew - t - EGARCH 模型拟合三个样本收益率序列，具体结果如表 6 - 2 所示。

表 6 - 2　Beta - Skew - t - EGARCH 模型参数估计结果

指数	ω	ϕ	κ_1	κ^*	ν	γ
CRB	0.0027 (0.0626)	0.9338 (0.0000)	0.1825 (0.0137)	0.9629 (0.0000)	0.9445 (0.0000)	7.7709 (0.0000)
NFI	0.0122 (0.0022)	0.9731 (0.0000)	-0.0651 (0.1393)	0.9160 (0.0000)	0.9479 (0.0000)	7.7598 (0.0000)
CCO	0.0128 (0.0653)	0.9464 (0.0000)	0.2839 (0.0000)	0.9500 (0.0000)	0.9734 (0.0000)	6.2508 (0.0000)

由表 6 - 2 可以看出，三个样本市场的持续性参数 ϕ 分别为 0.9338、0.9731 以及 0.9464，说明波动集聚性明显，*ARCH* 参数 κ_1 表示样本市场对波动冲击的响应都比较大，其中 *CCO* 收益序列最大，杠杆参数 κ^* 大于零，说明样本市场存在明显的杠杆效应，其中 *CRB* 收益序列杠杆效应更明显，偏度参数 γ 均大于零，表明样本市场收益序列的分布明显存在偏斜。

2. POT 模型估计

在对 Beta - Skew - t - EGARCH 模型估计基础上，本节得到三个序列的残差序列，对残差序列进行标准化，检验表明，三个标准化残差是平稳的并且不存在自相关性①，因此，可以运用 POT 模型对其进行

① 限于篇幅，这里省略掉检验过程。

建模。

对标准残差序列进行建模，分为三个阶段，包括模型探索阶段、模型拟合阶段以及模型诊断阶段。第一，模型探索阶段，选取合适的阈值直接影响到模型拟合的效果。当前流行的阈值选取方法有超额期望函数图、Hill 图和 Du Mouchel 10% 原则等，但是没有统一的标准，鉴于阈值的选取对模型估计重要性，这里综合这三种方法最终确定阈值。

选取 CRB 市场为例①，首先，画出上尾超额期望函数图（见图 6 - 3）：

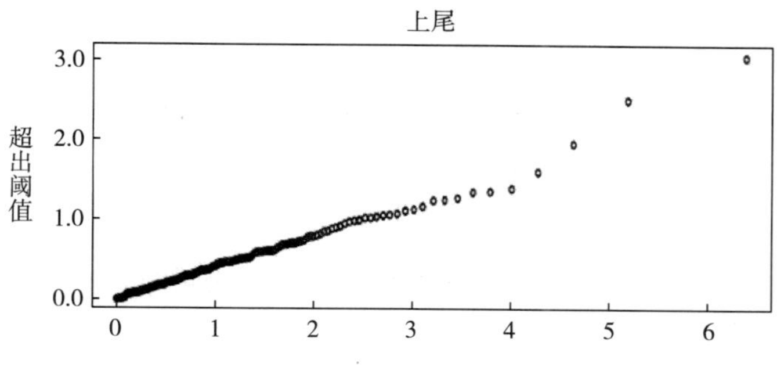

图 6 - 3 CRB 上尾超额期望函数

然后，画出上尾 Hill 图（见图 6 - 4）：

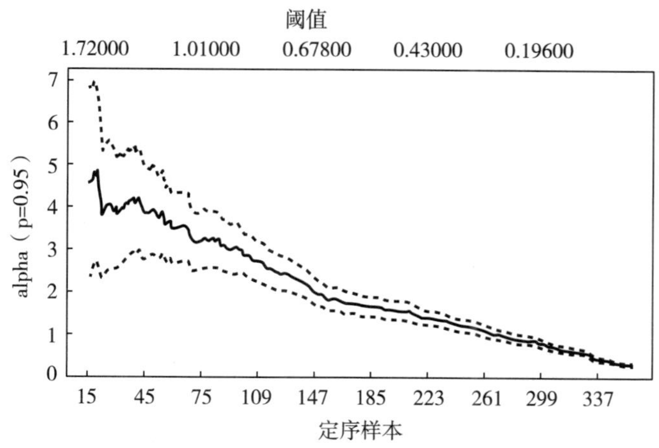

图 6 - 4 CRB 上尾 Hill

① 上文把样本分为三个时期，这里求阈值也分别求三个时期的阈值。

从图6－3和图6－4不能获得精确阈值，但是可以估计出上尾阈值大致取值范围为0到2，接着应用Du Mouchel 10%法求出阈值为0.97。为了检验阈值选择的精准度，根据超额期望函数图、Hill图确定阈值范围的区间，应用极大似然估计求参数值，如果参数估计值在所取的阈值（这里应该是一个区间）附近表现稳定，则说明阈值选取比较合理，再根据Du Mouchel 10%法具体的阈值求出具体的阈值，如果该阈值在阈值稳定区间，则认为所求阈值比较精确。结合图6－5可以确定CRB上尾阈值为0.97，其他的阈值也按照此方法，具体结果如表6－2所示。

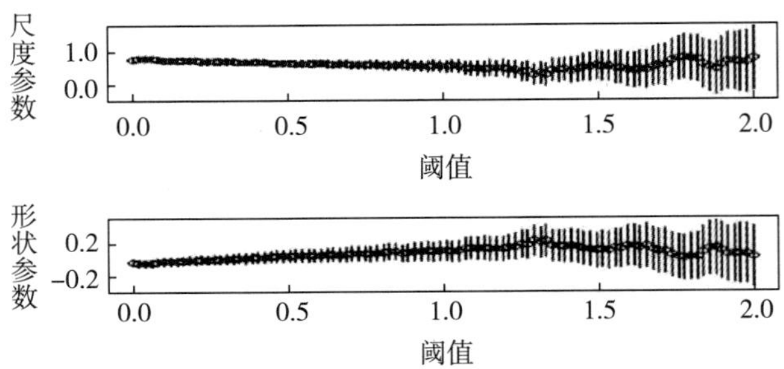

图6－5 CRB不同阈值条件下极大似然估计

第二，模型拟合阶段。在得到阈值的基础上，应用POT模型对两个标准残差序列进行估计，得到POT模型的尺度参数β和形状参数ξ，结果如表6－3所示。

表6－3 POT模型估计结果

	上尾		下尾	
CRB	u	0.97	u	－1.11
	ξ	－0.10	ξ	－0.17
	β	0.55	β	0.59
NFI	u	1.14	u	－1.15
	ξ	－0.11	ξ	－0.04
	β	0.70	β	0.84
CCO	u	1.05	u	－1.08
	ξ	－0.10	ξ	－0.15
	β	0.67	β	0.45

第三，模型检验阶段。为检验 POT 模型估计有效性，本节做出 CRB 标准残差序列的拟合诊断图，如图 6 – 6 所示，大部分点直接落在阈值分布图和尾部分布图上或附近，只有个别点出现偏离，但不影响拟合效果，POT 整体拟合效果较好。其他样本用同样的方法，这里不再赘述。

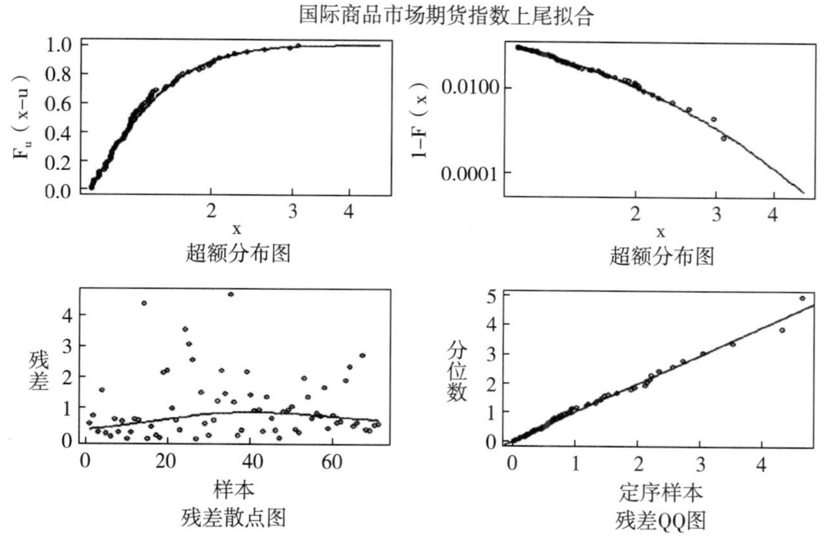

图 6 –6　CRB 标准残差序列的拟合诊断

3. Copula 函数估计

对 CCO 样本、NFI 样本以及 CRB 样本的标准残差进行 POT 建模确立边缘分布后，本节利用 Copula 函数刻画样本序列的相依结构。考虑到本节主要探讨原油市场与商品市场的相互风险溢出程度，这里把样本分为两组：CCO 和 NFI 以及 CCO 和 CRB，运用 Copula 函数进行拟合，下面列出 CCO 和 NFI 的 Copula 函数拟合结果①，具体如表 6 – 4 所示。

① 考虑本节篇幅，这里省略了另外一组 Copula 函数拟合结果。

表 6－4　　CCO 和 NFI 的 Copula 函数拟合结果

Copula 类型	Copula 函数	loglike	AIC	BIC	HQ
椭圆 Copula	Norm	162.2927	－322.5855	－316.5678	－320.4222
	normal. mix	－162.2927	－318.5855	－300.5326	312.0956
阿基米德 Copula	frank	161.8552	－321.7105	－315.6928	－319.5472
	kimeldorf. sampson	142.4064	－282.8128	－276.7952	－280.6496
	joe	117.9211	－233.8423	－227.8246	－231.6790
	bb1	186.0930	－368.1859	－356.1506	－363.8593
	bb2	142.3847	－280.7694	－268.7341	－276.4428
	bb3	185.2633	－366.5266	－354.4913	－362.2000
	bb6	117.9211	－231.8423	－219.8070	－227.5157
	bb7	182.5755	－361.1510	－349.1157	－356.8244
极值 Copula	Gumble	162.5007	－323.0013	－316.9837	－320.8380
	galambos	148.0242	－294.0484	－288.0308	－291.8851
	husler. reiss	135.9440	－269.8880	－263.8704	－267.7247
	tawn	171.6576	－337.3152	－319.2623	－330.8253
	bb5	162.5007	－321.0013	－308.9660	－316.6747
Archimax Copula	bb4	175.5653	－347.1306	－335.0953	－342.8040

依据似然值最大和 AIC 值、BIC 值以及 HQ 值最小原则，本节从 4 大类 Copula 函数中，选择最优 Copula 函数为 BB3 Copula 函数。在此基础上，本节计算出两组样本的τ相关系数、ρ_s相关系数以及上下尾相关系数（主要考虑下尾），具体如表 6－4 所示，由此可以初步定性分析两组样本的风险溢出强度和方向。两样本组τ相关系数分别为 0.2084、0.1191、ρ_s相关系数分别为－0.6145、－0.5359，这表明两组样本存在很强的相关性，并且 CCO－NFI 的相关性强于 CCO－CRB，λ_L 都大于零表明样本之间风险溢出效应是正的，并且 CCO－NFI 的强度明显大于 CCO－CRB。一个主要原因是 CCO 和 NFI 都隶属于国内商品市场，相互之间风险传递比较迅速，而相对于 CCO 和 CRB，一个境内一个境外，考虑到国内资本市场还没有完全开放，它们相互之间的风险溢出效应就弱了很多。好的方面来说，这样可能对国内资本市场包括原油市场起到了防火墙的作用，不好的地方妨碍了国内资本市场的自由竞争。

将估计参数代入 BB3 Copula 函数，得到 BB3 Copula 分布函数如下：

$$C(u, v) = \exp\{-[\delta^{-1}\ln(e^{-\delta\ln u^{\theta}} + e^{-\delta\ln v^{\theta}} - 1)]^{\frac{1}{\theta}}\}, \ \theta > 1, \ \delta > 0$$

由 BB3 Copula 分布函数可以得到其密度函数，进而对其密度函数进行极大似然估计，具体结果如表 6－5 所示：

表 6－5　　BB3 Copula 函数参数估计结果

对象	参数	参数估计值	标准差	T 统计量	τ	ρ_s	λ_U	λ_L
CCO－NFI	δ	0.1609	0.0296	5.4444	0.2084	－0.6145	0.1881	0.9571
	θ	1.1662	0.0208	56.0937				
CCO－CRB	δ	0.1703	0.0251	6.7816	0.1191	－0.5359	0.1087	0.0170
	θ	1.0876	0.0186	58.4042				

为了检验 BB3 Copula 函数的拟合效果，这里做出基于 CCO－NFI 样本的 Copula 函数的经验分布和 CDF 的拟合效果图，同时为了对比，同时做出 BB7 Copula 的拟合效果图，由图 6－7 可以看出，BB3 Copula 函数对样本相关结构的拟合效果非常好。

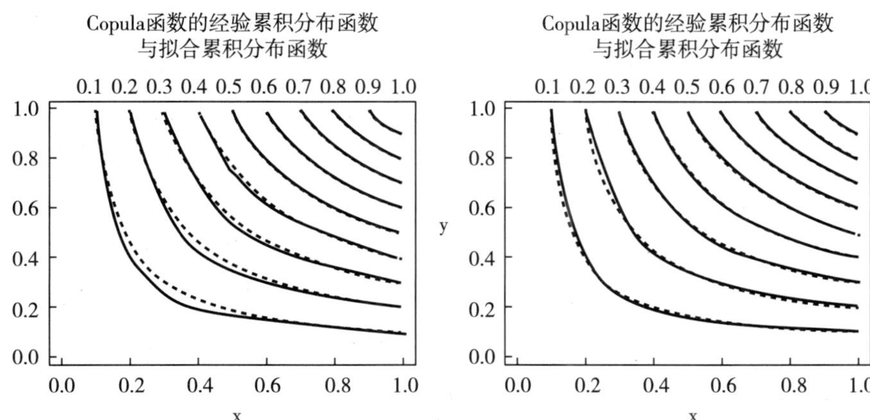

图 6－7　BB7 Copula（左）和 BB3 Copula（右）的经验函数与 CDF 拟合效果对比

4. 极值风险溢出效应 CoVaR 计算及检验

为了进一步定量研究样本之间的风险溢出效应，在明确样本序列的边缘分布和确定了最优的 Copula 函数之后，本节应用上文建立的模型计算 5% 显著水平下 VaR、CoVaR、ΔCoVaR 以及% CoVaR，具体如表 6 -6所示。

表 6 -6　　原油市场与商品市场极值风险溢出统计（q =5%）

	VaR	CoVaR	ΔCoVaR	% CoVaR
CCO - CRB	1. 5403	2. 1597	0. 6194	0. 4021
CCO - NFI	1. 5403	2. 1876	0. 6473	0. 4202
CRB - CCO	1. 5052	2. 3324	0. 8272	0. 5496
NFI - CCO	1. 6046	2. 4412	0. 8366	0. 5214

由表 6 -6 可以看出，在既定显著性水平下，国内商品市场（NFI）的风险值 VaR 最大，国外商品市场（CRB）风险值 VaR 最小。从风险溢出方向来看，条件风险值 CoVaR 均大于风险值 VaR，并且相互之间的风险溢出均大于零，存在正向溢出效应，从风险溢出强度（% Co-VaR）来看，均值为 47%，其中最低的 CCO→CRB 为 0. 4021，最高的为 CRB→CCO 为 0. 5496，呈现出不对称的现象，主要原因是原油的定价权掌握在国际原油市场手里，国内原油市场发展时间比较短，还不是很成熟，没有定价权，因此，相比较而言，国内原油市场更容易受到国际原油市场的冲击，导致国际国内原油市场风险溢出强度不对称的现象。同时国内商品市场（NFI）和国内原油市场（CCO）亦存在双向正风险溢出效应，NFI→CCO 风险溢出效应大于 CCO→NFI 风险溢出效应，主要原因还是和市场成熟度有关。总体而言，两组样本相互之间存在很强的双向正风险溢出效应，但存在不对称现象。

那么，在具体的风险管理中，通常只是考虑的 VaR 值，这样就肯定低估了所面临的风险。以 CCO→CRB 为例，实际风险值 CoVaR 明显大于理论风险值 VaR，这样就严重低估了风险，导致风险管理存在很大不确定性。另外，表 6 -5 仅仅列出显著性水平 5% 下的各指标值，为了深入研究不同显著性水平下风险溢出效应状况，图 6 -8 给出不同显著性水平下% CoVaR，从中可以看出，各样本% CoVaR 值与显著性水平成反比关系，也意味着风险值 VaR（与显著性水平成反比）越大，其对应的% CoVaR 值亦越大，因此，极端风险的关注显得更加重要。

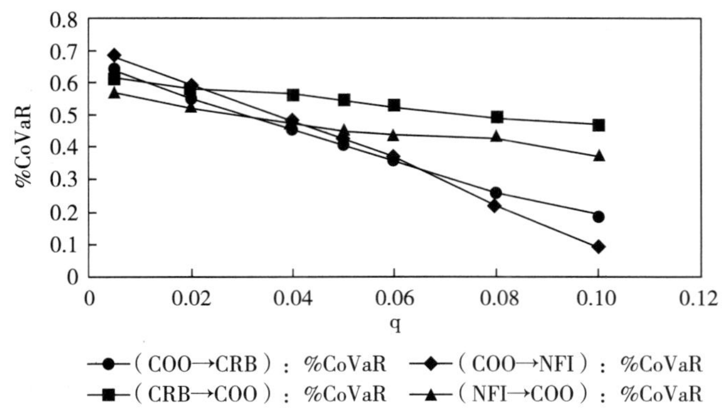

图 6－8　不同显著性水平下% CoVaR

最后对模型的有效性进行检验，具体方法为：根据前文确定的边缘分布模型和最优 Copula 函数，运用产生随机数的方法模拟生成 5 万组（x^i，x^j）值，然后从 x^j 中选择最接近 VaR_q^j 的值 200 个，同时得到和 X^j 对应的 200 个 X^i（标记为 X），那么 X 值小于 $CoVaR_q^{ij}$ 的个数与其总数的比值就是我们要得到的检验值。具体运行结果为 CCO→CRB（5.5%）、CCO→NFI（4.5%）、CRB→CCO（3%）、NFI→CCO（5%），综合来看，只有 CRB→CCO（3%）效果稍微差点，存在高估的风险，其余的都在理想水平或附近，因此，模型很好地拟合了样本的风险特征，对样本之间的风险溢出水平测度是合适的。

第二节　基于 Copula－GH－CoVaR 模型风险溢出效应测度

CoVaR 模型已经得到国内外学者的广泛应用。Hakwa（2012）等假设金融资产收益率为正态分布，应用 CoVaR 模型并结合 Copula 函数对金融资产的条件风险进行了考察。Girardi（2013）等运用 DCC－

GARCH 模型，在偏 t 分布假设下应用 CoVaR 模型对金融资产的条件风险进行了估计。马理（2014）等在 t 分布假设下，通过构建基于 Copula 和 GARCH 的动态 CoVaR 模型对金融资产条件风险进行了测度。王妍（2014）等假设金融资产尾部服从 GPD 分布，然后结合 CoVaR 模型对条件风险进行了研究。陈九生（2016）等在 Skew－t 分布假设下，结合 Copula 函数应用 CoVaR 模型对金融资产的条件风险进行了衡量。从上面的研究可以发现，现有应用 CoVaR 模型的研究主要基于正态分布、t 分布、GDP 分布以及 Skew－t 分布下，但是这些分布都只是从某一方面刻画金融资产的分布特征。为了更好地刻画金融资产的尖峰、厚尾、杠杆、偏斜等特征，学者们一直在寻找更为合理的分布函数，Barndorff（1997）等提出广义双曲线分布，由于广义双曲分布能同时具有尖峰、厚尾、偏斜等特征，因此，广义双曲分布更适合拟合金融资产的收益特征。Eberlein（1995）等、Fajardo（2008）等、杨爱军（2014）等已经应用广义双曲分布对金融资产的分布特征进行了刻画，结果表明拟合效果非常好，但是还鲜有文献把广义双曲分布应用到 CoVaR 的测度中。

对比目前流行三种的 CoVaR 估计方法发现，Copula 函数法与 DCC－GARCH 模型和分位数回归法更加有效，同时由于 Copula 函数法能够捕捉客观变量和条件变量之间的相依关系，这样可以利用 Copula 来重新定义和计算 CoVaR。因此，为了更好地刻画金融资产的尖峰、厚尾、偏斜以及捕捉金融资产间的非线性特征，本节拟在条件风险测度中引入广义双曲线分布、Copula 函数，最终构建基于广义双曲线分布下 Copula－CoVaR 模型的联动风险溢出效应模型，并应用新构建的模型检验中国原油市场与国际大宗商品市场的风险溢出效应。

一 模型构建

（一）边缘分布模型构建

1. 广义双曲线（GH）分布

Barndorff－Nielsen（1997）提出广义双曲线分布，指出广义双曲线分布同时具有尖峰、厚尾以及偏斜特征，因此广义双曲线分布是一个刻画金融资产回报的有效工具。假设 X 为服从广义双曲分布的随机变量，

Z 具有广义逆高斯分布，以 $Z \sim GIS$（λ，δ，γ）表示，则：

$$x = \mu + \beta z + \sqrt{z}Y \tag{6-18}$$

其中 $Y \sim N$（0，1），且 Y 与 z 相互独立，那么 z 的概率密度函数为：

$$f(z) = \left(\frac{\gamma}{\delta}\right)^{\lambda} \frac{z^{\lambda-1}}{zk\lambda(\delta\gamma)} \exp\left[-\frac{1}{2}\left(\frac{\delta^2}{z} + \gamma^2\right)\right],\ z > 0 \tag{6-19}$$

其中 k_λ（u）表示阶数为 λ 的第三类修正 Bessel 函数，其定义为：

$$k_\lambda(u) = \frac{1}{2}\int_0^{\infty} y^{\lambda-1} \exp\left[-\frac{u}{2}\left(y + \frac{1}{y}\right)\right] dy, u > 0 \tag{6-20}$$

在给定的 Z 具有 GIS（λ，δ，γ）分布条件下，假设 $X \mid Z = z$ 的条件分布为 N（$\mu + \beta z$，z），即 $X \mid Z = z$ 的条件概率密度为：

$$f(x \mid z) = \frac{1}{\sqrt{2\pi z}} \exp\left[-\frac{1}{2z}(x - \mu - \beta z)^2\right] \tag{6-21}$$

则 X 为服从广义双曲线分布，以 $X \sim GH$（λ，α，β，μ，δ）表示，其中 $\alpha^2 = \beta^2 + \gamma^2$，经过推导可得广义双曲线分布的概率密度函数为：

$$\begin{aligned} g(x;\ \lambda,\ \alpha,\ \beta,\ \delta) &= \int_0^{\infty} (x \mid z) f(z) dz \\ &= \frac{(\alpha^2 - \beta^2)^{\lambda/2}}{(2\pi)^{\frac{1}{2}} \delta^{\lambda} k_\lambda(\delta\sqrt{\alpha^2 - \beta^2})} \\ &\quad \left[\frac{\delta}{2}\sqrt{\phi(x)}\right]^{\lambda - \frac{1}{2}} k_{\lambda - \frac{1}{2}}[\alpha\delta\sqrt{\phi(x)}] \\ &\quad \exp[\beta(x - \mu)] \end{aligned} \tag{6-22}$$

其中 ϕ（x）$= 1 + \left(\frac{x - \mu}{\delta}\right)^2$。具体的参数分布特征如下，$\alpha$、$\beta$ 为形状参数，α 越大尾部越厚，β 决定其偏度，μ 为位置参数，δ 为尺度参数，值越大，密度函数峰度越小，因此通过广义双曲分布有效刻画金融资产回报的尖峰、厚尾及偏斜特征。此外，λ 为调整参数，可以通过调整 λ 改变分布尾部的厚度，比如，当参数趋于特定值时，广义双曲线分布转化为特定分布，HP（$\lambda = 1$）（双曲线分布），NIG $\left(\lambda = \frac{1}{2}\right)$（正态逆高斯分布）、Student－t $\left(\lambda = -\frac{v}{2},\ \alpha = \beta = 0,\ \delta = \sqrt{v},\ v \in R\right)$（$t$ 分

布)、GHSKT $\left(\lambda=-\frac{v}{2},\ \alpha=|\beta|,\ \in R\right)$(广义双曲线学生偏 t 分布)、N(α,$\delta\to\infty$)(正态分布)。

2. 广义双曲分布下的 AR(1)-GJR-GARCH(1,1)模型

在对金融资产进行建模时,关键的问题是刻画金融资产回报动态波动特征和偏斜特征。此外,金融资产的波动性不是恒定不变的,大量研究表明,除了具有尖峰、厚尾以及偏斜特征外,还具有均值回复、波动集聚等特征,并且还有一个显著特征被称为杠杆效应。为了更加全面刻画金融资产的波动特征,本节在 Glosten(1990)不对称 GJR-GRACH 模型基础上引入广义双曲分布下 AR(1)-GJR-GARCH(1,1)模型作为资产回报的边缘分布,具体如下:

$$R_{j,t}=\mu_{j,t}+\varepsilon_{j,t}=\phi_{j,0}+\phi_{j,1}\cdot R_{j,t-1}+\sigma_{j,t}\cdot z_{j,t} \tag{6-23}$$

$$\sigma_{j,t}^{2}=\alpha_{j,0}+\alpha_{j,1}\cdot\varepsilon_{j,t-1}^{2}+\alpha_{j,2}\cdot d_{t-1}\cdot\varepsilon_{j,t-1}^{2}+\alpha_{j,3}\sigma_{j,t-1}^{2} \tag{6-24}$$

其中,为了和下文相对应,$j=s$,i,且 $t=1$,…,T,$z_{j,t}$服从 GH 分布。

(二)Copula 函数选择

Copula 函数是一种连接函数,由 Sklar(1959)提出,其实质是联合分布的另一种转换形式。以二元 Copula 函数为例,传统的双变量联合分布函数是 F(x,y),当 x,y 根据其分布函数概率积分转换成 u 和 v 后,原来的函数 F 就变成 u 和 v 的函数 C,这个函数 C 就是 Copula 函数。由于 Copula 函数不用假设边缘分布的具体形式,并且能够拟合变量间的相关结构,因此,近年来在金融领域得到广泛应用。对于二元 Copula 函数,根据 Sklar 定理,在边缘分布函数 F_x、F_y 连续时,存在唯一 Copula 函数:

$$F_{xy}(x,y)=C[F_y(y),F_x(x)]\Rightarrow C(u,v)=F_{xy}[F_y^{-1}(u),F_x^{-1}(v)] \tag{6-25}$$

其中,$u=F_Y$(y)和 $v=F_X$(x)为[0,1]均匀分布,那么条件概率 P_r($Y\leqslant y|X=x$)可以用 Copula 函数表示为:

$$P_r(Y\leqslant y|X=x)=\frac{\partial C(u,v)}{\partial v} \tag{6-26}$$

那么 P_r($Y\leqslant y|X\leqslant x$)可表示为:

$$P_r(Y\leqslant y \mid X\leqslant x)=\frac{\Pr(Y\leqslant y,\ X\leqslant x)}{\Pr(X\leqslant x)}=\frac{C[F_Y(y),\ F_X(x)]}{F_X(x)}$$
$$=\frac{C(u,\ v)}{v} \tag{6-27}$$

可以根据变量的特征选择合适的边缘分布和 Copula 函数，生成更能反映变量特征的联合分布，这样有助于反映变量间的相依结构特征。Copula 函数族种类繁多，通常分为椭圆 Copula 族、阿基米德 Copula 族、极值 Copula 族以及 Archimax Copula 族四类。而阿基米德类 Copula 函数由于具有良好的统计特征，近年来在金融学文献中得到广泛应用。阿基米德 Copula 函数可以捕获广泛的不对称尾部依赖性，这对金融资产收益之间的尾部关系进行建模是非常重要的。因此，本节选择阿基米德类 Copula 函数作为备选 Copula 函数，其中阿基米德 Copula 函数包括 Frank – Copula、Gumbel – Copula、Clayton – Copula 以及 BB7 – Copula（见表 6 – 7），本节在这四种 Copula 函数中优选出合适的 Copula 函数对金融资产序列进行拟合。

表 6 – 7　　四类 Copula 函数

Copula	$C(u,\ v;\ \theta/\delta)$	参数区间	尾部相依参数
Frank	$-\frac{1}{\delta 1}\left\{\frac{1}{1-e^{-\delta 1}}\left[\frac{(1-e^{-\delta 1})-(1-e^{-u\delta 1})}{(1-e^{-v\delta 1})}\right]\right\}$	$\delta 1\in[-\infty,\ 0)\cup(0,\ \infty)$	无
Gumbel	$\exp\{-[(-\ln u)^{\theta}+(-\ln v)^{\theta}]\}^{\frac{1}{\theta}}$	$\theta\in[1,\ \infty]$	$\lambda_U=2-\frac{1}{\theta}$
Clayton	$\max(u^{-\theta}+v^{-\theta}-1)^{-\frac{1}{\theta}}$	$\theta\in[-1,\ 0)\cup(0,\ \infty)$	$\lambda_L=2^{-\frac{1}{\theta}}$
BB7	$1-(1-\{[1-(1-u)^{\theta}]^{\delta 1}+[1-(1-v)^{\theta}]^{-\delta 1}-1\}^{-1/\delta 1})^{1/\theta}$	$\delta 1\in[0,\ \infty)$、$\theta\in[1,\ \infty)$	$\lambda_L=2^{-\frac{1}{\delta 1}}$，$\lambda_u=2-\frac{1}{\theta}$

由于备选的四类 Copula 都是常数 Copula，为了反映随机变量的动态关系，本节借鉴 Patton 用 ARMA（1，10）过程来刻画参数的动态关系构建四类动态 Copula 函数，对于 Gumbel、Clayton Copula 以及 BB7 函数有：

$$\theta_t = \Lambda_1(\omega + \gamma \cdot \theta_{t-1} + \xi \frac{1}{10}\sum_{j=1}^{10} | u_{t-j} \cdot v_{t-j} |) \tag{6-28}$$

其中$\Lambda_1 = \frac{1-e^{-x}}{1+e^{-x}}$，目的是确保参数处于（0，1）的区间，这里需要指出的是 BB7 Copula 是要区分上下尾。而对 Frank Copula 函数有：

$$\delta 1_t = \omega + \gamma \cdot \theta_{t-1} + \xi \frac{1}{10}\sum_{j=1}^{10} | u_{t-j} \cdot v_{t-j} | \tag{6-29}$$

（三）CoVaR 方法

1. 定义 CoVaR

回顾 VaR 的定义，用随机变量 $R_{i,t}$表示资产 i 在 t 时的回报（$i=1, \cdots, N$; $t=1, \cdots, T$），那么 $R_{i,t}$在显著性水平下 $\beta \in (0, 1)$ 的在险价值 $\mathrm{VaR}^{i}_{\alpha,t}$可以表示为：

$$Pr(R_{i,t} \leqslant VaR^{i}_{\alpha,t}) = \alpha \Leftrightarrow VaR^{i}_{\alpha,t} = F^{-1}_{i,t}(\alpha) \tag{6-30}$$

其中，$\mathrm{F}^{-1}_{\mathrm{i,t}}(\alpha)$ 为回报分布函数 $\mathrm{F}_{\mathrm{i,t}}$的逆函数。

VaR 是对单一的金融资产进行风险评估，不能反映金融资产间的风险溢出程度，于是 Adrian 和 Brunnermeier（2011）在 VaR 的基础上提出了 CoVaR 概念，表示当金融资产 i 处于风险水平时，金融资产 s 所面临的风险值，因此，是一种反映金融资产 i 对金融资产 s 的条件风险，用公式可以表示为：

$$\Pr(R_{s,t} \leqslant CoVaR_{\alpha,\beta,t} \mid R_{v,t} = VaR^{i}_{\alpha,t}) = \beta \tag{6-31}$$

为了更加精确地度量金融资产间的溢出效应，Girardi 和 Ergün（2013）通过重新定义风险条件，对 Adrian 和 Brunnermeier（2011）的 CoVaR 定义进行了修正，具体形式如下：

$$\Pr(R_{s,t} \leqslant CoVaR_{\alpha,\beta,t} \mid R_{v,t} \leqslant VaR^{i}_{\alpha,t}) = \beta \tag{6-32}$$

本节采用式（6-32）计算 CoVaR，这里 i 和 s 不相等，α，β 表示显著性水平，典型的取值为 1%、5%，当前的很多文献通常都取 $\alpha=\beta$，当然针对 $\alpha \neq \beta$ 也是成立的，本节选择 $\alpha=\beta=5\%$ 进行分析。

由式（6-32）可以看出，$CoVaR^{si}_{\alpha,\beta,t}$实质是一种条件 VaR，衡量的是金融资产 i 面临的总风险程度，具体包含 s 自身的风险价值和 i 的风险溢出效应。CoVaR 反映的是条件风险、传染风险，其主要针对衡量尾部极端概率下极端事件风险，并且具有条件性的概念，可以用来捕捉风险传染的效果。为了评估金融资产 s 对金融资产 i 的风险溢出效应，借鉴 Adrian 和 Brunnermeier（2011）对边际系统风险的定义：

$$\Delta CoVaR_{\alpha,\beta,t}^{si} = CoVaR_{\alpha,\beta,t}^{si} - CoVaR_{0.5,\beta,t}^{si} \tag{6-33}$$

考虑不同金融资产自身条件风险差异比较大，$\Delta CoVaR_{\alpha,\beta,t}^{si}$ 仅能表示风险溢出效应的大小，为了反映金融资产溢出效应强度，对 $\Delta CoVaR_{\alpha,\beta,t}^{si}$ 进行标准化：

$$\% CoVaR_{\alpha,\beta,t}^{si} = \frac{\Delta CoVaR_{\alpha,\beta,t}^{si}}{CoVaR_{0.5,\beta,t}^{si}} \tag{6-34}$$

CoVaR 的估计最开始用线性分位数回归的方法，但是这种方法忽略了对金融资产 i 的时变溢出风险。为了解决这个问题，Girardi 和 Ergün（2013）基于 GARCH 类模型和 DCC 类模型采用三步法，把时变相关性考虑进来估计出 $CoVaR$，然而这种方法假设条件过于苛刻，需要在假设 $R_{i,t}$ 和 $R_{s,t}$ 分布基础上，对其数值积分，可能在 $CoVaR$ 的计算中引入错误的偏差。因此，本节借用 Copula 函数计算 CoVaR。

2. Copula CoVaR *方法*

为了解决估计 CoVaR 的时变溢出问题，本节应用 Copula CoVaR 方法克服了数值积分的难题，并且将 $R_{i,t}$ 和 $R_{s,t}$ 之间的时变依赖性纳入通过 Copula 参数计算风险溢出效应。此外，Copula CoVaR 方法从 Copula 函数的内在性质来分离边际分布的依赖性，在边界和依赖结构的规范中提供了更大的灵活性，以这种方式消除了风险溢出效应度量计算中潜在的错误定位偏差。

按照 Nelsen（1998）对二元阿基米德 Copula 函数的定义，其具体形式可以表示为：

$$C(u, v) = \partial^{-1}[\partial(u) + \partial(v)] \tag{6-35}$$

这里 ∂ 为 Copula 函数 C 的生成函数，并且 ∂ 为连续严格递减的凸函数。那么结合式（6－27）可以得到：

$$\begin{aligned} P_r(Y \leqslant y \mid X \leqslant x) &= \frac{\partial C(u, v)}{\partial v} \\ &= \frac{\partial'(v)}{\partial'[C(u, V)]} \\ &= \frac{\partial'(v)}{\partial'\{\partial^{-1}[\partial(u) + \partial(v)]\}} \end{aligned} \tag{6-36}$$

一般条件下$\frac{\partial}{\partial v}C$（$u$，$v$）是部分可逆的，可以得到 Copula 函数的条件分位数的解析式如下：

$$u=\varphi^{-1}\left(\varphi\left\{\varphi^{-1}\left[\frac{1}{\beta}\varphi'(v)\right]-\varphi(v)\right\}\right) \tag{6-37}$$

对等式（6－37）中应用概率积分变换，得出了一个广义的阿基米德 Copula 函数的 $\mathrm{CoVaR}_{\alpha,\beta,t}$的表达式，即：

$$CoVaR_{\alpha,\beta,t}=F_{s,t}^{-1}\cdot\left[\varphi^{-1}\cdot\left(\varphi\left\{\varphi^{-1}\left[\frac{1}{\beta}\cdot\varphi'(v)\right]\right\}\right)-\varphi(v)\right] \tag{6-38}$$

其中随机变量 Y 和 X 分别代表金融资产回报 $R_{s,t}$和 $R_{i,t}$，其各自的分布函数为 $F_{s,t}$和 $F_{i,t}$，同时又从 VaR 定义式（6－30）可以得到：

$$v=F_{i,t}(VaR_{\alpha,t}^{i})=F_{i,t}[F_{i,t}^{-1}(\alpha)]=\alpha \tag{6-39}$$

那么式（6－38）等价于：

$$CoVaR_{\alpha,\beta,t}=F_{s,t}^{-1}\cdot\left\{\varphi^{-1}\cdot\left[\varphi\left(\varphi^{-1}\left\{\frac{1}{\beta}\cdot\varphi'[F_{i,t}(VaR_{\alpha,t}^{i})]\right\}\right)-\varphi[F_{i,t}(VaR_{\alpha,t}^{i})]\right]\right\} \tag{6-40}$$

上面 $CoVaR_{\alpha,\beta,t}$的解析式比较复杂，可以做适当的简化，根据式（6－27），条件分布 Pr（$R_{s,t}\leqslant CoVaR_{\alpha,\beta,t}$ | $R_{i,t}\leqslant VaR_{\alpha,t}^{i}$）等价于：

$$Pr(R_{s,t}\leqslant CoVaR_{\alpha,\beta,t}\mid R_{i,t}\leqslant VaR_{\alpha,t}^{i})=\frac{\varphi^{-1}[\varphi(u)+\varphi(v)]}{v}=\beta \tag{6-41}$$

那么结合式（6－38）和式（6－40）可得：

$$\varphi^{-1}[\varphi(u)+\varphi(v)]=\alpha\beta \tag{6-42}$$

则可以得到：

$$u=\varphi^{-1}\{\varphi[(\alpha\beta)]-\varphi(\alpha)\} \tag{6-43}$$

那么结合式（6－37）、式（26－38）以及式（6－43）可得：

$$CoVaR_{\alpha,\beta,t}=F_{s,t}^{-1}\{\varphi^{-1}[\varphi(\alpha\beta)-\varphi(\alpha)]\} \tag{6-44}$$

式（6－44）代表了金融资产回报 $R_{s,t}$和 $R_{i,t}$常态条件下的 $CoVaR_{\alpha,\beta,t}$，为了反映金融资产间的动态性，本节应用上文提到的 *ARMA*（1，10）过程来刻画参数的动态关系，最终可以获得的动态 $CoVaR_{\alpha,\beta,t}$综合模型。

二　模型估计和检验

（一）模型估计

计算 CoVaR 值需要估计反映金融资产回报 $R_{s,t}$ 和 $R_{i,t}$ 相依结构的参数。假设金融资产回报 $R_{s,t}$ 和 $R_{i,t}$ 向量为 $R_t = (R_{s,t},\ R_{i,t})'$，$t=1,\ \cdots,\ T$，那么如果 Copula 函数和边缘分布函数都是连续的，则联合概率密度函数可以表示为：

$$f(R_{s,t},\ R_{i,t}) = c(u_t,\ v_t;\ \theta_t) \cdot f_{s,t}(R_{s,t};\ \varphi_s) \cdot f_{i,t}(R_{i,t};\ \varphi_i) \quad (6-45)$$

其中 $u_t = F_{s,t}(R_{s,t};\ \varphi_s)$，$v_t = F_{i,t}(R_{i,t};\ \varphi_i)$ 是均匀变换的边缘分布序列，$f_{s,t}(R_{s,t};\ \varphi_s)$、$f_{i,t}(R_{i,t};\ \varphi_i)$ 是其各自的边缘密度函数，θ_t 是 Copula 函数的参数，φ_s、φ_i 是两边缘分布的参数，那么式（6－45）的极大似然估计可以表示为：

$$L(\theta,\phi_s,\phi_i) = \sum_{t=0}^{1}\left[\log c(u_t,v_t;\theta_t) + \log f_{st}(R_{s,t};\phi_s) + \log f_{it}(R_{i,t};\phi_i)\right] \quad (6-46)$$

其中边缘密度函数 $f_{s,t}(R_{s,t};\ \varphi_s)$、$f_{i,t}(R_{i,t};\ \varphi_i)$ 可以通过上文介绍的广义分布下的 AR(1)－GJR－GARCH(1，1) 拟合金融资产回报 $R_{s,t}$ 和 $R_{i,t}$ 获得，然后通过 IFM 方法对式（6－46）进行估计。具体过程如下，根据上文式（6－28）、式（6－29）对金融资产回报 $R_{s,t}$ 和 $R_{i,t}$ 进行拟合，得到金融资产回报 $R_{s,t}$ 和 $R_{i,t}$ 的累计分布函数 $u_t = F_{z_s,t}(z_s,\ t)$、$v_t = F_{z_i,t}(z_i,\ t)$，那么相依参数可以通过极大似然估计对式（6－46）估计获得，同时，为了计算时变 CoVaR，通过对金融资产回报 $R_{s,t}$ 进行拟合得到条件均值 $\mu_{s,t}$ 和标准差 $\sigma_{s,t}$，最终通过式（6－44）和式（6－30）分别获得常态 CoVaR 值和动态 CoVaR 值。

$$CoVaR_{\alpha,\beta,t} = \mu_{s,t} + \sigma_{s,t}F_{z_s,t}^{-1}(u) \quad (6-47)$$

（二）模型检验

模型检验是为了考察 CoVaR 对风险溢出测度的准确度，这里借用 Girardi 和 Ergün（2013）的方法对 CoVaR 进行回测检验，首先假定总的考察天数为 N，对于金融资产 i，定义如下“碰撞序列”：

$$I_t^i = \begin{cases} 1 & R_{i,t} \leqslant VaR_{\alpha,t}^i \\ 0 & R_{i,t} > VaR_{\alpha,t}^i \end{cases} \quad (6-48)$$

如果金融资产 i 在第 t 天的损失大于 $VaR^{i}_{\alpha,t}$，返回值为 1，反之为 0，在金融资产 i 处于 $R_{i,t} \leqslant VaR^{i}_{\alpha,t}$，也就是 I^{i}_{t} 返回值都为 1 的子样本 T 中，进一步定义“条件碰撞序列”：

$$I_t^{s|i} = \begin{cases} 1 & R_{s,t} \leqslant CoVaR^{i}_{\alpha,\beta,t} \\ 0 & R_{s,t} > CoVaR^{i}_{\alpha,\beta,t} \end{cases} \tag{6-49}$$

同理，如果金融资产 s 在第 t 天的损失大于 $CoVaR_{\alpha,\beta,t}$，返回值为 1，反之为 0，其样本容 M 为金融资产 i 处于 $R_{i,t} \leqslant VaR^{i}_{\alpha,t}$ 的子样本数量，到这里就可以用 Kupiec 检验法对 CoVaR 进行检验了，具体如下，构建碰撞序列和条件碰撞序列的似然比统计量如下：

$$LR^{i} = -2\ln(1-\alpha)^{N-T}\alpha^{T} + 2\ln\left[\left(1-\frac{T}{N}\right)^{N-T}\left(\frac{T}{N}\right)\right]^{T} \tag{6-50}$$

$$LR^{si} = -2\ln(1-\beta)^{T-M}\beta^{M} + 2\ln\left[\left(1-\frac{M}{T}\right)^{N-M}\left(\frac{M}{T}\right)\right]^{M} \tag{6-51}$$

三　实证研究

（一）数据来源及描述性统计

选择中国和国际期货市场代表性指数进行分析。考虑数据可获得性，由于国内原油期货还在筹备，因此本节选择大庆原油现货价格指数（CCO）替代，国际商品市场选择 CRB 期货指数（RJ/CRB）。为避免非同步交易影响，所有数据经过整理，根据数据可用性，所有数据都是来自 Wind 数据库 2004 年 6 月 1 日至 2017 年 7 月 20 日的每日收盘价[①]。定义对数收益率：$r_t = 100 \times \log(p_t/p_{t-1})$。

从表 6－8 可以看出，样本序列都是左偏形态（偏度 <0），且具有尖峰厚尾特征（峰度 >3），并且 J－B 检验在 1% 显著性水平下，各样本序列显著异于正态分布。为进一步检验样本序列分布特征，本节画出各样本序列的分位数分布（见图 6－9），以左边的 CRB 为例，CRB 序列的上尾和下尾明显偏离正态分布，呈厚尾特征，据此可以得出结论样本序列呈现典型的“尖峰厚尾”特征。再结合图 6－10，样本序列波动

① 对于数据选取，例如 CRB 对 CCO 收益率序列，如果 t 日只有 CRB 的数据或只有 CCO 的数据，则将 t 日对应的 CRB 和 CCO 数据全部删除。由于没有考虑节假日的差异，可能会删除掉部分有用数据，但不影响分析结果，最后剩余的样本总数 3036。

趋势基本一致，呈现出非对称分布，表现一定的爆发和集聚特征。Ljung－Box检验表明，在1%显著性水平下，样本序列收益率均不存在序列相关，ARCH检验表明样本收益率都存在ARCH效应，ADF检验表明样本收益率均是平稳的，因此，可以运用AR（1）－GJR－GARCH（1，1）模型建模。

表6－8 样本描述性统计

	最小值	最大值	均值	标准差	偏度	峰度	JB检验	Q（12）	Q^2（12）	ARCH	ADF
CRB	－16.3115	5.7462	－0.0153	1.2080	－0.9218	13.1294	22257*	23.382	299.88*	199.13*	－39.0408*
CCO	－17.4061	20.4234	0.0047	2.4173	－0.0662	5.7923	4252*	25.956	873.37*	366.63*	－37.6852*

注：*表示1%显著水平下显著。

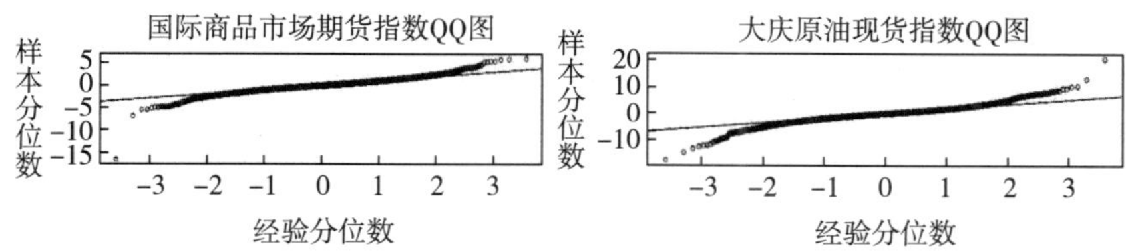

图6－9 样本序列的分位数分布

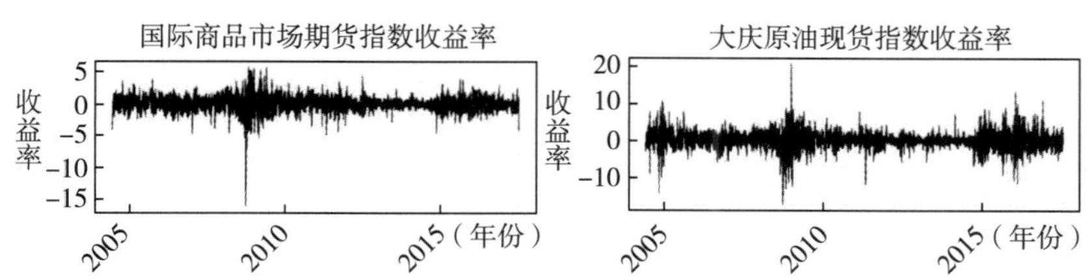

图6－10 样本的收益率曲线

（二）边缘分布模型估计和Copula函数选择

考虑到双曲线函数有不同形式，本节选取正态逆高斯分布（NIG）、双曲线分布（GH）、广义双曲线分布（GHYP）以及广义双曲线偏t分布（GHSKT）分别对AR（1）－GJR－GARCH（1，1）建模，参数估计结果如表6－9所示。参数$\alpha_{j,1}$、$\alpha_{j,2}$均大于0且显著，说明利空消息对资产价格的冲击大于利好消息对资产价格的冲击，即存在明显的杠杆效应。α值比较小说明样本存在厚尾特征，偏度参数β不是很大，但是仍然表现一定偏斜特征，从似然值（LL）和AIC值可以看出，NIG分布、GH分布以及 GHYP 分布的拟合效果大概相当，GHSKT 分布拟合效果最好（LL 值越大、AIC 值越小拟合效果越好）。因此，接下来应用 GHSKT 分布下 AR（1） – GJR – GARCH（1，1）模型与 Copula 函数结合计算 CoVaR。

表 6 – 9　不同类型双曲线分布下 AR（1） – GJR – GARCH（1，1）估计结果

分布	GH		NIG		GHYP		GHSKT	
样本	CRB	CCO	CRB	CCO	CRB	CCO	CRB	CCO
$\phi_{j,0}$	0.008	0.008 ***	0.008	0.008 ***	0.008	0.008 ***	0.008	0.008 ***
$\phi_{j,1}$	–0.021 **	–0.168	–0.021 **	–0.168	–0.021 **	–0.168	–0.021 **	–0.168
$\alpha_{j,0}$	0.002 *	0.002 *	0.002 *	0.002 *	0.002 *	0.002 *	0.002 *	0.002 *
$\alpha_{j,1}$	0.022 ***	0.030 ***	0.022 ***	0.030 ***	0.022 ***	0.030 ***	0.022 ***	0.030 ***
$\alpha_{j,2}$	0.963 ***	0.959 ***	0.963 ***	0.959 ***	0.963 ***	0.959 ***	0.963 ***	0.959 ***
$\alpha_{j,3}$	0.026 ***	0.017 *	0.026 ***	0.017 *	0.026 ***	0.017 *	0.026 ***	0.017 *
λ	–2.0363	–0.6837	—	—	—	—	—	—
α	0.1465	0.5661	0.5836	0.2246	0.9047	0.5876	0.7530	0.8251
β	–0.0535	–0.0191	–0.0587	–0.0191	–0.0563	–0.1973	–0.0552	–0.1985
δ	0.9937	0.9988	0.9678	0.9697	0.9785	0.9960	0.9862	0.9979
μ	0.0535	0.0191	0.0587	0.0191	0.0563	0.1975	0.0594	0.1985
v	—	—	—	—	—	—	6.5223	3.2761
LL	–4065.625	–4016.308	–4075.883	–4025.607	–4069.091	–4016.408	–4010.576	–4005.936
AIC	8141.25	8042.616	8159.766	8059.213	8146.182	8040.816	8021.641	8035.319

注：* 表示 10% 水平下显著，** 表示 5% 水平下显著，*** 表示 1% 水平下显著。

实际上，CoVaR 的计算是基于金融资产回报的联合尾部分布，因此尾部相依性是 CoVaR 计算的一个相当重要的概念。从理论上分析，考虑尾部的相依性将有利于 CoVaR 的计算，而 Copula 函数正好考虑了尾部的相依性。考虑到 Copula 函数种类繁多，在寻找能够充分描述金融资产回报之间依赖关系的最佳 Copula 模型时，本节选择了比较流行四种 Copula 函数形式：Clayton、Frank、Gumbel 和 BB7。这些 Copula 类函数都能够反映变量间依赖关系，但是反映的相依结构存在差别。例如，Clayton Copula 仅反映下尾部依赖，因此如果金融资产构回报的负向变化与正向变化高度相关，则最适合。相比之下，Gumbel Copula 仅允许上尾相关，而 Frank Copula 不允许尾部依赖，对上尾下尾反应不敏感。BB7 Copula 能够反映上下尾的不对称相依性。因此，从理论上分析 BB7 Copula 应该是相对最优的。

在 GHSKT 分布条件下，本节利用 AR（1） – GJR – GARCH（1，1）模型分别对资产回报序列进行建模，然后对得出的残差序列进行概率积分转化后，对上文提到 4 类 Copula 函数在考虑静态和动态情况下共 8 种进行拟合。根据极大似然值、AIC 以及 BIC 值准则判断，BB7 Copula 函数优于其他 Copula 函数，动态 BB7 Copula 函数优于静态 BB7 Copula 函数。本节给出各类 Copula 函数的估计结果如表 6 – 10 所示。

表 6 – 10　　　　阿基米德 Copula 函数参数估计结果

参数	Clayton	Frank	Gumbel	BB7		动态 Clayton	动态 Frank	动态 Gumbel	动态 BB7	
				τ^U	τ^L				τ^U	τ^L
ω	—	—	—	—	—	0. 0030	1. 9053	2. 0320	3. 3236	1. 5547
γ	—	—	—	—	—	– 0. 0160	– 0. 2314	– 0. 7806	– 22. 4988	– 10. 7711
ξ	—	—	—	—	—	2. 0366	0. 6257	– 2. 4878	– 1. 82805	– 5. 4564
θ	0. 2159	—	1. 1173	0. 0732	0. 0348	—	—	—	—	—
δ1	—	1. 0213	—	—	—	—	—	—	—	—
LL	– 51. 0838	– 40. 6857	– 54. 4629	– 61. 9686	– 52. 4615	– 54. 9509	– 80. 7487	– 87. 2017		
AIC	– 102. 1670	– 174. 3996	– 161. 4955	– 90. 9695	– 100. 9210	– 183. 9359	– 108. 9252	– 81. 3709		
BIC	– 102. 1650	– 174. 3877	– 161. 4896	– 90. 9655	– 100. 9151	– 183. 9319	– 108. 9232	– 81. 3689		

图 6 – 11 为各 Copula 函数拟合得到的中国原油市场和国际大宗商品市场的尾部相关参数的常数图和时变图，红色虚线表示常数尾部相关，蓝色表示动态尾部相关。根据上文的分析 ClaytonCopula 函数、GumbelCopula 函数分别反映了样本的下尾相关和上尾相关，而 BB7 Copula 函数能同时反映上尾和下尾相关性，这和上文介绍一致。同时，从图 6 – 11 可以看出，样本标的上尾和下尾的相关性是有差别的，并且随时间推移，上尾和下尾的相关性呈现一定程度的波动性，以动态 BB7 Copula 函数为例，其下尾相关在（0，0. 3642）区间，上尾相关在（0，0. 6157），常 BB7 Copul 函数上尾常相关系数为 0. 0732，下尾常相关为 0. 0348，这说明中国原油市场和国际大宗商品市场存在较强的尾部相关性，并且上尾和下尾的相关性在强度上存在差异。

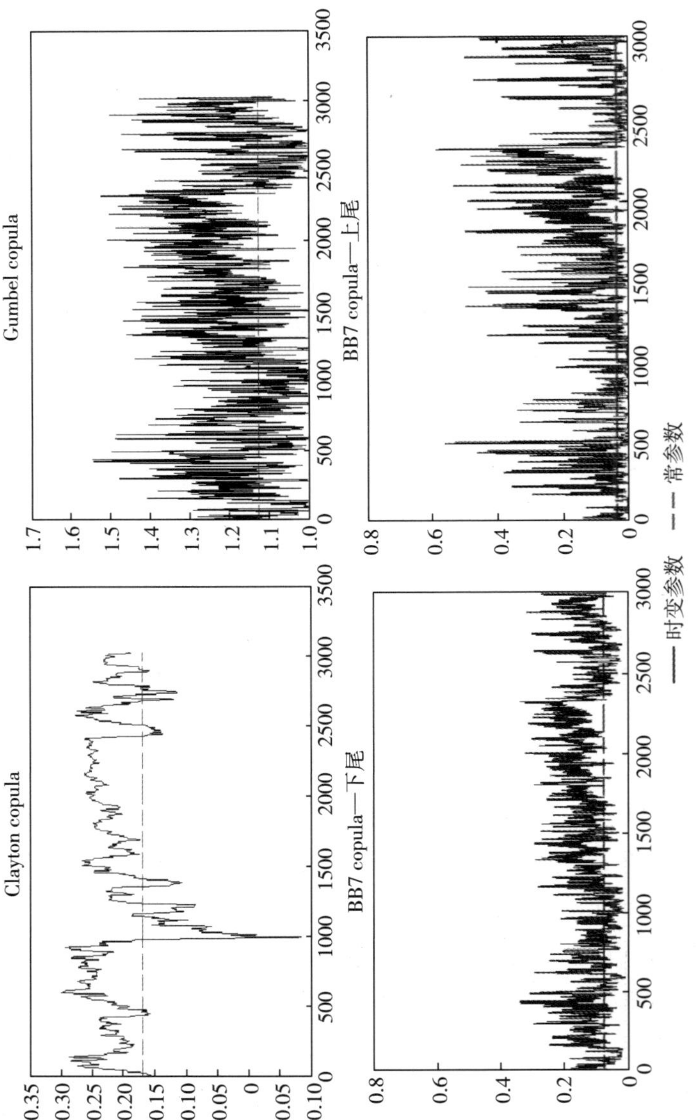

图 6-11 几种动态和静态 Copula 函数尾部相关系数

综合分析，从表 6－9 和图 6－11 可以看出，无论是根据似然值 LL 最大还是 AIC 值、BIC 值最小原则，动态 Copula 对金融资产回报相依结构的拟合都要优于静态 Copula，而动态 Copula 函数中，BB7 Copula 又表现最好，因此，下文选择动态 BB7 Copula 综合计算 CoVaR。

（三）中国原油市场与国家大宗商品市场 CoVaR 估计

为了进一步定量研究样本之间的风险溢出效应，在明确样本序列的边缘分布和确定了最优的 Copula 函数之后，本节应用上文建立的模型计算 5% 显著水平下 VaR、CoVaR、ΔCoVaR 以及% CoVaR 的均值，具体如表 6－11 所示。

表 6－11　　原油市场与商品市场风险溢出统计（q＝5%）

	VaR	CoVaR	ΔCoVaR	% CoVaR
CCO→CRB	1.5383	2.3435	0.8052	0.5234
CRB→CCO	1.5542	2.3807	0.8265	0.5318

由表 6－11 可以看出，在既定显著性水平下，国内原油市场（CCO）的风险值 VaR、CoVaR 以及 ΔCoVaR 相对较大，而国际大宗商品市场（CRB）风险值 VaR、CoVaR 以及 ΔCoVaR 相对较小。同时，从风险溢出方向来看，样本相互之间的风险溢出效应（ΔCoVaR）均大于零，因此存在正向溢出效应。从风险溢出强度（% CoVaR）来看，均值为 0.5276%，其中较低的 CCO→CRB 为 0.5234，较高的为 CRB→CCO 为 0.5318，虽然差距比较小，但仍呈现出不对称的现象，主要原因是原油的定价权掌握在国际原油市场手里，国内原油市场发展时间比较短，还不是很成熟，没有定价权。因此，相比较而言，国内原油市场更容易受到国际原油市场的冲击，导致国际大宗商品和国内原油市场风险溢出强度不对称的现象。总而言之，样本相互之间存在很强的双向正风险溢出效应，但存在不对称现象。

同时，在具体的风险管理中，由于通常只考虑 VaR 值，这样容易低估所面临的风险。以 CCO→CRB 为例，实际风险值 CoVaR 明显大于理论风险值 VaR，即风险是严重低估的，导致风险管理存在很大不确定性。另外，表 6－10 仅仅列出显著性水平 5% 下的各指标值，为了深入研究不同显著性水平下风险溢出效应状况，图 6－12 给出不同显著性水平下的% CoVaR，从中可以看出，样本% CoVaR 值与显著性水平成反比关系，也意味着风险值 VaR（与显著性水平成反比）越大，对应的% CoVaR 值亦越大。因此，对管理风险的关注显得更加重要。鉴于此，仅仅关注单一金融资产的风险管理是不可行的，要想维持金融系统的稳定，合理的管理金融风险，必须考虑金融资产间的风险溢出效应。

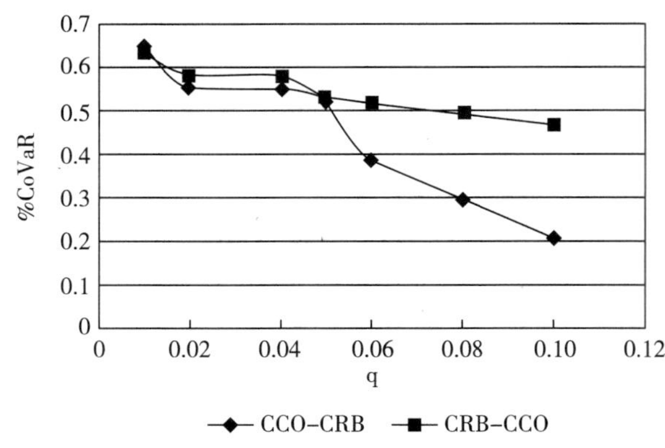

图 6－12　不同显著性水平下% CoVaR

为了进一步研究广义双曲线分布下风险溢出效应动态演化特征，运用滚动均值的方法计算广义双曲线分布下样本的 VaR、CoVaR 以及 ΔCoVaR 的滚动均值，如图 6－13、图 6－14 所示。从图中可以看出，两个样本各指标大致变动趋势基本一致，并且各个指标的值在 2008 年次贷危机、2009 年欧债危机以及 2015 年股灾事件都有明显的增加趋势，其中 2015 年股灾事件对 CRB→CCO 的影响超过 CCO→CRB，由此可见，系统性风险溢出 CoVaR 以及系统性风险溢出贡献 ΔCoVaR 的估计模型能够有效刻画经济事件对样本标的的影响，尤其和 VaR 相比，CoVaR 考虑到了风险的系统性和传染性，对风险的刻画更加全面。

总的来说，随着市场化程度的提高和全球市场一体化加快，中国原油市场与国际商品市场的关系越来越近，导致中国原油市场与其他国际国内商品市场的联系更加紧密，商品市场机制有所改善，不仅国内商品市场的联系不断加强，国内外商品市场的关系也越来越紧密。同时，党的十八届三中全会提出市场要在资源配置中起决定作用，而原油期货市场的建设是社会主义市场体系建设的重要组成部分。但是，由于中国原油期货市场刚刚起步，中国原油市场的流动性相对较低，因此，很难在国际定价机制中发挥作用，对其他商品市场的影响也很弱，这在研究中已经表明。因此，继续完善中国原油期货市场的建设是当下之要务。

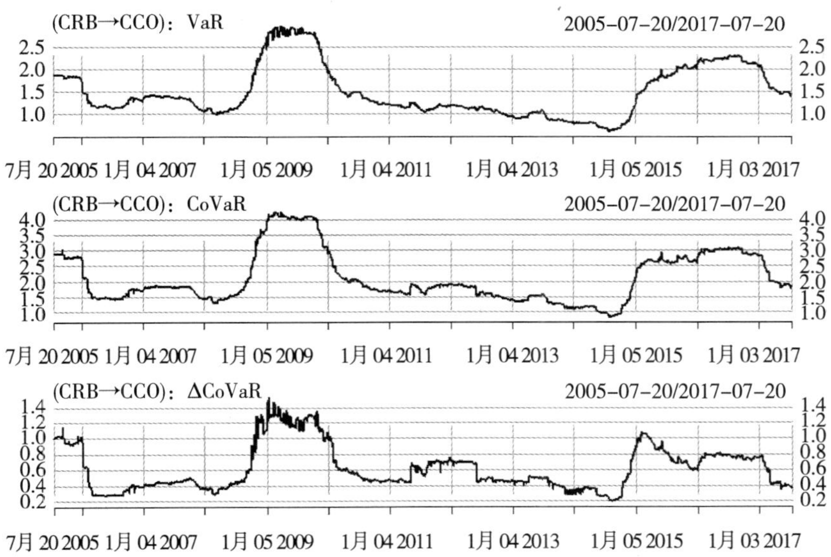

图 6－13　GHSKT 分布下 CRB→CCO 的 VaR、CoVaR 以及 ΔCoVaR 的滚动均值

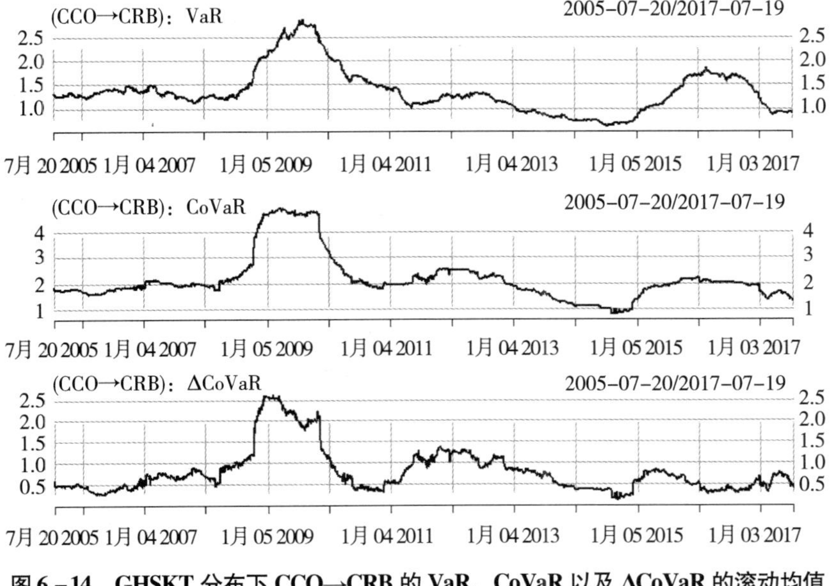

图 6－14　GHSKT 分布下 CCO→CRB 的 VaR、CoVaR 以及 ΔCoVaR 的滚动均值

（四）回测检验

为了研究 GHSKT 分布下 CoVaR 测度的准确性，本节应用上文介绍的方法对计算出的 CoVaR 进行“碰撞检验”，同时，为了对比分析，本节同时计算正态分布、t 分布以及上文介绍的其他类双曲线 NIG 分布、GH 分布和 GHYP 分布下的 CoVaR 并进行回测检验，具体结果如表 6 – 12 所示。

表 6 – 12　　CoVaR 回测检验分析结果（q = 5%）

	CRB→CCO				CCO→CRB			
	碰撞序列		条件碰撞序列		碰撞序列		条件碰撞序列	
	统计量	P 值	统计量	P 值	统计量	P 值	统计量	P 值
正态分布	14.4770	0.0001	10.0157	0.0016	11.6000	0.0007	8.9907	0.0027
t 分布	1.8357	0.1754	0.7978	0.3718	1.4076	0.2354	3.2857	0.0698
NIG 分布	0.7181	0.3968	0.3192	0.5720	0.8694	0.3511	1.5125	0.2187
GH 分布	1.0349	0.3090	0.6324	0.4265	1.4076	0.2355	1.3679	0.2422
GHYP	0.8694	0.3511	0.2976	0.5853	0.7181	0.3968	0.8336	0.3612
GHSKT 分布	0.1315	0.7169	0.0910	0.7629	0.2030	0.6523	0.2507	0.6166

由表 6 – 12 可以看出，在 5% 显著性水平下，正态分布假设下碰撞序列达不到精度要求，拒绝了原假设，*t* 分布和各类双曲线分布假设下的碰撞序列接受原假设。另外，通过 P 值可以看出，两样本的风险价值 VaR 和条件风险值 CoVaR 的测度效果 GHSKT 分布是其中表现最好的。总的来说，回测检验说明 GHSKT 分布下 CoVaR 方法能够更加精确地反映金融风险特征。

第三节　基于 Mean – CoVaR 模型的投资组合优化研究

随着经济全球化进程的加快，近年来全球金融市场联系日益紧密，导致金融资产间关联程度更加密切，且随着科技进步，信息的传递越来越快，信息网络已将单个的市场连成一体，更造成单一资产问题通过高度的市场联动而形成系统性风险。同时，在金融市场快速发展下，产品不断推陈出新，相对的也容易产业极不稳定的风险情况，尤其像 2008 年次贷危机，造成全球投资环境恶化，个别机构或资产的巨大损失对其他机构或资产甚至是整体市场造成巨大的损失扩散，因此，在市场越发达、投资渠道越多元化的同时，风险管理更加重要。

那么，以 Markowitz 为代表的传统的资产组合风险管理理念只是注重自身的风险，没有考虑金融资产间风险传染效果，在极端市场风险条件下，这将导致投资组合面临极大亏损。为了解决这个问题，如果能在投资组合模型中纳入风险传染的考量，将能提升分散风险的效果，进一步降低投资组合面临极端亏损的可能性，以增强投资组合的有效性，这对优化投资组合具有重要的现实意义。鉴于此，本节主要探讨的问题就是将风险扩散的效果纳入资产组合优化的统一分析框架，检验其是否有助于降低投资组合损失的可能性。

一　问题提出

构建优质的投资组合以减少投资风险一直都是学术界、实务界孜孜以求的目标。现代投资组合理论提出理性投资者如何利用多元化来优化风险资产投资组合。Markowitz（1952）提出，基于 Mean - Variance 模型的经典投资组合理论，该理论将风险加以量化，视资产收益为随机变量，并将资产组合作为资产的加权组合进行建模，自此奠定了现代投资组合理论的基础。Mean - Variance 模型利用各资产的平均收益率和收益率的方差、协方差配置资产组合，该模型综合考虑投资组合的风险和收益，将资金尽可能多地分散在多个资产上，以避免风险过于集中单一资产，并提供投资者进行投资决策时，从风险与报酬的取舍关系中寻求最佳投资组合。由于 Mean - Variance 模型理论浅显易懂，因此为资产配置主题中最广为人知的模型。

然而，Mean - Variance 模型存在一些不足，比如其假设标的资产收益率服从正态分布，并使用方差衡量投资风险，这两项假设均与现实不符。事实上大部分标的资产的收益率均呈非正态性，且投资人通常仅在收益率向不利方向变动时才视为风险，故有学者针对 Mean - Variance 模型的问题提出了所谓的 Safety - first 选择理论（Roy，1952），此理论是在限制最坏情形发生的概率下，进行最优资产配置，换句话说，

Safety – first 选择理论直接考虑了投资组合风险的下方风险，以限制下方风险为前提构建最优投资组合。Duarte 和 Alcantara（1999）、Campbell、Huisman 和 Koedijk（2001）从不同的视角提出 Mean – VaR 模型，以 VaR 取代方差作为衡量风险的指标，并以此推导出 Mean – VaR 效率前沿。

Mean – VaR 模型不仅可适用参数分配模型，也适用于非参数模型，比较传统的 Mean – Variance 模型，Mean – VaR 模型可避免参数估计误差过大的问题，并且当风险因素是正态分布时，可以有效地估计和管理风险价值。然而，对于非正态分布，VaR 可能具有不良的性质（Artzner，1999），比如不满足次可加性、VaR 函数将不具有凸性和非平滑性。为了解决这个问题，Rockafella 和 Uryasev（2000）则提出以条件风险值（CVaR）作为风险衡量的指标，Mean – CVaR 模型将可改善上述 VaR 不具凸性、次可加性、一致性等问题。CVaR 继续深入研究和应用于不同的环境，例如，Roman 等（2013）的研究提供了一个包含 CVaR 和二阶随机分布的统一框架。

近年来金融市场整合日益密切，资产间相互影响程度更加剧烈，针对标的资产收益率相关性，有研究发现资产收益率分布的尾部具有非常高的相关性，隐含在高度波动的股票市场中，投资组合的风险对冲将会受到影响（Longin 和 Solnik，2001）。为了解决这个问题，已有学者把资产收益率风险扩散效果与投资组合理论结合研究，高江（2013）引入藤 Copula 运用蒙特卡罗模拟方法计算多资产投资组合的 VaR。张帮正等（2014）结合 GJR、EVT 模型和 Copula 类模型综合探讨投资组合的策略。赵鲁涛等（2015）通过建立基于 Copula – VaR 的能源价格风险模型，定量研究能源投资组合的风险。李淼等（2016）在可信性理论的基础上构建 Mean – CVaR 投资组合模型。王璐等（2016）引入动态 Copula 模型探讨了多维资产的投资组合问题。张冀等（2016）结合 Coupla – CVaR 模型和 Mean – Variance 投资组合理论构建 Mean – Copula – CVaR 的投资组合模型。徐维军等（2017）通过构建基于 CVaR 和多元权值约束下的积极投资组合模型，对中国股票市场进行了实证分析。

前期研究都取得了不错的效果，但是在探讨风险扩散效果与投资组合结合研究文献中，对风险扩散的研究多采用线性相关系数分析、ARCH/GARCH 模型、Copula 理论以及极值理论等较为常见的检验方法，而这些方法在衡量风险扩散时没有脱离 VaR 或 CVaR 视角。Adrian 和 Brunnermeierz（2008）提出 CoVaR 模型，用以衡量金融市场在面临系统性风险时，各金融标的的风险贡献程度，以作为内部风险控制的衡量指标。CoVaR 模型弥补了传统的就单一机构或商品来衡量本身风险的不足，更能完全地反映单一机构或商品对整体系统性风险的影响程度。因此，如果能够把 CoVaR 模型作为风险扩散的衡量指标纳入投资组合优化的统一分析框架，将是一个不错的尝试。

本节主要创新之处就是拟延伸 Adrian 和 Brunnermeierz（2008）CoVaR 的概念，把引起个别标的资产收益率变动的因素纳入系统性风险考量，通过 CoVaR 模型衡量系统性风险扩散，加以改进 Markowitz 的效率前沿，构建新的 Mean - CoVaR 资产配置模型，以提升投资组合的绩效。

二　模型构建及估计

如上所述，随着金融市场的发展，衡量风险的方法也跟着推陈出新，从一开始使用资产收益率的方差或标准差衡量风险，到之后发展出风险值（VaR）、条件风险值（CVaR）、CoVaR 等概念，且在资产配置决策中，也将这些不同的风险衡量方法加以运用，以确切掌握投资组合的风险，增进投资的效率。本节将以 CoVaR 作为投资组合风险的评价标准，构建 Mean - CoVaR 资产配置模型。

回顾 VaR 定义，给定金融机构 i 在收益率 r_t^i、置信水平 $1-q$ 下，则 VaR_q^i 可以表示为：

$$Pr(r_t^i \leqslant VaR_q^i) = q \tag{6-52}$$

注意通常 VaR_q^i 是负值，但是在实际应用中，VaR_q^i 通常用正值表示。

VaR 是对单一的金融资产进行风险评估，不能反映金融资产间的风险溢出程度，于是 Adrian 和 Brunnermeier（2008）在 VaR 的基础上提出了 CoVaR 概念，表示当金融资产 j 处于风险水平时，金融机构 i 所面临的风险值，因此，$CoVaR_q^{ij}$ 是一种反映金融资产 i 对金融资产 j 的条件风险，用公式可以表示为：

$$\Pr(r_t^i \leqslant CoVaR_q^{ij} | r_t^i = VaR_q^j) = q \tag{6-53}$$

由式（6－53）可以看出，$CoVaR_q^{ij}$ 实质是一种条件 VaR，衡量的是金融资产 i 面临的总风险程度，具体包含 i 自身的风险价值和 j 的风险溢出效应。CoVaR 反映的是条件风险、传染风险，其主要针对衡量尾部极端概率下极端事件风险，并且具有条件性的概念，可以用来捕捉风险传染的效果。

Adrian 和 Brunnermeier（2008）的研究中计算 CoVaR 采用的分位数回归。分位数回归是利用最小绝对离差法，通过极小化残差绝对值和求解估计参数，所得参数则代表自变量影响因变量参数在特定分为点上的边际效果，本节也将采用此法计算 CoVaR。根据上文 CoVaR 定义，那么本节假定标的 r_t^j 为大盘收益率，标的 r_t^i 为投资组合中其他标的资产收益率，因此可借 $CoVaR_q^{ij}$ 衡量当大盘发生系统性风险时，对其他标的造成风险扩散的影响程度。在采用分位数回归法计算的基础上，可将上述概念转换为下属模型：

$$r^{ij} = \alpha^{ij} + \beta^{ij} r^j \tag{6-54}$$

其中，r^{ij} 为标的资产 i 的收益率（或者投资组合的收益率），r^j 为大盘的收益率，那么在最小化绝对离差后，将可求出式（6－54）中 r^{ij}、α^{ij} 以及 β^{ij}，进而可以得到：

$$\widetilde{CoVaR}^{ij} = (\hat{\alpha}^{ij} + \hat{\beta}^{ij} VaR^j) \tag{6-55}$$

那么 $\widetilde{CoVaR}^{ij}$ 即为大盘收益率处于极端条件下标的资产的 CoVaR 值。

又根据上述 CoVaR 模型，并结合 Markowitz（1952）最优投资组合模型，本节构建基于 Mean－CoVaR 的资产优化配置模型，模型简化形式如下：

$$\begin{cases} \min_{\omega_t、\alpha、\beta、\varepsilon_t} \alpha + \beta VaR^{\tau}{}_j \\ \text{Subiect to} \sum_{i=1}^{n} \omega_i = 1, \sum_{i=1}^{n} \omega_i \bar{r}_i = R_p \geqslant r_{\exp} \\ \sum_{i=1}^{n} r_t^i \omega_i = \alpha + \beta r_t^j + \varepsilon_t \\ i = 1, \cdots, n, t = 1, \cdots, T, 0 \leqslant \omega_i \leqslant 1 \end{cases} \tag{6-56}$$

其中，ω_i 为投资于第 i 种资产的权重，α、β 为分位数回归中的估计系数，ε_t 为分位数回归中的残差项，$VaR^{\tau}{}_{j}$ 为大盘收益率在显著性水平为τ%下的 VaR 值，n 为投资组合 P 中的标的资产数目，$\bar{r}_i$ 为资产 i 的日收益率均值，R_p 资产组合 P 的期望收益率，r_{exp}为资产组合 P 的要求收益率，r_t^i 为资产 i 在 t 时的收益率，r_t^j 为大盘在 t 时的收益率。上述模型中，目标式是最小化投资中的 CoVaR 值，并在有卖空限制条件下求投资组合收益率至少大于大盘收益率，以及符合分位数回归模型等条件下，求解 Mean－CoVaR 模型下的最优投资组合。

三　实证研究

（一）数据来源及描述性统计

1. 数据来源

上证 50 指数是上海证券交易所 2004 年 1 月 2 日正式发布，该指数编制以上海证券交易所上市股票中，挑选规模大、流动性好的 50 只股票作为成分股，并以其市值作为加权权数。上证 50 指数不但可代表蓝筹股的绩效表现，同时也是“华夏上证 50ETF”的参照标准，其成本股特征是规模大、流动性好，并且成分股的更换及权重的调整比较稳健，比较适合机构法人进行投资组合保值和套利操作，是基金投资绩效的评价标准。此外，由于上证 50 指数的价格走势和上证综合指数趋势几近相同，不但可以用来模拟大盘股市的表现，也可直接在市场集中交易，以利于实务操作，因此，本节将以上证 50 指数为大盘标的，在考虑标的资产交易量和流动性下，论文采用上证 50 指数中权重前 6 的股票为标的资产，分别为中国平安（600318）、招商银行（600036）、贵州茅台（600519）、兴业银行（601166）、民生银行（600016）以及交通银行（601328）6 只股票。

本节数据来自锐思数据库，选取样本期间 2010 年 1 月 4 日到 2016 年 12 月 31 日，共 7 年，剔除缺失数据，得到样本 1700 个，下文计算操作均采用 R 软件编程完成。

2. 描述性统计

图 6－15 是上证 50 指数样本区间 2010 年 1 月 4 日至 2016 年 12 月 31 日的价格走势图。

从图 6－15 中可以看出，上证 50 指数除了 2015 年波动比较大外，整体呈平稳震荡趋势，2015 年波动比较大主要受股灾的影响，上证 50

图 6-15　上证 50 日价格走势

指数曾一度大幅崩盘，最高达到将近 3500 点，最低点跌至 2000 点以下，随后在 2015 年年底即恢复正常水准。表 6-12 为各标的资产的收益率资料。

从表 6-13 可以看出，上证 50 指数年化日平均收益率和标准差分别为 -0.715% 和 10.902%，而本书选择的 6 个标的资产中，其中表现较好的前三分别为贵州茅台（600519）、民生银行（600016）以及兴业银行（601166），且所有样本年化日收益率均大于 2.940%，均优于上证 50 指数；但从标准差来看，波动最大的前 3 个分别为兴业银行（601166）、中国平安（601318）以及贵州茅台（600519），其中兴业银行（601166）、贵州茅台（600519）的平均日收益排在前 3 位，但其收益率波动幅度也相对较高，为高风险、高收益的投资标的。从偏度系数来看，6 只股票的资产收益率均呈右偏态分布，上证 50 收益率呈现左偏态分布，较有极端损失情形发生；从峰度系数来看，各标的资产包括上证 50 指数均大于 3，说明其收益率分布呈厚尾特征。

表 6-13　标的资产描述性统计

代码	名称	平均日收率（年化，%）	日收益率标准差（年化，%）	偏度系数	峰度系数
601318	中国平安	10.120	32.462	0.177	3.655
600036	招商银行	8.412	28.351	0.568	4.928

续表

代码	名称	平均日收率（年化，%）	日收益率标准差（年化，%）	偏度系数	峰度系数
600519	贵州茅台	20. 184	30. 259	0. 191	2. 678
601166	兴业银行	10. 364	32. 830	0. 368	4. 370
600016	民生银行	14. 548	30. 105	0. 483	5. 802
601328	交通银行	2. 940	28. 459	0. 289	8. 868
000016	上证 50	-0. 715	10. 902	-0. 426	4. 889

（二）Mean - CoVaR 模型估计

由上文构建的 Mean - CoVaR 模型，本节选取的标的资产数为 6 只股票，即 n = 6，且样本的区间为 2010 年 1 月 4 日到 2016 年 12 月 31 日，共 1700 个样本；此外本节选择以上证 50 指数走势作为大盘表现，且显著性水平为 5%（$\tau\%=5\%$），那么上证 50 指数在样本区间内 5% 水平下 VaR 值为 1. 155%，即 $VaR^{\tau}{}_{t}=1.155\%$；本模型要求收益率为上证 50 指数平均日收益率，由于样本区间上证 50 平均日收益率为 -2. 96E -5，接近于 0，因此，这里本节选定 $R_{exp}=0$，其余各股票要求收益率平均值与表 6 - 14 相同。

表 6 - 14　　标的资产与上证 50 指数平均日收益率

标的资产	平均日收益率（%）	标的资产	平均日收益率（%）
中国平安（601318）	0. 0418	兴业银行（601166）	0. 0428
招商银行（600036）	0. 0348	民生银行（600016）	0. 0602
贵州茅台（600519）	0. 0834	交通银行（601328）	0. 0123
上证 50（000016）（要求收益率，%）		-2. 96E -5	

在上述构建的 Mean - CoVaR 模型下，应用上文设定标的资产收益率等样本资料，同时本节把投资组合收益率与各投资组合对应标的权重等分为 100 个点，图 6 - 16 即基于 Mean - CoVaR 模型的 100 组投资组合的效率前沿。

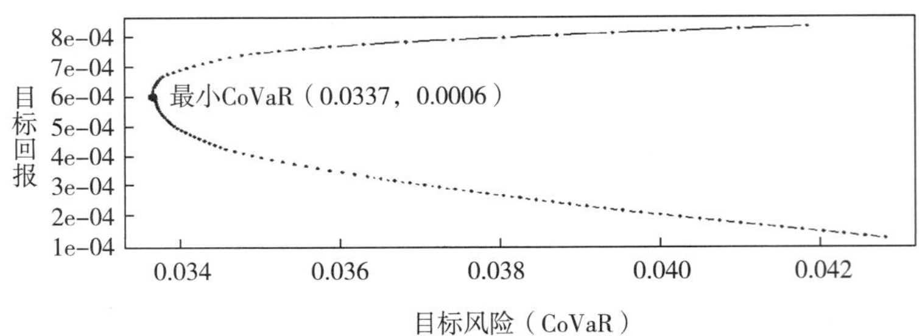

图 6-16 Mean-CoVaR 模型的效率前沿

同时本节列出 100 组最优投资组合的权重分配，如图 6-17 所示。

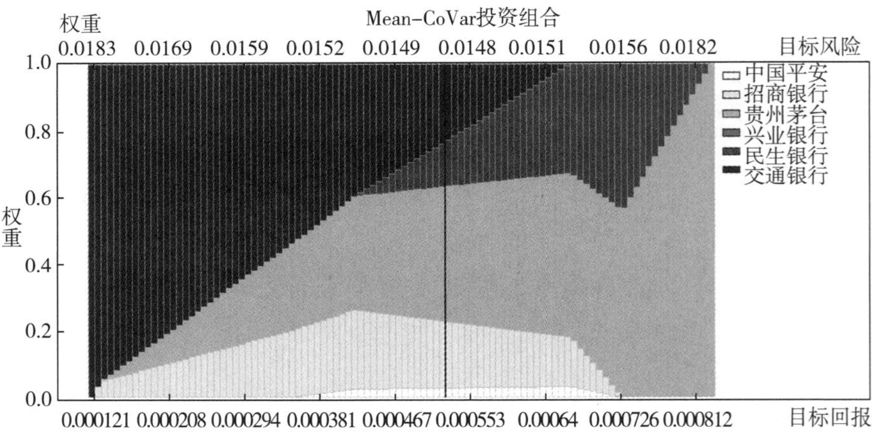

图 6-17 Mean-CoVaR 模型的效率前沿的权重分配

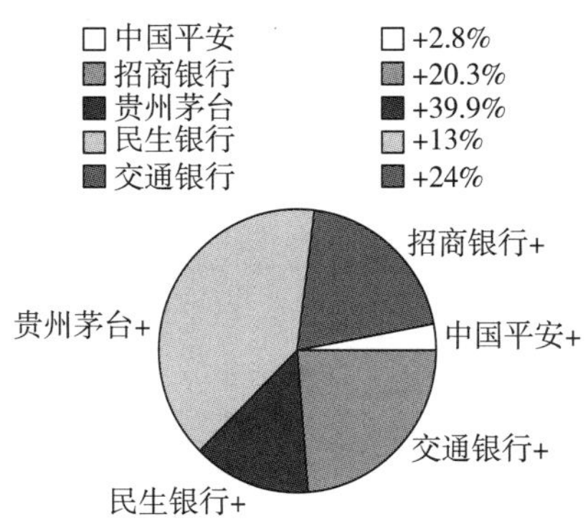

图 6-18 最小 CoVaR 点投资组合权重

从图6-16和图6-17可以看出，Mean-CoVaR模型效率前沿中最小点的风险值为0.0337，组合收益率为0.0006，即该投资组合收益率受到系统风险扩散影响程度较低，该点的投资组合资产配置如图6-18所示。

由图6-18可以看出，在Mean-CoVaR模型下，效率投资组合的权重配置根据大盘（这里以上证50指数为大盘）面临的风险条件下，极小化投资组合总和CoVaR值，最小CoVaR效率前沿的权重配置兴业银行（601166）为0，中国平安（601318）为2.8%，民生银行（600016）为13%，另外三个标的都大于20%。但因为CoVaR和VaR同样不具加成性，投资组合的CoVaR值不一定会比两个资产的总和CoVaR值小。因此，本节试解释最小CoVaR值投资组合权重点配置原因如下：如图6-19列出了各标的资产的CoVaR-回报率分布图，从中可以看出，兴业银行（601166）较民生银行（600016）、贵州茅台（600519）报酬率低，而CoVaR相对较高，因此兴业银行（601166）可能因此原因被其他标的取代。

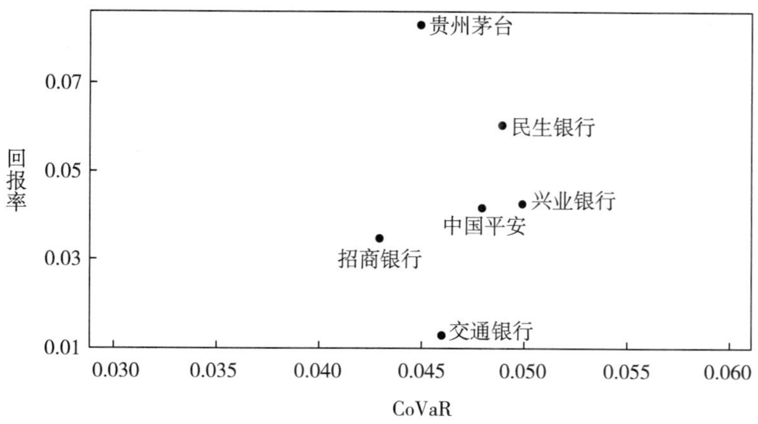

图6-19　各标的资产CoVaR-Return回报率分布

（三）实证结果比较

为了比较Mean-CoVaR模型的效果，本节借鉴马科维茨的Mean-Variance模型计算标的资产组合的效率前沿。同时，由于Mean-Variance 模型的效率前沿是在收益率—标准差坐标空间，为了比较分析[①]，以下将 Mean – Variance 模型中各最优投资组合权重配置结果代回 CoVaR 公式，回推其投资组合的 CoVaR 值，并将 Mean – Variance 效率前沿自原本的收益率—标准差坐标空间转化为收益率 – CoVaR 值的坐标空间进行比较：

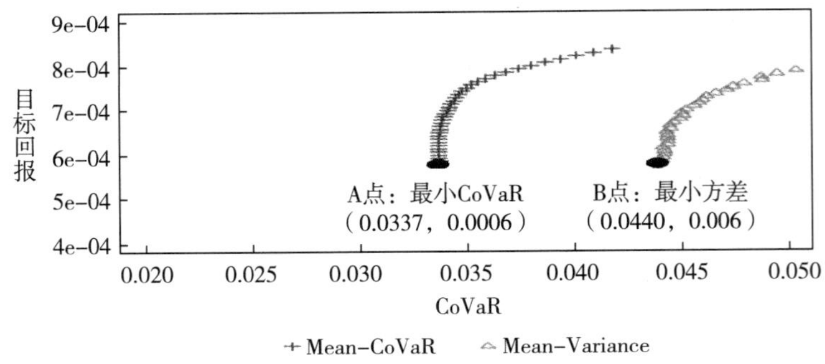

图 6 – 20　Mean – CoVaR 模型与 Mean – Variance 模型效率前沿比较

从图 6 – 20 可以看出，在相同的投资组合收益率下（0.0006），Mean – CoVaR 模型的 CoVaR 值小于 Mean – Variance 模型的 CoVaR 值（0.0337 <0.0440）即按照 Mean – CoVaR 模型的投资组合 A 配置资产，在遭受系统性风险扩散的影响比按照 Mean – Variance 模型投资组合 B 小。

此外，在相同收益率条件下，Mean – CoVaR 模型效率前沿上的其他各点投资组合 CoVaR 值均小于 Mean – Variance 效率前沿上的投资组合的 CoVaR 值，因此，在考虑系统性风险溢出的条件下，Mean – CoVaR 模型的资产配置较 Mean – Variance 模型更有效率。除此之外，就 A、B 点的夏普率来说，A 点的夏普率为 0.040 大于 B 点的夏普率 0.007，因此，A 点的投资组合配置绩效优于 B，同时，针对图 6 – 20 中两种模型的投资组合的夏普率的比较，基于 Mean – CoVaR 模型有 92% 的投资组合夏普率大于 Mean – Variance 模型，因此，Mean – Co-

① 为了分析方便，这里只选取 Mean – CoVaR 模型最小值收益率对应以上的点。

VaR 模型资产组合配置绩效总体优于 Mean - Variance 模型。

综合上述实证结果，在考虑风险溢出的条件下，Mean - CoVaR 模型资产组合配置绩效优于 Mean - Variance 模型，因此，在传统的 Mean - Variance 模型下，如果能以 CoVaR 取代 Variance 构建出新的 Mean - CoVaR 投资组合模型，把大盘风险溢出效应考虑进去，将可能降低投资组合在大盘发生崩盘时的亏损程度，保持较好的投资绩效。

第四节　小结

本章引入 CoVaR 模型，利用其优良特性，首先，结合 Copula 函数和金融波动模型测度金融资产间的风险溢出效应，研究显示基于 Copula - CoVaR 框架的金融风险测度模型能有效地提高金融风险测度的精度。其次，把 CoVaR 概念与马科维茨投资组合模型相结合，在传统投资模型框架内纳入风险扩散的考量，构建出基于 Mean - CoVaR 模型的新投资组合配置模型，并实证检验模型的有效性。

第七章　结论与展望

近些年，频繁发生的极端金融事件给投资机构和众多的投资者造成了巨大的损失，并且一旦金融市场出现了极端风险，就会给整个经济带来重大影响，甚至可能会引发经济危机，引起社会动荡。如何管理极端市场情形带来的金融风险已成为金融机构及投资者的一项重要任务。但目前在国内，极值风险度量的研究和应用尚处于初级阶段，借鉴国外先进的方法和技术，探索能够有效度量极值风险模型，提高投资者防范和化解极值风险的能力，就成为金融风险管理研究中的一个热点课题。

一般认为在极值市场情形下，金融资产之间的相关性会变大，这又会降低分散化投资的效果。带着这些问题和困惑，笔者阅读了国内外大量的关于极值理论应用于风险度量方面的文献，发现极值理论是一种度量极值风险的有效工具，但还有一些问题亟待研究。在吸收和借鉴国内外已有成果的基础之上，本书尝试将金融波动模型、极值理论以及Copula 函数有机地结合，利用金融波动模型结合极值理论刻画金融资产的波动特征，再利用 Copula 函数刻画金融资产之间的相依结构特征，这样既可以较好地刻画多元金融资产的波动特征，又可以较好地刻画它们的相依结构，从而使改进后的模型能够更好地拟合多元金融资产的实际统计特征，这是对传统多元金融波动模型的一个有益扩展与补充，具有一定的理论与现实意义。

第一节　结论

金融资产的收益分布特征是所有金融模型的核心内容，有关收益的波动行为及其分布特征的假定对于资产定价理论的检验、最优资产组合的选择、衍生产品的套期保值设计以及金融市场风险的测度和管理而言，都具有极其重要的理论和现实意义。而 VaR 作为度量市场风险的先进工具，目前其在计算过程中还有一些方面存在不足，导致 VaR 的量度不准确，因此需要对计算方法加以改进，并经过实证加以检验。为此，本书在吸收国内外最新研究成果及实践经验的基础上，研究如何利用最先进的 VaR 技术测度金融市场风险。总而言之，本书通过金融波动模型、极值理论以及 Copula 理论有机地结合，并以中国金融市场数据为实证研究对象，研究得出：

（1）如何精确刻画金融资产收益率的波动特征一直是金融风险研究的重点。具体来说，首先，考虑收益率序列的剧烈波动和结构变换特征，用 SWARCH－GED 模型拟合收益率序列；其次，将收益序列转化为标准残差序列，在此基础上，通过 SWARCH－GED 模型与极值理论相结合拟合标准残差的尾部分布，进而构建基于 SWARCH－GED－EVT 的动态 VaR 模型；最后，对模型的有效性进行检验。研究表明，SWARCH－GED－EVT 模型能够有效识别上证综指的波动区制特征，并且能有效合理地测度上证综指收益风险，尤其在高的置信水平下表现得更好；引进 g－h 分布对极值风险进行测度；考虑 SV 类模型在理论的优势，我们引进厚尾（SV－GED）模型与极值理论相结合构建 SV－GED－EVT 模型，以沪深 300 指数和恒生指数为例对极值风险进行测度，后验检验结果表明模型是合理有效的。

（2）分位数回归与极值理论相结合对风险进行测度也是研究的一个方向。考虑到分位数回归模型不用假设分布形状和参数的优良特性，应用 QR－GARCH 模型拟合金融资产收益率特征，在得到残差的基础上，引进 EVT 模型，最终构建基于 QR－GARCH－EVT 的极值风险测度模型，模型实证检验表明，5% 显著性下，该模型能有效测度样本风险值，但是在 1% 显著性下，该模型在一定程度上低估样本风险值，但是和其他模型相比，QR－GARCH－EVT 模型对风险测度的精度有所提高，有效性有所加强。同时，引入 EVT 模型与 CAViaR 模型，构建基于 EVT－CAViaR 模型极值风险测度模型，后验检验表明，改进后的模型有效提高极值风险预测精度，模型有效性得到加强。

（3）金融资产相关结构的研究是金融市场风险分析的重要内容之一。本书运用Copula技术从静态和动态两个方面讨论了中国内地股市和香港股市的相关模式问题。一方面，从静态相关性角度，通过应用GPD模型作为边缘分布模型，同时采用单参数和双参数的Copula函数来拟合两指数的非对称和厚尾特征，通过AIC、BIC拟合优度检验选取最优的Copula函数，进而计算中国内地股市和香港股市的尾部相关性。研究显示，双参数结构的Copula拟合度普遍高于单参数结构的，在所有选择的Copula中，BB3 Copula函数对沪深300指数和恒生指数的相关结构是最优的，BB3 Copula函数尾部相关性表明沪深300指数和恒生指数在低迷时期的相关性明显高于其活跃时期的相关性。另一方面，从动态相关性的角度，通过把随机波动模型和极值理论结合起来构建SV－EVT模型作为边缘分布来拟合收益序列的典型事实特征，在此基础上通过基于四种Copula模型实证研究中国内地股市和香港股市相关性。研究表明，SJC Copula比正态Copula好，动态Copula模型比静态的要好；中国内地股市和香港股市确实存在非对称的相关变化规律，且下尾相关性明显高于上尾，熊市效应显著；也说明传统意义下的高斯相关结构确实不能较全面地反映金融资产间的相关关系，尤其是在刻画尾部相关性上还不够。

（4）基于Copula－CoVaR框架的金融风险测度是研究内容的一个扩展。首先，基于Copula－CoVaR框架，利用Beta－skew－t－EGEACH模型捕捉金融资产杠杆效应、厚尾分布以及条件偏度等特征，然后在标准化残差基础上引入极值理论，构建基于Beta－skew－t－EGEACH－EVT的边缘分布模型，在优选出Copula函数基础上，引进CoVaR模型，构建基于Copula－Beta－skew－t－EGEACH－EVT－CoVaR的风险测度模型。其次，引入广义双曲线分布下的AR（1）－GJR－GARCH（1，1）模型拟合金融资产的典型事实特征，并以此作为Copula函数的边缘分布，经过优选出时变BB7 Colula函数为最优Copula函数，在此基础上与Copula模型结合，进而构建基于动态Copula－GH－CoVaR的风险联动模型，对金融市场的风险溢出程度、方向、强度进行测度。最后对模型的有效性进行了检验。

（5）为对资产组合进行更为精确的风险预测，需要建立一种能恰当反映各资产收益率实际分布和投资组合收益相关性的资产组合模型。本书将 Copula 理论运用于多元投资组合的风险测度，运用随机波动模型与极值理论结合刻画资产收益的边缘分布，再结合 Copula 理论来构建金融时间序列的相依关系，最终通过选取合适的边缘分布和 Copula 函数构建基于 t - Copula - SV - t - EVT 模型的投资组合极值风险测度模型，实现从单一资产风险测度到组合资产风险测度的过渡，并通过 Monte Carlo 模拟计算投资组合的极值 VaR，最后通过后验分析对模型的有效性进行验证。同时，对资产组合风险测度的改进。通过改进 Markowitz 的效率前沿，把引起个别标的资产收益率变动的因素纳入系统性风险考量，应用 CoVaR 模型衡量系统性风险扩散，构建新的基于 Mean - CoVaR 资产配置模型，实证研究表明，在考虑系统性风险冲击时，Mean - CoVaR 投资组合遭受系统性风险扩散的影响显著低于传统的 Mean - Variance 投资组合，Mean - CoVaR 模型对投资组合配置更有效率。

第二节 展望

本书的研究成果对与风险管理者选择什么风险计量模型测度我国金融市场的极值风险具有指导意义，与此同时，本书的实证研究表明风险管理者可以运用 EVT 风险测度模型，再结合 Copula 函数测度金融市场、投资组合的动态极值风险。尽管在研究的过程中进行了一定的创新性研究，不过，仍然存在很多不足和待完善之处：

（1）书中在构建了反映金融波动区制特征的测度极值风险的风险模型，其是在 GARCH 模型的基础上引进马尔科夫链来反映金融资产的波动区制特征，而与 GARCH 类模型相对应的另一类波动模型 SV 类模型（理论上同类型的 SV 模型都优于 GARCH 类模型），通过引进马尔科夫链的随机波动模型与极值理论相结合来测度极值风险，至今国内外还鲜有文献提及，相信引进马尔科夫链的 SV 模型与极值理论结合测度极值风险具有更重要的研究价值。

（2）现有的对极值理论的应用，主要关注由整体样本的数据得到超过阈值之上的极值数据的性质，本质上仍然是从静态角度上的研究，而没有同时考虑这些极值发生的时间所隐含的充分信息，对于市场发生异常事件的估计能力不足，因此，考虑引进动态 EVT 方法进行风险测度也是一个很有前景的研究方向。

（3）Copula 函数种类众多，如何设计更有效和稳健的 Copula 函数拟合优度检验方法选择最优 Copula 函数将是未来重要的研究方向之一。利用 Copula 函数的定义，我们可以将多维统计模型的拟合优度检验分解为对边缘分布和 Copula 函数的拟合优度检验。由于边缘分布的拟合优度检验技术目前较为成熟，因此关键便是 Copula 函数的拟合优度检验问题。在应用多种 Copula 函数模型进行风险建模时，对模型的拟合优度检验时只是应用了 AIC、BIC 信息准则以及 K－S 检验，没有更加深入地探讨模型拟合和参数检验问题，未来我们将进一步深入研究 Copula 函数模型的拟合优度检验问题。

（4）本书尝试利用金融波动模型、极值理论与 Copula 函数相结合研究中国金融市场的具体问题，重点研究中国金融市场风险相关性和风险测度问题。由于目前国内金融市场发展仍处于初级阶段，金融市场与金融产品还不够完善，基于金融波动模型、极值理论与 Copula 函数构建的模型的应用研究仍存在范围较窄、水平不高等问题。随着我国金融市场的不断发展及对金融风险精度要求的不断提高，这方面的研究应用有望发挥更大的作用，比如市场风险、信用风险以及操作风险的计量和管理，金融衍生产品的投资和避险等。

此外，本书应用的数据都是常规金融数据，对于高频数据是否适用还有待检验。现实中的股价指数、汇率波动、资产价格波动等高频金融时间序列数据大多呈现显著相关，其表现为资本市场的暴涨暴跌。为此，在金融风险度量中引入极值理论是值得商榷的一个重要问题：通过相关技术选取合适的阈值得到的极端数据是否合适？有没有方法可以直接从以往历史数据中获取极端数据直接运用极值理论处理？

参考文献

曹志广、王安兴、杨军敏：《股票收益率非正态性的蒙特卡罗模拟检验》，《财经研究》2005 年第 10 期。

陈九生、周孝华：《基于单因子 MSV－CoVaR 模型的金融市场风险溢出度量研究》，《中国管理科学》2017 年第 1 期。

陈启欢：《中国股票市场收益率分布曲线的实证》，《数理统计与管理》2002 年第 5 期。

陈振龙、郝晓珍：《基于藤 Copula 分组模型的金融市场风险度量研究》，《统计研究》2018 年第 6 期。

刁训娣、童斌、吴冲锋：《基于 EVT 的谱风险测度及其在风险管理中的应用》，《系统工程学报》2015 年第 3 期。

丁志国、苏治、杜晓宇：《经济周期与证券市场波动关联性——基于向量 SWARCH 模型的新证据》，《数量经济技术经济研究》2007 年第 3 期。

董秀良、张屹山：《国内外原油市场波动溢出效应的多元分析》，《中国软科学》2006 年第 12 期。

方意、陈敏、杨嫕平：《金融市场对银行业系统性风险的溢出效应及渠道识别研究》，《南开经济研究》2018 年第 5 期。

封建强、王福新：《中国股市收益率分布函数研究》，《中国管理科学》2003 年第 1 期。

傅强、邢琳琳：《基于极值理论和 Copula 函数的条件 VaR 计算》，《系统工程学报》2009 年第 5 期。

宫晓莉、庄新田、刘喜华：《基于尖峰厚尾、有偏 GARCH－copula 模型的风险测度》，《系统工程》2018 年第 1 期。

龚朴、黄荣兵：《外汇资产的时变相关性分析》，《系统工程理论与实践》2008 年第 8 期。

苟红军、陈迅、花拥军：《基于 GARCH - EVT - COPULA 模型的外汇投资组合风险度量研究》，《管理工程学报》2015 年第 1 期。

韩超、严太华：《基于高维动态藤 Copula 的汇率组合风险分析》，《中国管理科学》2017 年第 2 期。

何启志、张晶、范从来：《国内外石油价格波动性溢出效应研究》，《金融研究》2015 年第 8 期。

胡亚明：《基于动态 VaR 模型和 Copula 函数的省级政府平台公司投资风险测度》，《财经理论与实践》2014 年第 3 期。

胡宗义、万闯、李毅：《基于 Expectile 风险建模的原油价格风险测度研究》，《统计与信息论坛》2018 年第 1 期。

花拥军、张宗益：《极值 BMM 与 POT 模型对沪深股市极端风险的比较研究》，《管理工程学报》2009 年第 4 期。

花拥军：《极值理论在中国股市风险度量中的应用研究》，博士学位论文，重庆大学，2009 年。

黄友珀、唐振鹏、周熙雯：《基于偏分布 Realized GARCH 模型的尾部风险估计》，《系统工程理论与实践》2015 年第 9 期。

简志宏、曾裕峰、刘曦腾：《基于 CAViaR 模型的沪深 300 股指期货隔夜风险研究》，《中国管理科学》2016 年第 9 期。

蒋祥林、王春峰、吴晓霖：《基于状态转移 ARCH 模型的中国股市波动性研究》，《系统工程学报》2004 年第 3 期。

焦建玲、范英、张九天：《中国原油价格与国际原油价格的互动关系研究》，《管理评论》2004 年第 7 期。

柯珂、张世英：《ARCH 模型的诊断分析》，《管理科学学报》2001 年第 2 期。

李峰：《基于 MCMC 模拟的贝叶斯金融随机波动模型分析》，硕士学位论文，湖南大学，2007 年。

李付军：《SV - GED 模型在中国股市的 VaR 与 ES 度量及分析》，《系统管理学报》2006 年第 1 期。

李汉东、张世英：《ARCH 模型与 SV 模型之间的关系研究》，《系统工程学报》2003 年第 2 期。

李锦成：《基于 MCMC 参数估计的 POT 极值理论度量影子银行与 A 股市场 VaR－ES》，《中央财经大学学报》2017 年第 5 期。

李伟：《基于金融波动模型的 Copula 函数建模与应用研究》，博士学位论文，西南财经大学，2008 年。

李秀敏、史道济：《沪深股市相关结构分析研究》，《数理统计与管理》2006 年第 6 期。

林伯强、李江龙：《原油价格波动性及国内外传染效应》，《金融研究》2012 年第 11 期。

林宇：《基于双曲线记忆 HYGARCH 模型的动态风险 VaR 测度能力研究》，《中国管理科学》2011 年第 6 期。

林宇：《动态极值 VaR 测试的准确性及 VaR 因果关系研究》，博士学位论文，西南交通大学，2008 年。

林宇、李福兴、陈粘：《基于 R－vine－copula－CoVaR 模型的金融市场风险溢出效应研究》，《运筹与管理》2017 年第 9 期。

刘海云、吕龙：《全球股票市场系统性风险溢出研究——基于 ΔCoVaR 和社会网络方法的分析》，《国际金融研究》2018 年第 6 期。

刘军：《基于时变 t－Copula 的沪深股指组合的风险度量》，硕士学位论文，西南交通大学，2013 年。

刘璐、韩浩：《我国保险市场与银行市场间的风险溢出效应研究——基于上市银行和保险公司的实证分析》，《保险研究》2016 年第 12 期。

刘善存、牛伟宁、周荣喜：《基于 SV 模型的我国债券信用价差动态过程研究》，《管理科学学报》2014 年第 3 期。

刘晓星、段斌、谢福座：《股票市场风险溢出效应研究：基于 EVT－Copula－CoVaR 模型的分析》，《世界经济》2011 年第 11 期。

卢方元：《中国股市收益率分布特征研究》，《中国管理科学》2004 年第 6 期。

鲁志军、姚德权：《基于 Copula－VaR 的金融资产组合风险测度研究》，《财经理论与实践》2012 年第 6 期。

陆静、张佳：《基于极值理论和多元 Copula 函数的商业银行操作风险计量研究》，《中国管理科学》2013 年第 3 期。

吕金营：《原油价格冲击传导机制研究》，博士学位论文，西南财经大学，2012 年。

马超群、李红权、徐山鹰：《风险价值的完全参数方法及其在金融市场风险管理中的应用》，《系统工程理论与实践》2001 年第 4 期。

马超群、佘升翔、陈彦玲：《中国上海燃料油期货市场信息溢出研究》，《管理科学学报》2009 年第 3 期。

马锋、魏宇、黄登仕：《基于 vine copula 方法的股市组合动态 VaR 测度及预测模型研究》，《系统工程理论与实践》2015 年第 1 期。

马理、葛斌：《基于宏观审慎的系统重要性商业银行评价与监管》，《金融监管研究》2014 年第 9 期。

马亚明、宋羚娜：《金融网络关联与我国影子银行的风险溢出效应——基于 GARCH - Copula - CoVaR 模型的分析》，《财贸研究》2017 年第 7 期。

马宇、张莉娜：《人民币离岸与在岸汇率关联性及风险溢出研究——基于 Copula - GARCH - CoVaR 方法》，《云南财经大学学报》2018 年第 4 期。

孟利锋、张世英：《具有杠杆效应的非线性 SV 模型及其应用》，《系统管理学报》2009 年第 1 期。

宁红泉：《基于时变 Copula 的风险价值度量》，硕士学位论文，西南财经大学，2008 年。

潘慧峰、张金水：《基于 ARCH 类模型的国内油价波动分析》，《统计研究》2005 年第 4 期。

潘慧峰、张金水：《国内外石油市场的极端风险溢出检验》，《中国管理科学》2007 年第 3 期。

秦学志、郭明、宋宇：《基于 SV - POT - TDRM 的沪深 300 股指期货尾部风险研究》，《系统管理学报》2017 年第 5 期。

任继勤、单晓彤、梁策：《中国主板与创业板市场风险比较分析——基于 GARCH - VaR 方法》，《财贸研究》2015 年第 3 期。

任仙玲、叶明确、张世英：《基于 Copula - APD - GARCH 模型的投资组合有效前沿分析》,《管理学报》2009 年第 11 期。
石玉山、刘海龙:《考虑组合分散化效应的股票质押定价分析》,《证券市场导报》2017 年第 12 期。
苏卫东、齐安甜、黄兴:《长记忆 SV 模型的统计性质及其实证分析》,《系统工程》2004 年第 3 期。
唐升、周新苗:《中国系统性金融风险与安全预警实证研究》,《宏观经济研究》2018 年第 3 期。
田新时、郭海燕:《极值理论在风险度量中的应用——基于上证 180 指数》,《运筹与管理》2004 年第 1 期。
汪冬华、黄康、龚朴:《我国商业银行整体风险度量及其敏感性分析——基于我国商业银行财务数据和金融市场公开数据》,《系统工程理论与实践》2013 年第 2 期。
王春峰、蒋祥林、李刚:《基于随机波动性模型的中国股市波动性估计》,《管理科学学报》2003 年第 4 期。
王春峰:《VaR:金融市场风险管理》,天津大学出版社 2001 年版。
王锦阳、刘锡良、杜在超:《相依结构、动态系统性风险测度与后验分析》,《统计研究》2018 年第 3 期。
王良、刘潇、贾宇洁:《基于跳扩散过程的 ETF 基金动态市场风险测度研究》,《管理评论》2017 年第 3 期。
王璐、黄登仕、魏宇:《国际多元化下投资组合优化研究:动态 Copula 方法》,《数理统计与管理》2016 年第 6 期。
王天一、黄卓:《Realized GAS - GARCH 及其在 VaR 预测中的应用》,《管理科学学报》2015 年第 5 期。
王璇、采俊玲、汤铃:《基于 BEMD - Copula - GARCH 模型的股票投资组合 VaR 风险度量研究》,《系统工程理论与实践》2017 年第 2 期。
王雪标、周维利、范庆珍:《我国原油价格与外国原油价格的波动溢出效应——基于 DCC - MGARCH 模型分析》,《数理统计与管理》2012 年第 4 期。
王妍、陈守东:《尾部极值分布下的系统性金融风险度量及影响因素分析》,《数理统计与管理》2014 年第 6 期。

王永巧、刘诗文：《基于时变 Copula 的金融开放与风险传染》，《系统工程理论与实践》2011 年第 4 期。

王周伟、吕思聪、茆训诚：《基于风险溢出关联特征的 CoVaR 计算方法有效性比较及应用》，《经济评论》2014 年第 4 期。

魏巍贤、林伯强：《国内外石油价格波动性及其互动关系》，《经济研究》2007 年第 12 期。

魏宇：《金融市场的收益分布与 EVT 风险测度》，《数量经济技术经济研究》2006 年第 4 期。

魏宇：《中国股票市场的最优波动率预测模型研究——基于沪深 300 指数高频数据的实证分析》，《管理学报》2010 年第 6 期。

魏宇：《多分形波动率测度的 VaR 计算模型》，《系统工程理论与实践》2009 年第 9 期。

魏宇：《股票市场的极值风险测度及后验分析研究》，《管理科学学报》2008 年第 1 期。

魏宇：《金融市场典型事实下的风险价值计算及其检验》，《管理工程学报》2008 年第 2 期。

邢红卫、刘维奇、王汉瑛：《尾风险度量与定价能力分析》，《管理科学》2017 年第 6 期。

徐华、魏孟欣、陈析：《中国保险业系统性风险评估及影响因素研究》，《保险研究》2016 年第 11 期。

徐中华：《基于 VaR 历史模拟法的中国股市风险研》，硕士学位论文，复旦大学，2008 年。

许启发、张世英：《Box - Cox - SV 模型及其对金融时间序列刻画能力研究》，《系统工程学报》2005 年第 4 期。

许启发、王侠英、蒋翠侠：《基于藤 Copula - CAViaR 方法的股市风险溢出效应研究》，《系统工程理论与实践》2018 年第 11 期。

徐维军、周平平、李婷：《基于 CoVaR 和多元权值约束下的积极投资组合模型》，《系统管理学报》2017 年第 2 期。

谢赤、凌毓秀：《银行信贷资产证券化信用风险度量及传染研究——基于修正 KMV 模型和 MST 算法的实证》，《财经理论与实践》2018 年第 3 期。

谢赤、杨姣姣、赵亦军：《基于 SV - M - POT - PSRM 模型的期货维持保证金水平设定——关于沪深 300 股指期货高频数据的实证分析》，《系统管理学报》2013 年第 6 期。

严太华、韩超：《基于极值统计和高维动态 C 藤 Copula 的股市行业集成风险计算》，《数理统计与管理》2016 年第 6 期。

杨爱军、林金官、刘晓星：《基于广义双曲线分布的我国股票市场 VaR 风险度量研究》，《数理统计与管理》2014 年第 4 期。

杨继平、张春会：《基于马尔可夫状态转换模型的沪深股市波动率的估计》，《中国管理科学》2013 年第 2 期。

杨坤、于文华、魏宇：《基于 R - vine copula 的原油市场极端风险动态测度研究》，《中国管理科学》2017 年第 8 期。

杨青、曹明、蔡天晔：《CVaR - EVT 和 BMM 在极端金融风险管理中的应用研究》，《统计研究》2010 年第 6 期。

杨湘豫、李强：《基于贝叶斯方法与时变 Copula 模型的基金风险的度量》，《财经理论与实践》2018 年第 1 期。

杨子晖、陈雨恬、谢锐楷：《我国金融机构系统性金融风险度量与跨部门风险溢出效应研究》，《金融研究》2018 年第 10 期。

姚德权、王文进：《基于风险资产结构不确定性的商业银行整合风险度量研究》，《财经理论与实践》2015 年第 6 期。

于文华、魏宇、康明惠：《不同时变 Copula - EVT - ES 模型精度比较研究》，《管理科学学报》2015 年第 5 期。

于孝建、王秀花：《基于混频已实现 GARCH 模型的波动预测与 VaR 度量》，《统计研究》2018 年第 1 期。

余素红、张世英、宋军：《基于 GARCH 模型和 SV 模型的 VaR 比较》，《管理科学学报》2004 年第 5 期。

詹原瑞、田宏伟：《极值理论（EVT）在汇率受险价值（VaR）计算中的应用》，《系统工程学报》2000 年第 1 期。

战雪丽、张世英：《基于 Copula - SV 模型的金融投资组合风险分析》，《系统管理学报》2007 年第 3 期。

张艾莲、靳雨佳：《金融子市场的系统性风险溢出效应》，《财经科学》2018 年第 10 期。

张帮正、魏宇、余江、李云红：《基于 EVT - Vine - Copula 的多市场相关性及投资组合选择研究》，《管理科学》2014 年第 3 期。

张保帅、段俊、田盈：《基于 Copula - GH - CoVaR 模型的风险溢出效应研究》，《重庆师范大学学报》（自然科学版）2019 年第 4 期。

张保帅、姜婷、周孝华、段俊：《投资组合优化的新方法：Mean - CoVaR 模型》，《统计与决策》2019 年第 5 期。

张保帅、沈坤平、田盈、赖苹：《基于演化博弈的制造业金融化调控机制研究》，《重庆师范大学学报》（自然科学版）2019 年第 1 期。

张保帅、金振琥：《基于 Beta - Skew - t - EGARCH - POT 模型的极值风险测度研究》，《南方金融》2018 年第 2 期。

张保帅、彭小兵：《投资组合极值风险测度——基于 T - Copula - SV - T - EVT 模型》，《北京理工大学学报》（社会科学版）2014 年第 5 期。

张保帅、周孝华、李强：《Bootstrap 方法和 SV 模型在风险测度中的应用》，《统计与决策》2013 年第 4 期。

张保帅、周孝华、李强、冯梦雨：《基于 Markov 区制转换模型的极值风险度量研究》，《统计与信息论坛》2012 年第 9 期。

张程、范立夫：《大宗商品价格影响与货币政策权衡——基于石油的金融属性视角》，《金融研究》2017 年第 3 期。

张冀、谢远涛、杨娟：《风险依赖、一致性风险度量与投资组合——基于 Mean - Copula - CVaR 的投资组合研究》，《金融研究》2016 年第 10 期。

张瑞锋、张世英：《基于 VS - MSV 模型的金融市场波动溢出分析及实证研究》，《系统工程》2007 年第 8 期。

张维、张小涛、熊熊：《上海股票市场波动不对称性研究——GJR 与 GARCH 模型的比较》，《数理统计与管理》2005 年第 6 期。

张尧庭：《连接函数（copula）技术与金融风险分析》，《统计研究》2002 年第 4 期。

张颖、张富祥：《分位数回归的金融风险度量理论及实证》，《数量经济技术经济研究》2012 年第 4 期。

赵鲁涛、李婷、张跃军：《基于 Copula - VaR 的能源投资组合价格风险度量研究》,《系统工程理论与实践》2015 年第 3 期。

赵树然、米月、任培民:《群体分析视角下商业银行对金融体系的风险溢出效应研究》,《统计研究》2018 年第 3 期。

郑文通:《金融风险管理的 VaR 方法及其应用》,《国际金融研究》1997 年第 9 期。

周孝华、张保帅、冯梦雨:《基于 g - h 分布的极值风险度量研究》,《统计与信息论坛》2012 年第 7 期。

周孝华、张保帅、董耀武:《基于 Copula - SV - GPD 模型的投资组合风险度量》,《管理科学学报》2012 年第 12 期。

周孝华、张保帅、李强:《基于 SWARCH - GED 模型的极值 VaR 度量》,《系统工程》2013 年第 1 期。

周孝华、张保帅:《基于 SV - GED 模型的极值风险度量研究》,《管理工程学报》2014 年第 1 期。

周孝华、陈九生:《基于 Copula - ASV - EVT - CoVaR 模型的中小板与创业板风险溢出度量研究》,《系统工程理论与实践》2016 年第 3 期。

周孝华、张燕:《一种新的风险价值(VaR)计算方法及其应用研究》,《管理学报》2008 年第 6 期。

周孝华、张保帅、董耀武:《基于 Copula - SV - GPD 模型的投资组合风险度量》,《管理科学学报》2012 年第 12 期。

周彦、张世英、张彤:《跳跃连续时间 SV 模型建模及实证研究》,《系统管理学报》2007 年第 5 期。

朱波、牛锋、邵华明:《我国能源期货市场极端风险形成机制——基于金融化视角的分析》,《财经科学》2016 年第 4 期。

朱慧明、林静:《贝叶斯计量经济模型》,科学出版社 2009 年版。

朱钧钧、谢识予:《上证综指马尔可夫转换模型的 MCMC 估计和分析》,《系统工程》2010 年第 4 期。

Alexander J. , McNeil, Rudiger Frey, "Estimation of Tail - related Risk Measures for Heteroscedastic Financial Time Series: An Extreme Value Approach", *Journal of Empirical Finance*, Vol. 7, No. 3, 2000.

Algieri B. , "Leccadito A. Assessing Contagion Risk from Energy and Non -

energy Commodity Markets", *Energy Economics*, Vol. 62, No. 2, 2017.

Andrea Ugolini, "The Impact of Downward/upward Oil Price Movements on Metal Prices", *Resources Policy*, Vol. 49, No. 9, 2016.

Angelidis T., Benos A., Degiannakis . S, "The Use of GARCH Models in VaR Estimalion ", *Statistical Methodology*, Vol. 1, No. 1, 2004.

Artzner P., "Coherent Measures of Risk", *Mathematical Finanee*, Vol. 9, No. 3, 1999.

Atil A., Bradford M., Elmarzougui A., "Conditional Dependence of US and EU Sovereign CDS: A time – varying Copula – based Estimation", *Finance Research Letters*, Vol. 19, No. 11, 2016.

Baffes J, "Oil Spills on Other Commodities", *Resource Policy*, Vol. 32, No. 8, 2007.

Balkema A. A., De Haan L., "Residual Life Time at Great Age", *The Annals of Probability*, Vol. 2, No. 5, 1974.

Bansal R. Gallant, A. R. Hussey, R. and G. Tauchen, "Nonparametric Estimation of Structural Models for High Frequency Currency Market Data", *Journal of Econometries*, Vol. 66, No. 1, 1995.

Bee M., Dupuis D. J., Trapin L., "Realized extreme quantile: A joint model for conditional quantiles and measures of volatility with EVT refinements", *Journal of Applied Econometrics*, Vol. 33, No. 3, 2018.

Bernal O., Gnabo J. Y., Guilmin G., "Assessing the Contribution of Banks, Insurance and other Financial Services to Systemic risk", *Journal of Banking & Finance*, Vol. 47, No. 1, 2014.

Bernardino E. D., Fernάndez – Ponce J. M., Palacios – Rodríguez F., "On Multivariate Extensions of the Conditional Value – at – Risk Measure", *Insurance Mathematics & Economics*, Vol. 61, No. 3, 2015.

Bollerslev, Tim, "Financial Econometrics: Past Developments and Future Challenges", *Journal of Econometrics*, Vol. 100, No. 1, 2001.

Castro C., Ferrari S., "Measuring and Testing for the Systemically Important Financial Institutions", *Journal of Empirical Finance*, Vol. 25,

No. 3, 2014.

Chan N. H., Sit T., "Artifactual Unit Root Behavior of Value at Risk (VaR)", *Statistics & Probability Letters*, Vol. 116, No. 9, 2016.

Chang, T. H., Su, H. M, "The Substitutive Effect of Biofuels on Fossil Fuels in the Lower and Higher Crude Oil Price Periods", *Energy*, Vol. 35, No. 7, 2010.

Chen S. X., Tang C. Y., "Nonparametric Inference of Value at Risk for Dependent Financial Return", *Journal of Financial Econometrics*, Vol. 3, No. 2, 2005.

Chen K. C., Chen S. L., Wu L. F., "Price Causal Relations between China and the World Oil Markets", *Global Finance Journey*, Vol. 20, No. 2, 2009.

Chib, S., Jeliazkov, I., "Marginal Likelihood from the Metropolis Hastings Output", *Journal of the American Statistical Association*, Vol. 96, No. 12, 2001.

Chris Brooks, "Gita Persand. Volatility Forecasting for Risk Management", *Journal of Forecasting*, Vol. 22, No. 1, 2003.

Clark P. K., "A Subordinated Stochastic Process Model with Finite Variance for Speculative Prices", *Econometrica*, Vol. 41, No. 1, 1973.

Creal D., Koopman S. J., Lucas A., "A General Framework for Observation Driven Time - Varying Parameter Models", *Ssrn Electronic Journal*, 2008.

Creal D., Lucas A., "A Dynamic Multivariate Heavy - Tailed Model for Time - Varying Volatilities and Correlations", *Journal of Business & Economic Statistics*, Vol. 29, No. 4, 2011.

Danielsson J., Richard J., "Accelerated Gaussian Importance Sampler with Application to Dynamic Latent Variable Models", *Journal of Applied Econometrics*, Vol. 8, No. 5, 1993.

Danielsson J., de Vries, C. G., "Tail Index and Quantile Estimation with Very High Frequency Data", *Journal of Empirical Finance*, Vol. 4, No. 2, 1997.

Diebold, F. X., "Modeling the Persistence of Conditional Variances: A comment", *Econometric Reviews*, Vol. 5, No. 1, 1986.

Drakos A. A., Kouretas G. P., "Bank Ownership, Financial Segments and the Measurement of Systemic Risk: An Application of CoVaR", *International Review of Economics & Finance*, Vol. 40, No. 6, 2015.

Duffle D., Singleton K., "Simulated Moments Estimation of Markov Models of Asset Prices", *Econometrica*, Vol. 61, No. 4, 1993.

DuMouchel, W. H., "Estimating the Stable Index a in Order to Measure Tail Thickness: A Critique", *The Annals of Statistics*, Vol. 11, No. 4, 1983.

Eberlein E., Keller U., "Hyperbolic Distributions in Finance", *Bernoulli*, Vol. 1, No. 3, 1995.

Embrechts P., McNeil A., Straumann D., "Correlation: Pitfalls And Alternatives", *Risk Magazine*, Vol. 12, No. 5, 1999.

Embrechts P., Hoeing A., Juri A., "Using Copula to Bound the value - at - Risk for Function o f Dependent risks", *Finance and Stochastics*, No. 7, No. 2, 2003.

Engel, R. F., NG, V. K., "Measuring and Testing the Impact of News on Volatility", *Journal of Finance*, Vol. 48, No. 5, 1993.

Ergen I., "Two - step Methods in VaR Prediction and the Importance of Fat Tails", *Quantitative Finance*, Vol. 15, No. 6, 2015.

Eric Jacquier, Nicholas G. Polson, Peter E. Rossi, "Bayesian Analysis of Stochastic Volatility Models", *Journal of Business & Economic Statistics*, Vol. 12, No. 4, 1994.

F. Jay Breidt, Nuno Crato, Pedro de Lima, "The Detection and Estimation of Long Memory in Stochastic Volatility", *Journal of Econometrics*, Vol. 83, No. 1, 1998.

Fajardo J., Farias A., "Generalized Hyperbolic Distributions and Brazilian Data", *Social Science Electronic Publishing*, Vol. 24, No. 5, 2004.

Fang, L., Chen, B., Yu, H., Qian, Y., "Identifying Systemic Important Markets from a Global Perspective: Using the ADCC ΔCoVaR Approach with Skewed – t Distribution", *Finance Research Letters*, Vol. 24, No. 4, 2017.

Fridman M., Harris L.,, "A Maximum Likelihood Approach for Non – Gaussian Stochastic Volatility Models", *Journal of Business & Economic Statistics*, Vol. 16, No. 3, 1998.

Ftiti, Z. Fatnassi, I. Tiwari, A. K., "Neoclassical finance, behavioral finance and noise traders: assessment of gold – oil markets", *Finance Research Letter*, Vol. 17, No. 5, 2016.

Galabe S. M., Hasim H. M., Hongsheng D., "Refining value – at – risk estimates using a Bayesian Markov – switching GJR – GARCH copula – EVT model", *PLOS ONE*, Vol. 13, No. 6, 2018.

Garcia R., Perron P., "An Analysis of the Real Interest Rate Under Regime Shift", *Review of Economics & Statistics*, Vol. 78, No. 1, 1996.

Georg Mainik, Eric Schaanning, "On Dependence Consistency of Covar and some other Systemic Risk Measures", *Statistics & Risk Modeling*, Vol. 31, No. 1, 2014.

George. E. Tauchen, Mark Pitts, "The Price Variability – volume Relationship on Speculative Markets", *Econometrica*, Vol. 51, No. 2, 1983.

Ghorbel A., Trabelsi A., "Energy Portfolio Risk Management using Time – varying Extreme Value Copula Methods", *Economic Modelling*, Vol. 38, No. 2, 2014.

Giot P., Laurent S., "Modelling Daily Value – at – Risk Using Realized Volatility and ARCH Type Models", *Journal of Empirical Finance*, Vol. 11, No. 3, 2004.

Giovanni Barone – Adesi, Kostas Giannopoulos, Les Vosper, "Backtesting Derivative Portfolios with Filtered Historical Simulation (FHS)", *European Financial Management*, Vol. 8, No. 1, 2000.

Girardi G., Ergün A. T., "Systemic Risk Measurement: Multivariate GARCH Estimation of CoVaR", *Social Science Electronic Publishing*,, Vol. 37, No. 8, 2011.

Gropp R., Lo Duca M., Vesala J., " Cross – border Bank Contagion in

Europe", *International Journal of Central Banking*, Vol. 5, No. 1, 2009.

Gulay E., Emec H., "Comparison of Forecasting Performances: Does Normalization and Variance Stabilization Method Beat GARCH (1, 1) — Type Models? Empirical Evidence from the Stock Markets", *Journal of Forecasting*, Vol. 37, No. 2, 2018.

Hamilton J. D., "A New Approach to the Economic Analysis of Nonstationary time Serise and the Business Cycle", *Econometric*, Vol. 57, No. 2, 1989.

Hamilton, "Rational – Expectation Econometrc Analysis of Changes in Regime", *Journal of Economic Dynamics and Control*, Vol. 12, No. 3, 1988.

Hammoudeh, S. Yuan, Y., "Metal Volatility in Presence of Oil and Interest Rate Shocks", *Energy Economics*, Vol. 30, No. 2, 2008.

Harri, A. Nalley, L. Hudson, D, "The Relationship between Oil, Exchange Rates and Commodity Prices", *Journal of Agricultural and Applied Economics*, Vol. 41, No. 2, 2009.

Harry Joe, Taizhong Hu, "Multivariate Distributions from Mixtures of Max – Infinitely Divisible Distributions", *Journal of Multivariate Analysis*, Vol. 57, No. 2, 1996.

Harvey A. C., Ruiz E and Shephard E, "Multivariate Stochastic Variance Models", *Review of Economic Studies*, Vol. 61, No. 2, 1994.

Harvey, A. C., Sucarrat G., "EGARCH Models with Fat tails, Skewness and Leverage", *Computational Statistics & Data Analysis*, Vol. 76, No. 8, 2014.

Herrera R., Rodriguez A., Pino G., "Modeling and Forecasting Extreme Commodity Prices: A Markov – Switching based Extreme Value Model", *Energy Economics*, Vol. 63, No. 3, 2017.

Hua Q., Jiang T., Cheng Z., "Option Pricing based on Hybrid GARCH – type Models with Improved Ensemble Empirical Mode Decomposition", *Quantitative Finance*, Vol. 18, No. 9, 2018.

Jacquier E. , Poison N. G. , Rossi P. E. , "Bayesian Analysis of Stochastic Volatility Models", *Journal of Business & Economic Statistics*, Vol. 20, No. 1, 2002.

Jammazi R. , Nguyen D. . , "Estimating and Forecasting portfolio's Value - at - Risk with Wavelet - based Extreme Value theory: Evidence from Crude Oil Prices and US Exchange rates", *Journal of the Operational Research Society*, Vol. 68, No. 11, 2018.

Jeremy Berkowitz, James, O'Brein, "How Accuracy Are Value - at - Risk Models at Commercial Banks?", *The Journal of Finance*, Vol. 57, No. 3, 2002.

John C. Hull, Alan D. White, "Valuation of a CDO and an n - th to Default CDS without Monte Carlo Simulation", *The Journal of Derivatives*, Vol. 12, No. 2, 2004.

Jon Danielsson, Casper G. , Devries, "Value - at - Risk and Extreme Returns", *Annales of Economics and Statistics*, Vol. 60, No. 10, 2000.

Jon Danielsson, "The Emperor Has no Clothes: Limits to Risk Modeling", *Journal of Banking & Finance*, Vol. 26, No. 7, 2002.

Jouchi Nakajima, Yasuhiro Omori, "Stochastic Volatility Model with Leverage and Asymmetrically Heavy - tailed Error Using GH Skew Student's t - distribution", *Computational Statistics and Data Analysis*, Vol. 56, No. 11, 2012.

Juan C. , Reboredo, "Is Gold a Hedge or Safe Haven Against oil Price Movements?", *Resources Policy*, Vol. 38, No. 2, 2013.

Jun Yu, Renate Meyer, "Multivariate Stochastic Volatility Models: Bayesian Estimation and Model Comparison", *Econometric Reviews*, Vol. 25, No. 2, 2006.

K. Kupiec P. H. , "Techniques for Verifying the Accuracy of Risk Measurement Models", *Social Science Electronic Publishing*, Vol. 3, No. 2, 1995.

K. C. Chen, S. L. Chen, L. F. Wu, "Price Causal Relations between China and the World oil Markets", *Global Finance Journal*, Vol. 20, No. 2,

2009.

Karimalis E. N. , Nomikos N. K. , "Measuring Systemic Risk in the European Banking Sector: a Copula CoVaR Approach", *European Journal of Finance*, Vol. 24, No. 1, 2018.

Karmakar M. , "Dependence Structure and Portfolio Risk in Indian Foreign Exchange Market: A GARCH – EVT – Copula Approach", *Quarterly Review of Economics & Finance*, Vol. 64, No. 5, 2017.

Kellner R. , Rösch D. , Scheule H. , "The Role of Model Risk in Extreme Value Theory for Capital Adequacy", *Journal of Risk*, Vol. 18, No. 6, 2016.

Kim C. J. , "Dynamic Linear Models with Markov – switching", *Journal of Econometrics*, Vol. 60, No. 1, 1994.

Kim Shephard, Chib, "Stochastic volatility : Likelihood Inference and Comparison with ARCH Models", *Review of Economic Studies*, Vol. 65, No. 3, 1998.

Koenker, R. , Bassett, G. , "Regression Quantiles", *Econometrica*, Vol. 46, No. 1, 1978.

Koliai L. , "Extreme risk modeling: An EVT – pair – copulas Approach for Financial Stress Tests", *Journal of Banking & Finance*, Vol. 70, No. 9, 2016.

Kratz M. , Lok Y. H. , Mcneil A. J. , "Multinomial VaR Backtests: A Simple Implicit Approach to Backtesting Expected Shortfall", *Journal of Banking & Finance*, Vol. 88, No. 4, 2018.

Kupiec P. H. , "Techniques for Verifying the Accuracy of Risk Measurement Models", *Journal of Derivatives*, Vol. 3, No. 2, 1995.

Kupiec P. , Güntay L. , "Testing for Systemic Risk Using Stock Returns", *Journal of Financial Services Research*, Vol. 49, No. 2, 2016.

Lai Y. S. , "Dynamic Hedging with Futures: a Copula – based GARCH Model with High – frequency Data", *Review of Derivatives Research*, Vol. 21, No. 3, 2018.

Lamoureux, C. G. , Lastrapes, W. D. , "Persistence in Variance, Structural Change, and the GARCH Model", *Journal of Busines & Economic Statistics*, Vol. 8, No. 2, 1990.

Liu B. Y., Ji Q., Fan Y., "Dynamic Return – volatility Dependence and Risk Measure of CoVaR in the Oil Market: A Time – varying Mixed Copula Model", *Energy Economics*, Vol. 68, No. 10, 2017.

Liu X., "Measuring Systemic Risk with Regime Switching in Tails", *Economic Modelling*, Vol. 67, No. 12, 2016.

Liu, L., Chen, C. C., Wan, J., "Is World Oil Market One Great Pool An Example from China's and International Oil Markets", *Economic Modelling*, Vol. 35, No. 9, 2013.

Longin F. M., "The Asymptotic Distribution of Extreme Stock Market Returns", *Journal of Business*, Vol. 69, No. 3, 1996.

López – Espinosa G., Moreno A., Rubia A., "Systemic Risk and Asymmetric Responses in the Financial Industry", *Journal of Banking & Finance*, Vol. 58, No. 9, 2015.

Lourme A., Maurer F., "Testing the Gaussian and Student's t Copulas in a Risk Management Framework", *Economic Modelling*, Vol. 67, No. 12, 2017.

Lu X. F., Lai K. K., Liang L, "Portfolio Value – at – risk Estimation in Energy Futures Markets with Time – varying Copula – GARCH Model", *Annals of Operations Research*, Vol. 219, No. 1, 2014.

M. A. H. Dempster, "Risk Management: Value at Risk and Beyond", *Cambridge University Press*, 2002.

Mainik G., Schaanning E., "On Dependence Consistency of CoVaR and some other Systemic Risk Measures", *Statistics & Risk Modeling*, Vol. 31, No. 1, 2014.

Malay Bhattacharyya, Gopal Ritolia, "Conditional VaR using EVT – Towards a planned margin scheme", *International Review of Financial Analysis*, Vol. 17, No. 2, 2008.

Markowitz, H., "Portfolio Selection", *Journal of Finance*, Vol. 7, No. 1, 1952.

McNeil, A. J., Frey, R, "Estimation of Tail – Related Risk Measures for Heteroscedastic Financial Time Series: an Extreme Value Approach", *Journal of Empirical Finance*, Vol. 7, No. 3, 2000.

Michael R. Roberts, "The role of dynamic renegotiation and asymmetric information in financial contracting", *Journal of Financial Economics*, Vol. 116, No. 1, 2015.

Melino A., Turnbull S. M., "Pricing Foreign Currency Options with Stochastic Volatility", *Journal of Econometrics*, Vol. 45, No. 1, 1990.

Mills T C., P. Wang, "Regime Shifts in European Real Interest Rates", *Review of World Economics*, Vol. 139, No. 1, 2003.

Mögel B., Auer B. R., "How accurate are modern Value – at – Risk estimators derived from extreme value theory?", *Review of Quantitative Finance & Accounting*, Vol. 50, No. 4, 2018.

Nazlioglu, S., Soytas, U., "Oil Price, Agricultural Commodity Prices, and the Dollar: a Panel Cointegration and Causality Analysis", *Energy Economics*, Vol. 34, No. 4, 2012.

Nazlioglu, S., Soytas, U., "World Oil Prices and Agricultural Commodity Prices: Evidence from an Emerging Market", *Energy Economics*, Vol. 39, No. 5, 2011.

Nelson D. B., "Conditional Heteroskedasticity in Asset Returns: A New Approach", *Modelling Stock Market Volatility*, Vol. 59, No. 2, 1996.

Patton Andrew J., "Modelling Asymmetric Exchange Rate Dependence", *International Economic Review*, Vol. 47, No. 2, 2006.

Pellegrini C. B., Meoli M., Urga G., "Money Market Funds, Shadow Banking and Systemic Risk in United Kingdom", *Finance Research Letters*, Vol. 21, No. 4, 2017.

Petrella L., Laporta A. G., Merlo L., "Cross – Country Assessment of Systemic Risk in the European Stock Market: Evidence from a CoVaR Analysis", *Social Indicators Research*, 2018.

Pickands J., "Statistical inference using extreme order statistics", *The Annals of Statistics*, Vol. 1, No. 3, 1975.

Pindyck, R. , Rotemberg, J. , "The Excess Comovement of Commodity Prices", The Economic Journey, Vol. 22, No. 11, 1990.

R. Rabemananjara, J. M. Zakoian, "Threshold Arch Models and Asymmetries in Volatility", *Journal of Applied Econometrics*, Vol. 8, No. 1, 1993.

Radivojevic N. , Cvjetkovic M. , Stepanov S. , "The New Hybrid Value at Risk Approach Based on the Extreme Value Theory", *Estudios De Economia*, Vol. 43, No. 1, 2016.

Ramazan G. , Faruk S. , "Extreme Value Theory and Value - at - Risk: Relative Performance in Emerging Markets", *International Journal of Orecasting*, Vol. 20, No. 3, 2004.

Reboredo, J. C. , "Is Gold a Hedge or Safe Haven Against Oil Price Movements?", *Resource Policy*, Vol. 38, No. 5, 2013.

Reboredo, J. C. , Ugolini, A, "The Impact of Downward/upward Oil price Movements on Metal Prices", *Resource Policy*, Vol. 49, No. 9, 2016.

Review E. M. , "Local Currency Systemic Risk", *Emerging Markets Review*, Vol. 34, No. 4, 2017.

Robert F. Engle and G. Bassett, "Robust Tests for Heteroscedasticity Based on Regression Quantiles" , *Econometrica*, Vol. 50, No. 1, 1982.

Robert S. Pindyck, Julio J. Rotemberg, "The Excess Co - movement of Commodity Prices", *The Economic Journey*, Vol. 100, No. 3, 1990.

Robert. F. Engle, T. Bollerslev, "Modeling the Persistence of Conditional Variances", *Econometric Review*, Vol. 5, No. 1, 1986.

Roger B. Nelsen, "An Introduction to Copulas", *Technometrics*, Vol. 42, No. 3, 2000.

Robert. F. Engle, "Autoregressive Conditional Heteroscedasticity with Estimates ofthe Variance of UK Inflation", *Econometrica*, Vol. 50, No. 4, 1982.

Rodriguez J. C. , "Measuring Financial Contagion: A Copula Approach", *Journal of Empirical Finance*, Vol. 14, No. 3, 2007.

Roman, D. , Mitra, G. , & Zviarovich, V. , "Enhanced Indexation Based on Second - order Stochastic Dominance", *European Journal of Opera-*

tional Research, Vol. 228, No. 1, 2013.

Roman Liesenfeld, Robert Jung, "Stochastic Volatility Models: Conditional Normality Versus Heavy - tailed Distributions", *Journal of Applied Econometrics*, Vol. 15, No. 2, 2000.

Manganelli S., Engle R. F., "Value at Risk Models in Finance", *Social Science Electronic Publishing*, 2001.

Sahamkhadam M., Stephan A., Östermark, Ralf, "Portfolio optimization based on GARCH - EVT - Copula forecasting models", *International Journal of Forecasting*, Vol. 34, No. 3, 2018.

Sampid M. G., Hasim H M, Dai H., "Refining Value - at - risk Estimates Using a Bayesian Markov - switching GJR - GARCH Copula - EVT Model", *Plos One*, Vol. 13, No. 6, 2018.

Sari, R., Hammoudeh, S., Soytas, U., "Dynamics of Oil Price, Precious Metal Prices and Exchange Rate", *Energy Economics*, Vol. 32, No. 2, 2010.

Shahzad S. J. H., Arreola - Hernandez J., Bekiros S., "A systemic risk analysis of Islamic equity markets using vine copula and delta CoVaR modeling", *Journal of International Financial Markets Institutions and Money*, Vol. 56, No. 9, 2018.

Shim J., Lee S. H., "Dependency between Risks and the Insurer's Economic Capital: A Copula - based GARCH Model", *Asia - Pacific Journal of Risk and Insurance*, Vol. 11, No. 1, 2017.

Siddhartha Chib, Federico Nardari, Neil Shephard, "Markov chain Monte Carlo Methods for Stochastic Volatility Models", *Journal of Econometrics*, Vol. 108, No. 2, 2002.

Sieczka, P., Holyst, J. A., "Correlations in Commodity Markets", *Journal of Agricultural and Applied Economics*, Vol. 388, No. 8, 2009.

Siem Jan Koopman, Eugenie Hol Uspensky, "The Stochastic Volatility in Mean Model: Empirical Evidence from International Stock Markets", *Journal of Applied Econometrics*, Vol. 17, No. 6, 2002.

Simon Van Norden, Hunterly Schaller, "Regime Switching in Stock Market

Returns", *Financial Analysis Journal*, Vol. 11, No. 1, 1993.

Singh A. K., Allen D. E., Robert P. J., "Extreme Market Risk and Extreme value theory", *Mathematics & Computers in Simulation*, Vol. 94, No. 9, 2013.

Slim S., Koubaa Y., Bensaïda A., "Value - at - Risk under Lévy GARCH Models: Evidence from Global Stock Markets", *Journal of International Financial Markets Institutions & Money*, Vol. 46, No. 1, 2016.

Smetanina E., "Real - time GARCH", *Journal of Financial Econometrics*, Vol. 15, No. 4, 2017.

Smith, R. L., "Maximun Likelihood Estimation in a Class of Non - regular Cases", *Biometrika*, Vol. 72, No. 1, 1985.

Sucarrat G., "Betategarch: Simulation, Estimation and Forecasting of Beta - Skew - t - EGARCH Models", *R Journal*, Vol. 5, No. 2, 2014.

Tae - Hwy Lee, Burak Saltoglub, "Assessing the Risk Forecasts for Japanese Stock Market", *Japan and the World Economy*, Vol. 14, No. 1, 2002.

Tanya Styblo Beder, "VaR: Seductive but Dangerous", *Financial Analysts Journal*, Vol. 51, No. 5, 1995.

Darry Hendricks, "Evaluation of Value - at - Risk Models Using Historical Data", *Economic Policy Review*, Vol. 2, No. 1, 1996.

Taylor S. J., "Modeling Stochastic Volatility: A Review and Comparative Study", *Mathematical Finance*, Vol. 4, No. 2, 1994.

Adrian, Tobias, and Markus K. Brunnermeier, "CoVaR", *American Economic Review*, Vol. 7, No. 6, 2016.

Tsuji C., "Return Transmission and Asymmetric Volatility Spillovers between Oil Futures and Oil Equities: New DCC - MEGARCH Analyses", *Economic Modelling*, Vol. 74, No. 8, 2018.

Turan, G.. Bali, "An Extreme Value Approach to Estimating Interest Rate Volatility: Pricing Implications for Interest Rate Options", *Management Science*, Vol. 53, No. 2, 2007.

V. Choulakian and M. A. Stephens, "Goodness - of - Fit Tests for the Generalized Pareto Distribution", *Technometrics*, Vol. 43, No. 4, 2001.

Velayoudoum Marimoutou, Bechir Raggad, Abdelwahed Trabelsi, "Extreme Value Theory and Value at Risk Application to oil market", *Energy Economics*, Vol. 31, No. 4, 2009.

Wang Y., Pan Z., Wu C., "Volatility Spillover from the US to International Stock Markets: A Heterogeneous Volatility Spillover GARCH Model", *Journal of Forecasting*, Vol. 37, No. 4, 2018.

Wang H. J., Li D., He X., "Estimation of High Conditional Quantiles for Heavytailed Distributions", *American Statistical Association*, Vol. 107, No. 500, 2012.

Watanabe, Toshiaki, "A non - linear Filtering Approach to Stochastic Volmility Models with all Application to Daily Stock Returns", *Journal of Applied Econometrics*, Vol. 14, No. 3, 1999.

Wei Y., Chen W., Lin Y., "Measuring daily Value - at - Risk of SSEC index: A New Approach based on Multifractal Analysis and Extreme Value Theory", *Physica A Statistical Mechanics & Its Applications*, Vol. 392, No. 9, 2013.

Wei? G. N. F., Scheffer M., "Mixture Pair - Copula - Constructions", *Journal of Banking & Finance*, Vol. 54, No. 4, 2015.

Wozniak T., "Testing Causality Between Two Vectors in Multivariate GARCH Models", *International Journal of Forecasting*, Vol. 31, No. 3, 2015.

Wu, H., Li, S., "Volatility Spillovers in China's Crude Oil, Corn and Fuel Ethanol Markets", *Energy Policy*, Vol. 62, No. 11, 2013.

Xiao, Z., Koenker R., "Conditional Quantile Estimation for Generalized Autoregressive Conditional Heteroscedasticity Models", *American Statistical Association*, Vol. 104, No. 488, 2009.

X. H. Chen, Roger Koenker, Z. J. Xia, "Copula - based Nonlinear Quantile Autoregression", *Econometrics Journal*, *Royal Economic Society*, Vol. 12, No. 1, 2009.

Yu, J. , "On Leverage in a Stochastic Volatility Model", *Journal of Econometrics*, Vol. 127, No. 2, 2005.

Zhang H. G. , Su C. W. , Song Y. , "Calculating Value - at - Risk for High - dimensional Time Series Using a Nonlinear Random Mapping model", *Economic Modelling*, Vol. 67, No. 12, 2017.

Z. X. Ding, Clive W. J. Granger, Robert. F. Engle, "A long Memory Property of Stock Markets Returns and a New Model", *Journal of Empirical Finance*, Vol. 1, No. 1, 1993.